Der Jahresabschluss – eine praxisorientierte Einführung

Karin Nickenig

Der Jahresabschluss – eine praxisorientierte Einführung

3., aktualisierte Auflage

Karin Nickenig
Mülheim-Kärlich, Deutschland

ISBN 978-3-658-26829-9   ISBN 978-3-658-26830-5 (eBook)
https://doi.org/10.1007/978-3-658-26830-5

Die Deutsche Nationalbibliothek verzeichnet diese Publikation in der Deutschen Nationalbibliografie; detaillierte bibliografische Daten sind im Internet über http://dnb.d-nb.de abrufbar.

Springer Gabler
© Springer Fachmedien Wiesbaden GmbH, ein Teil von Springer Nature 2017, 2018, 2019
Das Werk einschließlich aller seiner Teile ist urheberrechtlich geschützt. Jede Verwertung, die nicht ausdrücklich vom Urheberrechtsgesetz zugelassen ist, bedarf der vorherigen Zustimmung des Verlags. Das gilt insbesondere für Vervielfältigungen, Bearbeitungen, Übersetzungen, Mikroverfilmungen und die Einspeicherung und Verarbeitung in elektronischen Systemen.
Die Wiedergabe von allgemein beschreibenden Bezeichnungen, Marken, Unternehmensnamen etc. in diesem Werk bedeutet nicht, dass diese frei durch jedermann benutzt werden dürfen. Die Berechtigung zur Benutzung unterliegt, auch ohne gesonderten Hinweis hierzu, den Regeln des Markenrechts. Die Rechte des jeweiligen Zeicheninhabers sind zu beachten.
Der Verlag, die Autoren und die Herausgeber gehen davon aus, dass die Angaben und Informationen in diesem Werk zum Zeitpunkt der Veröffentlichung vollständig und korrekt sind. Weder der Verlag, noch die Autoren oder die Herausgeber übernehmen, ausdrücklich oder implizit, Gewähr für den Inhalt des Werkes, etwaige Fehler oder Äußerungen. Der Verlag bleibt im Hinblick auf geografische Zuordnungen und Gebietsbezeichnungen in veröffentlichten Karten und Institutionsadressen neutral.

Springer Gabler ist ein Imprint der eingetragenen Gesellschaft Springer Fachmedien Wiesbaden GmbH und ist ein Teil von Springer Nature.
Die Anschrift der Gesellschaft ist: Abraham-Lincoln-Str. 46, 65189 Wiesbaden, Germany

Vorwort

Liebe Leser,
dieser Schnelleinstieg in die komplexe Welt der Bilanzierung möchte allen Interessenten, also denjenigen, welche sich auf das komplexe System der Bilanzen einlassen möchten bzw. müssen, eine unterstützende Hilfe sein.

Ob Sie sich nun zum Beispiel als Existenzgründer, Studierende, Arbeitnehmer oder Auszubildende mit der spannenden, aber häufig schwer verständlichen Materie beschäftigen: die Kombination von theoretischen Grundlagen und einfachen Beispielen aus der Praxis soll Nicht-Experten einen leichten, aber gleichzeitig fachlich fundierten Zugang zu diesem komplexen Themengebiet ermöglichen.

Das Ziel dieser Lektüre besteht darin, in kurzer Zeit das relevante Fachvokabular im Rahmen der Bilanzierung zu entschlüsseln, verständlich darzustellen und zur erfolgreichen Umsetzung im Tagesgeschäft eines Unternehmers beizutragen.

An dieser Stelle danke ich allen Personen, die mich zu diesem Lehrbuch motiviert und mit wertvollen Ideen und Hinweisen bei meiner Autorentätigkeit begleitet haben. Besonderen Dank auch an diejenigen, die die finale Umsetzung dieser Lektüre durchführen.

Ich wünsche Ihnen nun viel Freude auf der spannenden aber auch herausfordernden Reise durch die Bilanzierung in Begleitung mit dem motivierten Autohausinhaber Carlo Sommerweizen, welcher sich Ihnen im nachfolgenden Kapitel näher vorstellen wird.

Mülheim-Kärlich, Deutschland Karin Nickenig
im Juni 2019

Inhaltsverzeichnis

1	**Carlo Sommerweizen e. K. – ein motivierter Unternehmer stellt sich vor**	1
2	**Von der Buchführung zur Bilanz**	3
	2.1 Wichtige Definitionen	4
	2.2 Abfolge von der Buchführung zum Jahresabschluss	5
	2.3 Zusammenfassende Lernkontrolle	7
	2.3.1 Kontrollfragen	7
	2.3.2 Lösungen zu den Kontrollfragen	7
	2.3.3 Übungen......................................	8
	2.3.4 Lösungen zu den Übungen......................	8
	Literatur...	9
3	**Gewinnermittlungsmethoden**...............................	11
	3.1 Wichtige Definitionen	12
	3.2 Betriebsvermögensvergleich nach § 4 und § 5 EStG..........	12
	3.3 Einnahmen-Überschuss-Rechnung nach § 4 (3) EStG	15
	3.4 Schätzung im Sinne des § 162 AO.......................	18
	3.5 Zusammenfassende Lernkontrolle	19
	3.5.1 Kontrollfragen	19
	3.5.2 Lösungen zu den Kontrollfragen	20
	3.5.3 Übungen......................................	20
	3.5.4 Lösungen zu den Übungsaufgaben	22
	Literatur...	25
4	**Einführung in die Grundlagen der Bilanzierung**...............	27
	4.1 Wichtige Definitionen	27
	4.2 Handels- und Steuerrechtliche Zielsetzung von Bilanzen	28

4.3	Aufgaben der Bilanz		29
4.4	Adressaten der Bilanz		31
4.5	Grundsätze der ordnungsgemäßen Bilanzierung		33
4.6	Zusammenfassende Lernkontrolle		36
	4.6.1	Kontrollfragen	36
	4.6.2	Lösungen zu den Kontrollfragen	37
	4.6.3	Übungen	37
	4.6.4	Lösungen zu den Übungen	39
Literatur			41

5 Inventur, Inventar und Bilanz 43
- 5.1 Wichtige Definitionen 43
- 5.2 Inventur 44
  - 5.2.1 Allgemeine Hinweise zur Inventur 44
  - 5.2.2 Vorgehensweise bei der Inventur 44
  - 5.2.3 Methoden der Inventur 45
- 5.3 Inventar 49
- 5.4 Bilanz 51
  - 5.4.1 Allgemeine Darstellung der Bilanz und deren Gliederung nach HGB 51
  - 5.4.2 Zielsetzung ausgewählter Bilanzarten 58
- 5.5 Zusammenfassende Lernkontrolle 60
  - 5.5.1 Kontrollfragen 60
  - 5.5.2 Lösungen zu den Kontrollfragen 60
  - 5.5.3 Übungen 61
  - 5.5.4 Lösungen zu den Übungsaufgaben 63
- Literatur 68

6 Zugangs- und Folgebewertung in der Handelsbilanz 69
- 6.1 Wichtige Definitionen 70
- 6.2 Allgemeine Anmerkungen zur Bewertung in der Handelsbilanz 70
  - 6.2.1 Zugangsbewertung 71
  - 6.2.2 Folgebewertung 75
- 6.3 Aktivierungsfähigkeit von Gütern des Anlagevermögens 76
- 6.4 Bilanzierungswahlrechte und -verbote 80
- 6.5 Zusammenfassende Lernkontrolle 81
  - 6.5.1 Kontrollfragen 81
  - 6.5.2 Lösungen zu den Kontrollfragen 82

	6.5.3	Übungen	82
	6.5.4	Lösungen zu den Übungen	84
Literatur			87

7 Umsatzsteuer und Vorsteuer – allgemeine Anmerkungen 89
- 7.1 Wichtige Definitionen 89
- 7.2 Überblick einfaches Umsatzsteuer-System im Inland 90
- 7.3 Umsatzsteuer-Voranmeldung 91
- 7.4 Der Vorsteuerabzug nach § 15 UStG 93
- 7.5 Zusammenfassende Lernkontrolle 97
  - 7.5.1 Kontrollfragen 97
  - 7.5.2 Lösungen zu den Kontrollfragen 97
  - 7.5.3 Übungen 98
  - 7.5.4 Lösungen zu den Übungen 101
- Literatur 103

8 Bewertung des Anlagevermögens 105
- 8.1 Wichtige Definitionen 106
- 8.2 Bewertung und Bilanzierung ausgewählter Positionen des Anlagevermögens nach HGB 107
  - 8.2.1 Immaterielle Vermögensgegenstände 107
  - 8.2.2 Materielle Vermögensgegenstände 108
  - 8.2.3 Finanzanlagen 109
  - 8.2.4 Anschaffungskosten 110
  - 8.2.5 Herstellungskosten 115
  - 8.2.6 Abschreibungen 118
  - 8.2.7 Veräußerung von Anlagegütern 125
  - 8.2.8 Geringwertige Wirtschaftsgüter 126
  - 8.2.9 Zusammenfassende Lernkontrolle 130
- Literatur 142

9 Bilanzierung ausgewählter Positionen des Umlaufvermögens 143
- 9.1 Wichtige Definitionen 143
- 9.2 Vorratsvermögen 144
  - 9.2.1 Unterschiedliche Bewertungsmethoden 145
  - 9.2.2 Geleistete Anzahlungen 149
- 9.3 Forderungen 150
  - 9.3.1 Gesunde (einwandfreie) Forderungen 151
  - 9.3.2 Zweifelhafte (Dubiose) Forderungen 151

	9.3.3	Forderungsausfälle und Umsatzsteuerkorrektur	155
	9.3.4	Sonstige Forderungen	155
9.4	Zusammenfassende Lernkontrolle		157
	9.4.1	Kontrollfragen	157
	9.4.2	Lösungen zu den Kontrollfragen	157
	9.4.3	Übungen	158
	9.4.4	Lösungen zu den Übungen	160
Literatur.			162

10 Bilanzierung von Abgrenzungsposten 163
    10.1 Wichtige Definitionen 164
    10.2 Aktive Rechnungsabgrenzung (kurz: ARAP) 164
    10.3 Passive Rechnungsabgrenzung (kurz: PRAP) 165
    10.4 Zusammenfassende Lernkontrolle 167
        10.4.1 Kontrollfragen 167
        10.4.2 Lösungen zu den Kontrollfragen 168
        10.4.3 Übungen 168
        10.4.4 Lösungen zu den Übungen 169
    Literatur. 172

11 Bewertung des Eigenkapitals 173
    11.1 Wichtige Definitionen 173
    11.2 Gliederung des Eigenkapitals bei Einzelunternehmen
            und Nichtkapitalgesellschaften 174
    11.3 Privatkonten 175
        11.3.1 Privatentnahmen. 176
        11.3.2 Privateinlagen. 177
    11.4 Zusammenfassende Lernkontrolle 178
        11.4.1 Kontrollfragen 178
        11.4.2 Lösungen zu den Kontrollfragen 178
        11.4.3 Übungsaufgaben. 179
        11.4.4 Lösungen zu den Übungsaufgaben 181
    Literatur. 182

12 Bilanzierung von Rückstellungen und Verbindlichkeiten 183
    12.1 Zusammenfassung 183
    12.2 Wichtige Definitionen 183
    12.3 Rückstellungen. 184

12.4 Bewertung von Verbindlichkeiten 190
    12.4.1 Sonstige Verbindlichkeiten................. 190
    12.4.2 Darlehensverbindlichkeiten 192
12.5 Zusammenfassende Lernkontrolle.................. 194
    12.5.1 Kontrollfragen 194
    12.5.2 Lösungen zu den Kontrollfragen 194
    12.5.3 Übungen............................... 195
    12.5.4 Lösungen zu den Übungen................. 196
Literatur.. 197

13 Veröffentlichung von Jahresabschlüssen 199
13.1 Verpflichtung und Offenlegung 199
13.2 Zusammenfassende Lernkontrolle.................. 201
    13.2.1 Kontrollfragen 201
    13.2.2 Lösungen zu den Kontrollfragen 201
    13.2.3 Übung................................. 201
    13.2.4 Lösungen zur Übung 202
Literatur.. 203

14 Grundlagen des Jahresabschlusses nach IFRS 205
14.1 Wichtige Definitionen 205
    14.1.1 Allgemeine Anmerkungen zu IFRS........... 205
14.2 Ziele der Bilanzierung nach IFRS 206
14.3 Bilanzierung nach HGB und IFRS – ein Vergleich 207
14.4 Komponenten des Abschlusses nach IFRS 207
14.5 Bilanzgliederung nach IFRS 208
14.6 Voraussetzung für die Aktivierung/Passivierung 209
    14.6.1 Aktivierung von Vermögenswerten 209
    14.6.2 Passivierung von Schulden................. 210
14.7 Folgebewertung 211
14.8 Gesamtergebnisrechnung......................... 211
14.9 Zusammenfassende Lernkontrolle.................. 211
    14.9.1 Kontrollfragen 212
    14.9.2 Lösungen zu den Kontrollfragen 212
    14.9.3 Übungen............................... 212
    14.9.4 Lösungen zu den Übungen................. 213
Literatur.. 214

15 Aufgaben – Mix 215
    15.1 Aufgaben 215
    15.2 Lösungen 218
    15.3 Übungsklausuren (Aufgaben) 223
        15.3.1 1. Übungsklausur (Bearbeitungszeit: max. 30 min) 223
        15.3.2 2. Übungsklausur (Bearbeitungszeit: maximal 45 min) 224
        15.3.3 3. Übungsklausur (Bearbeitungszeit: ca. 60 min) 225

Fazit 229

Über die Autorin

Karin Nickenig ist langjährige freiberufliche Dozentin für Rechnungswesen und Steuern an Hochschulen, für private Bildungsträger und bietet eigene Seminare und Inhouse-Schulungen bundesweit zu vorgenannten Themen an.

Nach Ausbildung (Steuerfachkraft), Studium (Wirtschaft) und praktischer Tätigkeit im Rechnungswesen und Steuerrecht war sie zunächst nebenberuflich als Lehrbeauftragte tätig. Seit 2008 weitete sie ihre Lehrtätigkeit kontinuierlich aus. Heute vermittelt sie ihre Kenntnisse in Buchführung, Bilanzierung und Steuerrecht bundesweit im Rahmen der Erwachsenenbildung.

Für Karin Nickenig ist es besonders wichtig, Lerninteressenten in kurzer Zeit einen leicht verständlichen Überblick über das komplexe Themengebiet der Buchführung zu verschaffen und ihnen fundierte Kenntnisse untermauert mit zahlreichen Beispielen zu vermitteln.

Dieser Wunsch motivierte die Autorin auch, den vorliegenden Leitfaden zu veröffentlichen.

Haben Sie Tipps und Anregungen? Gerne können Sie Ihre Hinweise an die folgende Adressen mitteilen: office@karin-nickenig.de

Weitere Informationen finden sie auf ihrer Homepage:
www.karin-nickenig.de

Abkürzungsverzeichnis

AO	Abgabenordnung
BGB	Bürgerliches Gesetzbuch
e. K.	eingetragener Kaufmann
EStG	Einkommensteuergesetz
EStH	Einkommensteuer-Hinweise
EStR	Einkommensteuer-Richtlinien
etc.	et cetera
EÜR	Einnahmen-Überschuss-Rechnung
GewStG	Gewerbesteuergesetz
GoB	Grundsätze der ordnungsgemäßen Buchführung
GuV	Gewinn- und Verlustrechnung
GuVK	Gewinn- und Verlustkonto
PublG	Publizitätsgesetz
u. a.	unter anderem
UStAE	Umsatzsteuer-Anwendungserlass
UStG	Umsatzsteuergesetz

Carlo Sommerweizen e. K. – ein motivierter Unternehmer stellt sich vor

1

Zusammenfassung

Carlo Sommerweizen ist ein motivierter und mittlerweile erfolgreicher Unternehmer aus dem Rheinland. Er betreibt ein gut gehendes Autohaus mit angeschlossener Werkstatt (Firma: „Carlo Sommerweizen e. K."). Nachdem sich Sommerweizen bereits mit den Grundlagen des Steuerrechts und auch der Buchführung vertraut gemacht hat, möchte er nun einen Schritt weitergehen und sich mit den wesentlichen Kenntnissen im Rahmen der Jahresabschlusserstellung beschäftigen. Er weiß noch aus seiner Schulzeit, dass es stets wichtig ist, nicht nur neue Dinge zu erlernen, sondern auch die bisher erworbenen Kenntnisse wieder aufzufrischen und gegebenenfalls zu aktualisieren. Auf seiner Reise durch die Jahresabschlusserstellung begleiten ihn neben seinem Steuerberater auch einige Freunde und Bekannte, die ihm hilfreiche Hinweise und Beispiele liefern. Sommerweizens Ziel besteht darin, in einfachen und nachvollziehbaren Schritten zu erfahren, aus welchen Bestandteilen ein Jahresabschluss besteht, wie ein solcher erstellt wird und welche Auswertungen aufgrund des gesammelten Zahlenmaterials möglich sind.

Carlo Sommerweizen ist ein motivierter und mittlerweile erfolgreicher Unternehmer aus dem Rheinland. Er betreibt ein gut gehendes Autohaus mit angeschlossener Werkstatt. Nachdem er sich bereits mit den Grundlagen des Steuerrechts[1]

---

[1]Siehe auch: Nickenig, K. (2018): Praxislehrbuch Steuerrecht; Schneller Einstieg in die gesetzlichen Grundlagen; 3. aktualisierte und durchgesehene Auflage; Springer, Wiesbaden.

und auch der Buchführung[2] vertraut gemacht hat, möchte er nun einen Schritt weitergehen und sich mit den wesentlichen Kenntnissen im Rahmen der Jahresabschlusserstellung beschäftigen. Er weiß noch aus seiner Schulzeit, dass es stets wichtig ist, nicht nur neue Dinge zu erlernen, sondern auch die bisher erworbenen Kenntnisse wieder aufzufrischen und gegebenenfalls zu aktualisieren.

Er wird sich auf seiner Reise durch das spannende Gebiet der Bilanzierung immer mal wieder mit Themen beschäftigen, die ihm bereits bei den steuerlichen oder buchhalterischen Grundlagen begegnet sind. Sommerweizen weiß, dass Buchführung, Bilanzierung und Steuern eng miteinander verzahnt sind und sich nicht voneinander trennen lassen. Für einen Unternehmer wie ihn ist es daher umso wichtiger, sich mit dem Grundlagenwissen zu befassen, um nicht nur das Fachvokabular von Steuerexperten und Behörden zu verstehen, sondern auch kaufmännisch sinnvolle Entscheidungen zu treffen. In einfachen und nachvollziehbaren Schritten baut Sommerweizen nun sein Selbststudium auf. Gerne nimmt er Rat von seinem langjährigen Steuerberater Reiner Glaube, seinem Freund Uwe Meister und einigen anderen Bekannten und Freunden entgegen, die sich bereits beruflich mit der Materie in der Vergangenheit auseinandergesetzt haben.

Als buchführungspflichtiger Unternehmer weiß Carlo Sommerweizen, dass er am Ende eines Wirtschaftsjahres gesetzlich verpflichtet ist, einen Jahresabschluss zu erstellen. Was sich hinter einem solchen Abschluss verbirgt und wie die Bewertung einzelner ausgewählter Positionen in der Bilanz erfolgt, recherchiert der motivierte Unternehmer mit Hilfe zahlreicher Quellen. Er weiß, dass er nicht die Aufgaben seines Steuerberaters oder Buchhalters in der Zukunft übernehmen wird. Ihm ist es jedoch wichtig, informiert zu sein. Carlo Sommerweizen möchte wissen, was mit dem gesammelten Zahlenwerk seiner Buchhaltung passiert.

Folgen wir nun Carlo und seinen Bekannten und Freunden auf seiner Reise durch die Grundlagen der Jahresabschlusserstellung und starten mit den wichtigsten Stationen von der Buchführung zur Bilanzierung.

---

[2]Siehe auch: Nickenig, K. (2018): *Buchführung: Schneller Einstieg in die Grundlagen:* Einführung in die gesetzlichen Vorschriften und in die Buchführungstechnik; 2. durchgesehene und korrigierte Auflage; Springer, Wiesbaden.

Von der Buchführung zur Bilanz 2

Zusammenfassung

Carlo Sommerweizen erinnert sich noch an sein Selbststudium im Rahmen der Buchführung. Er weiß, dass er stets alle betrieblichen Geschäftsvorfälle nach den Grundsätzen der ordnungsgemäßen Buchführung zu erfassen hat. Nun geht er hier einen Schritt weiter und führt die über das Wirtschaftsjahr hinweg gesammelten Daten zu einer Bilanz und einer Gewinn- und Verlustrechnung (GuV) zusammen. Die Bestandteile des Jahresabschlusses wertet er im Anschluss, also nach Erstellung, mit Hilfe von ausgewählten Kennziffern aus, um zu einem späteren Zeitpunkt sinnvolle Entscheidungen im Interesse seines Unternehmens treffen zu können. Carlo Sommerweizen wird auch in diesem Themenabschnitt Lernkontrollen und Übungsaufgaben bearbeiten, um von seinem neu erworbenen bzw. aufgefrischten Wissen lange Zeit Gebrauch machen zu können.

Bevor in den nachfolgenden Kapiteln die Bewertung einzelner ausgewählter Positionen in der Bilanz erfolgt, erinnert sich Carlo Sommerweizen noch einmal an sein Selbststudium der Buchführung. Er weiß, dass er stets alle betrieblichen Geschäftsvorfälle nach den Grundsätzen der ordnungsgemäßen Buchführung (GoB) zu erfassen hat. Diese werden dann zum Bilanzstichtag in Gewinn- und Verlustrechnung (GuV) bzw. zur Bilanz zusammengeführt. GuV und Bilanz sind ihm seit seinen Buchführungsstudien nicht ganz unbekannt, jedoch wird er dieses Thema – insbesondere die Bilanzierung – vertiefen. Carlo Sommerweizen geht es hauptsächlich darum, zu verstehen, was das Zahlenmaterial am Ende eines Wirtschaftsjahres aussagt und wie er zukünftig diese Ergebnisse in seine betrieblichen Entscheidungen mit einfließen lässt. Dass er nicht die Aufgaben seines Buchhalters oder Steuerberaters übernimmt, ist für den motivierten Unternehmer klar. Dennoch möchte er aus seinen Beratungsgesprächen wichtige Informationen „mitnehmen". Dies ist jedoch nur dann möglich, wenn er sich mit den Fachbegriffen z. B. der Steuerexperten, auskennt und diese auch im Tagesgeschäft bewusst einsetzen kann.

Sommerweizen hat sich aufgrund der Insolvenz eines früheren Klassenkameraden, der stets die Verantwortung für sein unternehmerischen Tun, wegen fehlender kaufmännischer Kenntnisse, anderen zuwies, folgende Meinung gebildet: Unternehmer, welche sich nicht mit dem Fachvokabular oder den Grundlagen des Rechnungswesens auseinandersetzen, vergeben unter Umständen gute Chancen, optimale Gewinne zu erzielen bzw. das Unternehmen vor Überschuldung zu retten. Die Gefahr von Schiffbruch ist in solchen Fällen ein ständiger Begleiter.

Wie bisher schaut sich Sommerweizen zunächst die wichtigsten Definitionen für das nachfolgende Kapitel an. Diese sind ihm bereits aus dem Selbststudium der Buchführung bekannt. Trotzdem wiederholt er diese, um seine Kenntnisse zu festigen und zu schauen, was er noch behalten hat.

2.1 Wichtige Definitionen

Bilanz Die Bilanz ist ein Bestandteil des Jahresabschlusses. Sie besteht aus Aktiv- und Passivkonten und stellt eine nicht veränderbare Auswertung zum Bilanzstichtag (z. B. 31.12.xx) dar.

Buchführung Zusammenstellung aller betrieblichen Geschäftsvorfälle in Form von Buchungssätzen für ein Wirtschaftsjahr. Das Ergebnis wird am Ende des Wirtschaftsjahres in der Bilanz und in der Gewinn- und Verlustrechnung ausgewiesen.

Buchungssatz Der Buchungssatz ist eine Anweisung zur Darstellung eines betrieblichen Geschäftsvorfalls. Er besteht aus mindestens zwei Konten.

Geschäftsvorfall Ein betrieblicher Geschäftsvorfall ist jeder Vorgang im Unternehmen, der zu einer Veränderung von Vermögen oder Kapital führt.

Gewinn- und Verlustrechnung Die Gewinn- und Verlustrechnung (kurz: GuV) ist ein Bestandteil des Jahresabschlusses und weist den unternehmerischen Erfolg in Form von Gewinn oder Verlust aus. Sie besteht aus Aufwands- und Ertragskonten.

Inventar Protokollliste = Ergebnis der Inventur.

Inventur Die Inventur ist eine Methode zur körperlichen oder belegmäßigen Erfassung von Vermögensgegenständen und Schulden zum Bilanzstichtag.

Jahresabschluss Der Jahresabschluss ist das Ergebnis der Buchführung am Ende eines Wirtschaftsjahres. Er besteht bei Einzelunternehmern mindestens aus der Bilanz und der Gewinn- und Verlustrechnung. Der Anhang wird bei Kapitalgesellschaften zusätzlich gefordert.

Wirtschaftsjahr Unter einem Wirtschaftsjahr versteht man ein zusammenhängender Zeitraum von 12 Monaten, für den ein Unternehmer einen Jahresabschluss erstellt.

2.2 Abfolge von der Buchführung zum Jahresabschluss

Carlo Sommerweizen ist bekannt, dass er nach Erstellung seiner Buchführung das Zahlenmaterial zum Bilanzstichtag in eine Bilanz und eine Gewinn- und Verlustrechnung überführen muss.

Um zu gewährleisten, dass die Daten (z. B. am 31.12.) der Realität entsprechen, hat er als buchführungspflichtiger Unternehmer eine Inventur Abschn. 5.2 *Inventur* im Sinne des Handelsrechts durchzuführen. Das Ergebnis der körperlichen oder belegmäßigen Bestandsaufnahme wird in einem Inventar ausgewiesen. Man bezeichnet diese Liste auch als Protokollliste der Inventur.

§ 240 HGB – Inventar

1. Jeder Kaufmann hat zu Beginn seines Handelsgewerbes seine Grundstücke, seine Forderungen und Schulden, den Betrag seines baren Geldes sowie seine sonstigen Vermögensgegenstände genau zu verzeichnen und dabei den Wert der einzelnen Vermögensgegenstände und Schulden anzugeben.
2. Er hat demnächst für den Schluß eines jeden Geschäftsjahrs ein solches Inventar aufzustellen. Die Dauer des Geschäftsjahrs darf zwölf Monate nicht überschreiten. Die Aufstellung des Inventars ist innerhalb der einem ordnungsmäßigen Geschäftsgang entsprechenden Zeit zu bewirken […] [1].

Nach Durchführung der Inventur werden die erzielten Ergebnisse mit den Daten der Buchführung verglichen. Im Falle, dass die realistischen Werte lt. Inventur von den buchhalterischen Werten abweichen, muss – das hat Sommerweizen bereits gelernt – eine Anpassung der Buchführung an die Inventurwerte vorgenommen werden.

Im Endergebnis kann man dann eine realistische Gewinn- und Verlustrechnung sowie eine ordnungsgemäße Bilanz vorweisen. Dass die Daten korrekt und realistisch sind, ist von besonderer Bedeutung. Zum einen wird der handelsrechtliche Abschluss nach erfolgter Analyse z. B. für die Eigeninformation benötigt, zum anderen dient der Jahresabschluss unter Berücksichtigung der Steuergesetze auch der korrekten Besteuerung des Unternehmers bzw. des Unternehmens durch die Finanzbehörde.

Carlo Sommerweizen hat sich dieses Kapitel ja schon einmal verinnerlicht. Dennoch schreibt er sich die wesentlichen Schritte noch einmal auf:

1. Erstellung der Buchführung auf der Basis der GoB (Grundsätze der ordnungsgemäßen Buchführung)
2. Erfassen aller Vermögensgegenstände und Schulden im Rahmen der Inventur
3. Darstellung der Inventurergebnisse im Inventar (Protokollliste)
4. Überprüfung der Buchführung und evtl. Anpassung an die Inventurwerte
5. Erstellung von Bilanz und Gewinn- und Verlustrechnung zum Bilanzstichtag
6. Analyse des Jahresabschlusses (Abb. 2.1)

Sommerweizen hat bereits festgestellt, dass er doch noch einiges aus dem bisherigen Selbststudium der Buchführung behalten hat.

Damit er noch lange von seinem Wissen zehren kann, wird er zunächst eine Lernkontrolle durchführen und im Anschluss einige Übungen bearbeiten.

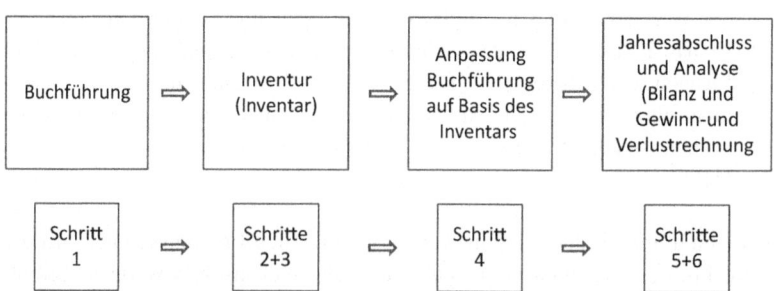

Abb. 2.1 Von der Buchführung zur Jahresabschlussanalyse. (In Anlehnung an: Nickenig, K. (2018): *Buchführung: Schneller Einstieg in die Grundlagen:* Einführung in die gesetzlichen Vorschriften und in die Buchführungstechnik; 2. durchgesehene und korrigierte Auflage; Springer, Wiesbaden.)

2.3 Zusammenfassende Lernkontrolle

Die folgenden Fragen und Übungen helfen das neu erlernte oder aufgefrischte Fachwissen zu vertiefen und zu festigen.

2.3.1 Kontrollfragen

1. Wie ist unter der *Buchführung* zu verstehen?
2. Wie viel Konten beinhaltet ein *Buchungssatz* mindestens?
3. Wie kann der *Jahresabschluss* definiert werden?
4. Müssen *Freiberufler* auch bilanzieren?
5. Muss ein buchführungspflichtiger Unternehmer eine *Inventur* durchführen?
6. Wie bezeichnet man die *Protokollliste* als Ergebnis der Inventur noch?
7. Was ist der Sinn einer *Inventur?*

2.3.2 Lösungen zu den Kontrollfragen

1. Die *Buchführung* ist die Zusammenstellung aller betrieblichen Geschäftsvorfälle in Form von Buchungssätzen für ein Wirtschaftsjahr. Das Ergebnis wird am Ende des Geschäftsjahres in der Bilanz und in der Gewinn- und Verlustrechnung ausgewiesen.
2. Ein *Buchungssatz* beinhaltet mindestens zwei Konten.
3. Der *Jahresabschluss* ist das Ergebnis der Buchführung am Ende eines Wirtschaftsjahres. Er besteht bei Einzelunternehmern mindestens aus der Bilanz sowie der Gewinn- und Verlustrechnung. Der Anhang wird bei Kapitalgesellschaften zusätzlich gefordert.
4. Nein, die *Freiberufler* gehören nicht zu den buchführungspflichtigen Kaufleuten.
5. Ja, der *buchführungspflichtige Unternehmer* ist zur Durchführung einer Inventur verpflichtet.
6. Man bezeichnet die Protokollliste als *Inventar.*
7. Mit Hilfe der *Inventur* sollen alle Vermögensgegenstände und Schulden zum Bilanzstichtag erfasst und bestätigt (verifiziert) werden.

2.3.3 Übungen

1. Nennen Sie bitte zwei Geschäftsvorfälle, die das Anlagevermögen verändern.
2. Nennen Sie bitte zwei Geschäftsvorfälle, die das Fremdkapital verändern.
3. Stellen Sie die Schritte von der Buchführung zur Bilanzanalyse dar (Hinweis: bitte nicht mehr als acht Schritte).
4. Wo finden Sie Regelungen zur Einnahmen-/Überschuss-Rechnung im Einkommensteuergesetz (EStG)?
5. Bitte entscheiden Sie bei den nachfolgenden Aussagen, ob diese richtig oder falsch sind:
    a) Die Bilanz ist das Ergebnis der Aufzeichnungspflicht.
    b) Die Bilanzanalyse wird nur von Freiberuflern durchgeführt.
    c) Die Inventur muss nicht durchgeführt werden, wenn hierfür keine Zeit vorhanden ist.
    d) Der Begriff *Inventar* darf nur für Möbelstücke verwendet werden.
    e) Der Buchungssatz besteht mindestens aus zwei Konten.

2.3.4 Lösungen zu den Übungen

1. z. B. Kauf einer Maschine auf Ziel, Verkauf eines Pkw gegen Banküberweisung
2. z. B. Aufnahme eines Bankdarlehen bei gleichzeitiger Gutschrift auf dem Bankkonto; Umschuldung einer Lieferantenverbindlichkeit in ein Bankdarlehen
3. Vorschlag Vorgehensweise:
    – Erstellung der Buchführung auf der Basis der GoB (Grundsätze der ordnungsgemäßen Buchführung)
    – Erfassen aller Vermögensgegenstände und Schulden im Rahmen der Inventur
    – Darstellung der Inventurergebnisse im Inventar (Protokollliste)
    – Überprüfung der Buchführung und evtl. Anpassung an die Inventurwerte
    – Erstellung von Bilanz und Gewinn- und Verlustrechnung zum Bilanzstichtag
    – Analyse des Jahresabschlusses
4. Regelungen zur Einnahmen-/Überschuss-Rechnung finden sich im § 4 (3) EStG
5. Richtig oder falsch?

a) falsch
b) falsch
c) falsch
d) falsch
e) richtig

Literatur

Homepage des Bundesjustizministeriums

1. http://www.gesetze-im-internet.de/hgb/__240.html. Zugegriffen: 3. Apr. 2016

Gewinnermittlungsmethoden 3

Zusammenfassung
Carlo Sommerweizen wiederholt in diesem Kapitel einige ausgewählte Gewinnermittlungsmethoden, die dazu dienen, den betrieblichen Erfolg (Gewinn oder Verlust) zu ermitteln. Er schaut sich den Betriebsvermögensvergleich, die Einnahmen-Überschuss-Rechnung und die Schätzung an. Obwohl er sich im Rahmen seiner Studien zur Buchführung mit diesem Thema schon einmal auseinandergesetzt hat, wiederholt er dieses, um sicher zu sein, dass er auch nichts falsch verstanden hat.

Carlo Sommerweizen hat im Rahmen seines Selbststudiums zur Buchführung schon einige Informationen zu den möglichen Gewinnermittlungsmethoden gesammelt. Damit sein Wissen auch gefestigt ist, wiederholt er noch einmal die wichtigsten Punkte, um sicher zu sein, dass er auch alles richtig verstanden hat.

Zunächst schaut er sich den Betriebsvermögensvergleich an. Hiernach folgt die Einnahmen-Überschuss-Rechnung (EÜR) und schlussendlich die Schätzung. Alle genannten Gewinnermittlungsmethoden werden im Folgenden – zur Wiederholung – kurz erläutert.

In Anlehnung an: Nickenig, K. (2018): *Buchführung: Schneller Einstieg in die Grundlagen: Einführung in die gesetzlichen Vorschriften und in die Buchführungstechnik*; 2. durchgesehene und korrigierte Auflage; Springer, Wiesbaden.

3.1 Wichtige Definitionen

Aufwand Die Abbildung des Aufwands erfolgt über Aufwandskonten (z. B. Telefon, Energie, Bürobedarf), welche über das Gewinn- und Verlustkonto (GuVK) abgeschlossen werden. Es handelt sich um den Werteverzehr des Unternehmens.

Betriebsvermögensvergleich auch: Eigenkapitalvergleich; Gewinnermittlungsmethode bei buchführungspflichtigen Unternehmen (siehe auch § 4 (1) EStG und § 5 EStG).

Bilanz Die Bilanz (ital. bilancia = Waage) ist ein wichtiger Bestandteil des Jahresabschlusses. Es handelt sich um eine Stichtagsbetrachtung. Sie besteht aus Aktiv- und Passivkonten.

Eigenkapitalvergleich auch: Betriebsvermögensvergleich; Gewinnermittlungsmethode bei buchführungspflichtigen Unternehmen (siehe § 4 (1) EStG und § 5 EStG).

Einnahmen-Überschuss-Rechnung (EÜR) Die Einnahmen-Überschuss-Rechnung ist eine im § 4 (3) EStG definierte Form der Gewinnermittlung, die von nicht buchführungspflichtigen Unternehmen zum Zwecke der korrekten Besteuerung erstellt werden muss. Zugrunde liegendes Prinzip: Zufluss-/Abflussprinzip (§ 11 EStG).

Ertrag Die Abbildung des Ertrags (Wertzuwachs eines Unternehmens) erfolgt mittels Ertragskonten (z. B. Erlöse, Provisionserträge, Zinserträge) über das Gewinn- und Verlustkonto (GuVK).

Gewinn- und Verlustkonto (GuVK) Das Gewinn- und Verlustkonto ist ein Unterkonto des Eigenkapitals. Gewinn oder Verlust werden über das Eigenkapital (Passivkonto innerhalb der Bilanz) abgeschlossen.

Gewinn- und Verlustrechnung (GuV) Die Gewinn- und Verlustrechnung ist ein wichtiger Bestandteil des Jahresabschlusses. Funktion ist der Ausweis von Gewinn oder Verlust, der innerhalb eines Wirtschaftsjahres innerhalb eines Unternehmens erwirtschaftet wurde.

3.2 Betriebsvermögensvergleich nach § 4 und § 5 EStG

Carlo Sommerweizen kennt sich mit der Definition des Betriebsvermögensvergleichs mittlerweile gut aus, da er dieses ja nicht zum ersten Mal sieht. Er weiß von seinem Steuerberater Glaube, dass der Betriebsvermögensvergleich (auch Eigenkapitalvergleich) eine Gewinnermittlungsmethode ist, welche von bilanzierenden Unternehmern angewendet wird. Die Definition findet sich im § 4 (1) EStG:

§ 4 EStG – Betriebsvermögensvergleich

1. [1]Gewinn ist der Unterschiedsbetrag zwischen dem Betriebsvermögen am Schluss des Wirtschaftsjahres und dem Betriebsvermögen am Schluss des vorangegangenen Wirtschaftsjahres, vermehrt um den Wert der Entnahmen und vermindert um den Wert der Einlagen […] [1].

In einer Formel zusammengefasst sieht die Ermittlung des betrieblichen Ergebnisses allgemein wie folgt aus (siehe Tab. 3.1 *Betriebsvermögensvergleich*):

Tab. 3.1 Betriebsvermögensvergleich (Eigenkapitalvergleich)

	EUR
Eigenkapital zum 31.12.03	xx
./. Eigenkapital zum 01.01.03	xx
= Zwischensumme	xx
+ Privatentnahmen	xx
./. Einlagen	xx
= Gewinn	**xx**

Sommerweizen macht sich in diesem Zusammenhang auch noch einmal klar, dass die Privatentnahmen, die unterjährig sein Eigenkapital geschmälert haben, am Ende des Wirtschaftsjahres wieder hinzugerechnet werden müssen, damit das betriebliche Ergebnis nicht durch private Vorgänge beeinflusst wird. Das gleiche gilt für die Privateinlagen, die das Eigenkapital im Laufe des Wirtschaftsjahres erhöht haben.

Würde eine Korrektur der Privatentnahmen und -einlagen (als Unterkonten des Eigenkapitals) nicht durchgeführt, könnte ein Unternehmer durch sein Handeln das tatsächlich erwirtschaftete Ergebnis beeinflussen.

Steuerberater Glaube gibt Sommerweizen ein Beispiel:

Beispiel 3.1 – Betriebsvermögensvergleich

Der in einem Lehrbuch für Bilanzierung dargestellte Unternehmer Christoph Knuffig (bilanzierender Einzelhändler) hat am Ende des Wirtschaftsjahres 01 ein Eigenkapital in Höhe von 60.000,00 EUR. Am Jahresanfang (Jahr 01) wies diese Bilanzposition noch einen Wert von 42.000,00 EUR aus. Unterjährig entnahm Knuffig 15.000,00 EUR; 6000,00 EUR führte er innerhalb des gleichen Jahres dem Unternehmen per Bareinlage wieder zu.

Sommerweizen überlegt und setzt die Zahlen in die vorgenannte Formel ein (siehe Tab. 3.2 *Beispiel Betriebsvermögensvergleich*):

Tab. 3.2 Beispiel 3.1 – Betriebsvermögensvergleich (Eigenkapitalvergleich)

	EUR
Eigenkapital zum 31.12.03	60.000,00
./. Eigenkapital zum 01.01.03	./. 42.000,00
= Zwischensumme	18.000,00
+ Privatentnahmen	15.000,00
./. Einlagen	6000,00
= Gewinn	**27.000,00**

Sommerweizen kann diese Berechnung gut nachvollziehen, da er selbst ja als bilanzierender Kaufmann tätig ist.

Steuerberater Glaube weist der Vollständigkeit halber auf § 5 (1) EStG hin. Es handelt sich hierbei um eine Vorschrift, die für diejenigen Unternehmer gilt, welche sich *freiwillig* für die Buchführung entscheiden:

§ 5 EStG – Gewinn bei Kaufleuten und bei bestimmten anderen Gewerbetreibenden

1. [1]Bei Gewerbetreibenden, die auf Grund gesetzlicher Vorschriften verpflichtet sind, Bücher zu führen und regelmäßig Abschlüsse zu machen, oder die ohne eine solche Verpflichtung Bücher führen und regelmäßig Abschlüsse machen, ist für den Schluss des Wirtschaftsjahres das Betriebsvermögen anzusetzen (§ 4 Absatz 1 Satz 1), das nach den handelsrechtlichen Grundsätzen ordnungsmäßiger Buchführung auszuweisen ist, es sei denn, im Rahmen der Ausübung eines steuerlichen Wahlrechts wird oder wurde ein anderer Ansatz gewählt […] [2].

Auch in diesen Fällen ist die Bilanz nach den Vorgaben des § 4 (1) EStG zu erstellen.

Sommerweizen schließt die Betrachtung dieser Gewinnermittlungsmethode ab und wendet sich nun der Wiederholung halber noch einmal der Einnahmen-Überschussrechnung zu.

3.3 Einnahmen-Überschuss-Rechnung nach § 4 (3) EStG

Eine weitere wichtige Methode zur Ermittlung des betrieblichen Gewinns ist die Einnahmen-Überschuss-Rechnung, die, wie Sommerweizen weiß, auch mit den Großbuchstaben EÜR abgekürzt werden kann. Auch ist ihm der § 4 (3) EStG bekannt, den er sich trotzdem noch einmal kurz ansieht:

§ 4 EStG – Gewinnbegriff im Allgemeinen

[...] (3) [1]Steuerpflichtige, die nicht auf Grund gesetzlicher Vorschriften verpflichtet sind, Bücher zu führen und regelmäßig Abschlüsse zu machen, und die auch keine Bücher führen und keine Abschlüsse machen, können als Gewinn den Überschuss der Betriebseinnahmen über die Betriebsausgaben ansetzen [...] [1].

Allgemein kann man diese Berechnung wie in Tab. 3.3 darstellen.

Tab. 3.3 Einnahmen-Überschuss-Rechnung (EÜR)

	EUR
Betriebseinnahmen	xx
./. Betriebsausgaben	xx
= **Gewinn/Verlust**	xx

Auch hierzu überlegt sich der Autohändler ein Beispiel:

Beispiel – Einnahmen-Überschuss-Rechnung (EÜR)

Sommerweizen weiß, dass sein Freund Klaus Muster stets eine Einnahmen-Überschuss-Rechnung erstellt, da er im Rahmen seiner Tätigkeit (freiberuflicher Dolmetscher) nicht buchführungspflichtig ist. Hätte dieser z. B. Betriebseinnahmen in Höhe von 100.000,00 EUR und Betriebsausgaben in Höhe von 20.000,00 EUR, so ergäbe sich folgende stark vereinfachte Berechnung (siehe Tab. 3.4 *Beispiel – Einnahmen-Überschussrechnung*):

Tab. 3.4 Beispiel – Einnahmen-Überschuss-Rechnung (EÜR)

	EUR
Betriebseinnahmen	100.000,00
./. Betriebsausgaben	20.000,00
= Gewinn/Verlust	**80.000,00**

Steuerberater Glaube gibt Sommerweizen nochmals den wichtigen Hinweis, dass Zufluss-/Abflussprinzip zu beachten. Dieses Prinzip besagt, dass im Rahmen der Einnahmen-Überschuss-Rechnung (abgesehen von einigen Ausnahmen) nur zahlungsrelevante Vorgänge betrachtet werden. Sommerweizen schaut sich dieses Prinzip, welches im § 11 EStG geregelt ist, an:

§ 11 EStG

1. [1]Einnahmen sind innerhalb des Kalenderjahres bezogen, in dem sie dem Steuerpflichtigen zugeflossen sind. [2]Regelmäßig wiederkehrende Einnahmen, die dem Steuerpflichtigen kurze Zeit vor Beginn oder kurze Zeit nach Beendigung des Kalenderjahres, zu dem sie wirtschaftlich gehören, zugeflossen sind, gelten als in diesem Kalenderjahr bezogen[…].
2. [1]Ausgaben sind für das Kalenderjahr abzusetzen, in dem sie geleistet worden sind. [2]Für regelmäßig wiederkehrende Ausgaben gilt Absatz 1 Satz 2 entsprechend. [3]Werden Ausgaben für eine Nutzungsüberlassung von mehr als fünf Jahren im Voraus geleistet, sind sie insgesamt auf den Zeitraum gleichmäßig zu verteilen, für den die Vorauszahlung geleistet wird […] [3].

Der motivierte Unternehmer weiß, dass die Betriebsausgaben im § 4 (4) EStG definiert sind, aber die Betriebseinnahmen lediglich als Umkehrschluss des § 4 (4) EStG angesehen werden:

§ 4 Gewinnbegriff im Allgemeinen

[…] (4) *Betriebsausgaben* sind die Aufwendungen, die durch den Betrieb veranlasst sind […] [1].

Somit gehören – so die logische Schlussfolgerung Sommerweizens – die Betriebseinnahmen zu den Einnahmen, die betrieblich veranlasst sind. Dieses bestätigt ihm sein Gesprächspartner Glaube.

3.3 Einnahmen-Überschuss-Rechnung nach § 4 (3) EStG

Carlo Sommerweizen möchte von seinem Steuerberater nun auch noch gerne wissen, was es mit dem *Zu-* bzw. *Abfluss* von regelmäßig wiederkehrenden Einnahmen/Ausgaben auf sich hat.

Der Steuerberater gibt seinem Mandanten nachfolgendes Beispiel:

Beispiel – Regelmäßig wiederkehrende Einnahmen/Ausgaben

Steuerberater Glaube weist seinen Mandanten Sommerweizen darauf hin, dass er doch monatlich, also regelmäßig, Versicherungsbeiträge für seinen betrieblichen Fuhrpark an den Versicherungsträger zahlt. Sommerweizen stimmt diesem nach kurzer Überlegung zu. Wenn er nun einen Versicherungsbeitrag z. B. in Höhe von 100,00 EUR für den Monat Januar 02 bereits am 29.12.01 (also im Voraus) überweist, handelt es sich um eine *regelmäßig wiederkehrende Ausgabe*, die auf einer rechtlichen Verpflichtung, also einem Vertrag beruht. Der Beitrag wäre nun dem Jahr 02 zuzuordnen, da er auch wirtschaftlich hierzu gehört.

Das gleiche gilt auch für *regelmäßig wiederkehrende Einnahmen* (z. B. Zinserträge). Werden Zinserträge für das Jahr 01 erst am 03.01.02 dem betrieblichen Bankkonto gut geschrieben, gehören diese wirtschaftlich zum Jahr 01 und werden dort auch entsprechend Gewinn erhöhend berücksichtigt.

▶ *Regelmäßig wiederkehrende Einnahmen* und *Ausgaben* müssen betragsmäßig nicht immer gleich hoch sein!

Abschließend vergewissert sich Carlo Sommerweizen bei seinem Steuerberater, wer überhaupt zu dieser Art der Gewinnermittlungsmethode berechtigt ist. Dieser antwortet ihm, dass alle Unternehmer, welche *nicht* buchführungspflichtig sind, eine Einnahmen-Überschuss-Rechnung erstellen müssen.

Hierzu zählen z. B. Freiberufler (z. B. Ärzte und Steuerberater) und Kleingewerbetreibende (z. B. Kioskinhaber).

Aber auch der Istkaufmann kann von der Buchführungspflicht befreit sein, wenn er die Vorgaben des § 241a HGB insgesamt erfüllt:

§ 241a HGB – Befreiung von der Pflicht zur Buchführung und Erstellung eines Inventars

Einzelkaufleute, die an den Abschlussstichtagen von zwei aufeinander folgenden Geschäftsjahren nicht mehr als jeweils 600.000 EUR Umsatzerlöse und jeweils 60.000 EUR Jahresüberschuss aufweisen, brauchen die §§ 238 bis 241 nicht anzuwenden. Im Fall der Neugründung treten die Rechtsfolgen schon ein, wenn die Werte des Satzes 1 am ersten Abschlussstichtag nach der Neugründung nicht überschritten werden [4].

Bis 2015 galten noch andere Grenzen im Sinne des § 241a HGB. Hier lag die Hürde bei den Umsatzerlösen noch bei 500.000,00 EUR, beim Jahresüberschuss bei 50.000,00 EUR.

▶ Ab 2016 gilt gemäß § 241a HGB die Umsatzgrenze in Höhe von 600.000,00 EUR und die Jahresüberschuss-Grenze in Höhe von 60.000,00 EUR!!

Für Sommerweizen kam diese Befreiung hinsichtlich der Buchführungspflicht – auch zu Beginn seiner Tätigkeit als Autohändler – nicht in Frage, da er stets die magische Grenze von 50.000,00 EUR (Jahresüberschuss) überschritten hatte.

Abschließend wendet sich Carlo Sommerweizen nochmals einer weiteren Gewinnermittlungsmethode zu: der Schätzung. Der motivierte Autohändler weiß zwar, dass es in der Praxis umstritten ist, ob die Schätzung als Gewinnermittlungsmethode anzusehen ist. Er geht jedoch im weiteren Verlauf dieses Buches hiervon aus.

3.4 Schätzung im Sinne des § 162 AO

Die Schätzung ist, so die Kenntnis von Carlo Sommerweizen, eine Gewinnermittlungsmethode, von welcher in den Fällen Gebrauch gemacht wird, wo der Steuerpflichtige entweder nur unzureichendes aussagekräftiges Zahlenmaterial zur Verfügung stellt oder die Abgabe von Jahresabschluss und/oder Steuererklärungen vermeidet.

Grundsätzlich wird bei der Schätzung zwischen *Voll-* und *Teilschätzung* unterschieden. Bei einer Vollschätzung ist die Buchführung – wenn sie denn der Finanzbehörde vorliegt – für Zwecke der Besteuerung unbrauchbar. Entweder gibt es zu viele formelle oder schwerwiegende inhaltliche Mängel, die zu einer sogenannten *Verwerfung* der Buchführung führen.

Bei einer *Teilschätzung* werden nur Teilbereiche der Buchführung – also nicht das gesamte Zahlenmaterial – für Besteuerungszwecke als wenig brauchbar erachtet. Daher werden nur z. B. Kasse oder Teile der Personalbuchführung vom Mitarbeiter der Finanzbehörde geschätzt.

Die Schätzung kann nach § 162 AO nicht vom Steuerpflichtigen selbst, sondern lediglich durch Mitarbeiter der zuständigen Finanzbehörde erfolgen. Die Schätzung ist in der Regel die unangenehmste Form der Gewinnermittlung. Im Gesetz befindet sich die Regelung zur Schätzung im § 162 AO:

§ 162 AO – Schätzung von Besteuerungsgrundlagen

1. Soweit die Finanzbehörde die Besteuerungsgrundlagen *nicht ermitteln oder berechnen* kann, hat sie sie zu *schätzen*. Dabei sind alle Umstände zu berücksichtigen, die für die Schätzung von Bedeutung sind.
2. Zu schätzen ist insbesondere dann, *wenn der Steuerpflichtige über seine Angaben keine ausreichenden Aufklärungen* zu geben vermag oder weitere Auskunft *oder eine Versicherung an Eides statt verweigert* oder *seine Mitwirkungspflicht nach § 90 Abs. 2 verletzt*. Das Gleiche gilt, wenn der Steuerpflichtige Bücher oder Aufzeichnungen, die er nach den Steuergesetzen zu führen hat, nicht vorlegen kann, wenn die Buchführung oder die Aufzeichnungen der Besteuerung nicht nach § 158 zugrunde gelegt werden oder *wenn tatsächliche Anhaltspunkte für die Unrichtigkeit oder Unvollständigkeit der vom Steuerpflichtigen gemachten Angaben zu steuerpflichtigen Einnahmen oder Betriebsvermögensmehrungen bestehen* […] [5].

Sommerweizen nimmt sich fest vor, seine Aufgaben immer korrekt zu erledigen, damit es niemals zu Schätzungen kommen möge.

Sein aufgefrischtes Wissen festigt Sommerweizen nun durch nachfolgende Kontrollfragen und Übungen.

3.5 Zusammenfassende Lernkontrolle

Die folgenden Fragen und Übungen helfen das neu erlernte oder aufgefrischte Fachwissen zu vertiefen und zu festigen.

3.5.1 Kontrollfragen

1. Nennen Sie bitte drei Ihnen bekannte Gewinnermittlungsmethoden.
2. Wo findet sich die gesetzliche Vorgabe im EStG, dass bei der Einnahmen-Überschuss-Rechnung das Zufluss-/Abfluss-Prinzip zu beachten ist?
3. Wo sind die Betriebsausgaben geregelt?

4. Wo sind die Betriebseinnahmen im Gesetz zu finden?
5. Darf die Schätzung vom steuerpflichtigen Unternehmer selbst durchgeführt werden, wenn er nur einige Teilbereiche der Buchführung fehlerhaft geführt hat.
6. Wie nennt man den Betriebsvermögensvergleich auch noch?
7. Was unterscheidet die GuV von einer EÜR?
8. Wer ist berechtigt, eine Einnahmen-Überschuss-Rechnung zu erstellen? Nennen Sie zwei Unternehmergruppen.
9. Wo findet sich die gesetzliche Vorgabe für die Einnahmen-Überschuss-Rechnung?
10. Wo findet sich die gesetzliche Regelung für den Betriebsvermögensvergleich?

3.5.2 Lösungen zu den Kontrollfragen

1. Einnahmen-Überschuss-Rechnung, Betriebsvermögensvergleich, Schätzung
2. § 11 EStG
3. § 4 (4) EStG
4. Nirgendwo; die Betriebseinnahmen werden über den Umkehrschluss zu § 4 (4) EStG definiert.
5. Nein, die Schätzung darf im vorliegenden Fall nur von Angestellten der Finanzbehörde vorgenommen werden.
6. Eigenkapitalvergleich
7. Bei einer Gewinn- und Verlustrechnung (GuV) *werden sowohl zahlungsrelevante als auch nicht zahlungsrelevante Vorgänge* berücksichtigt, wobei im Rahmen der Einnahmen-Überschuss-Rechnung – bis auf einige Ausnahmen – nur zahlungsrelevante Vorgänge erfasst werden.
8. Freiberufler, Kleingewerbetreibende (= Gewerbetreibende ohne kaufmännische Organisation)
9. § 4 (3) EStG
10. § 4 (1) EStG

3.5.3 Übungen

1. Bitte stellen Sie fest, ob nachfolgende Aussagen richtig oder falsch sind:

3.5 Zusammenfassende Lernkontrolle

a) Der Betriebsvermögensvergleich ist eine Erfindung. Im externen Rechnungswesen spielt er keine Rolle.
b) Die Einnahmen-Übergangs-Rechnung muss von jedem aufzeichnungspflichtigen Unternehmer erstellt werden.
c) Geregelt sind die Vorgaben zur Durchführung einer Schätzung (Gewinnermittlung) in der Abgabenordnung (AO).
d) Es keine Umsatzsteuerkonten in der Einnahmen-Überschuss-Rechnung.
e) Unternehmer, die eine Einnahmen-Überschuss-Rechnung erstellen müssen, dürfen auch bilanzieren.
2. Nennen Sie bitte drei Beispiele für Freiberufler und nennen Sie die einkommensteuerliche Fundstelle für die Katalogberufe.
3. Bitte nennen Sie zwei Gründe, die eine Vollschätzung (§ 162 AO) rechtfertigen.
4. Wo findet sich im Einkommensteuergesetz die Definition der Einnahmen-Überschuss-Rechnung? Bitte lesen Sie diese Vorschrift.
5. Ist die Gewinn- und Verlustrechnung gleichzusetzen mit der Einnahmen-Überschuss-Rechnung?
6. Richtig oder Falsch?
a) Das Inventar beinhaltet Vermögen und Schulden.
b) EBK, SBK und Privatkonten sind Unterkonten des Eigenkapitals.
c) Ein Zahnarzt darf keine Bilanz erstellen, da er zu den Freiberuflern gehört, die nicht buchführungspflichtig sind.
d) Die Einnahmen-/Überschussrechnung gem. § 4 Abs. 3 EStG gehört neben der Schätzung und dem Betriebsvermögensvergleich zu den wichtigsten Gewinnermittlungsmethoden.
e) Den degressiven AfA-Betrag berechnet man im Jahr 2012 nach der Formel: 3 x linearer AfA-Betrag, aber max. 30 %.
f) Es gilt: Je weniger Kosten aktiviert werden, desto höher ist der erfolgswirksame Aufwand.
g) Gewährte Preisnachlässe stellen Aufwand für den Unternehmer dar, die den betrieblichen Gewinn mindern.
h) Das Konto Bestand Waren kann sowohl auf der Aktivseite als auch auf der Passivseite der Bilanz ausgewiesen werden.
i) Die Aktivseite der Bilanz bezeichnet man auch als die Seite der Mittelherkunft, die Passivseite als Seite der Mittelverwendung.
7. Wie wird der Betriebsvermögensvergleich im Gesetz (§ 4 EStG) definiert? Bitte stellen Sie die Formel allgemein dar.
8. Bitte lösen Sie nachfolgende Aufgabe rechnerisch nachvollziehbar.
Sachverhalt:

Unternehmer Christoph Knuffig (bilanzierender Einzelhändler) hat am Ende des Wirtschaftsjahres 01 ein Eigenkapital in Höhe von 50.000,00 EUR. Am Jahresanfang (Jahr 01) wies diese Bilanzposition noch einen Wert von 42.500,00 EUR aus. Unterjährig entnahm Knuffig 14.000,00 EUR; 3.000,00 EUR führte er innerhalb des gleichen Jahres dem Unternehmen per Bareinlage wieder zu.
Frage: Wie hoch ist das betriebliche Ergebnis?

9. Stellen Sie die Einnahmen-Überschuss-Rechnung (EÜR) gemäß § 4 (3) EStG als allgemeine Formel dar.
10. Ermitteln Sie das Ergebnis nachvollziehbar im Rahmen der Einnahmen-Überschuss-Rechnung für nachfolgenden Sachverhalt:
Sachverhalt.
Der Zahnarzt (Freiberufler) P hatte im abgelaufenen Jahr Betriebseinnahmen in Höhe von 1.000.000,00 EUR und Betriebsausgaben in Höhe von 200.000,00 EUR. Seine Überweisungen auf das Privatkonto vom betrieblichen Konto beliefen sich auf 30.000,00 EUR.
11. Erläutern Sie in eigenen Worten das Zufluss-/Abflussprinzip im Sinne des § 11 EStG.
12. Bitte kreuzen Sie die korrekte Antwort an (Tab. 3.5 *Multiple Choice zu Kap. 3*):

Tab. 3.5 Multiple Choice zu Kap. 3

Nr.	Aussage	Richtig	Falsch
1	Der Betriebsvermögensvergleich ist geregelt im § 5 AO		
2.	Die Einnahmen-Überschuss-Rechnung wird von Freiberuflern erstellt		
3	Die Einnahmen-Überschuss-Rechnung ist neben der Schätzung eine zulässige Gewinnermittlungsmethode		
4	Die Einnahmen-Überschuss-Rechnung ist identisch mit der GuV		
5	Jeder Unternehmer darf seine Ergebnisse selbst schätzen		

3.5.4 Lösungen zu den Übungsaufgaben

1. Folgende Antworten sind korrekt:
   a) Falsch
   b) Falsch

3.5 Zusammenfassende Lernkontrolle

    c) Richtig
    d) Falsch
    e) Richtig
2. Beispiele: Zahnärzte, Dolmetscher, Wirtschaftsprüfer; Fundstelle im Einkommensteuergesetz: § 18 (1) EStG (Katalogberufe)
3. Keine Abgabe eines Jahresabschlusses beim Finanzamt durch den Steuerpflichtigen; extrem mangelhaftes Zahlenmaterial in der Buchführung bzw. im Jahresabschluss
4. § 4 (3) EStG
5. Nein, die Einnahmen-Überschuss-Rechnung wird von nicht buchführungspflichtigen Unternehmern erstellt. Dieser Gewinnermittlungsmethode liegt das Zufluss-/Abflussprinzip zugrunde. Bis auf einige Ausnahmen werden lediglich zahlungsrelevante Einnahmen den zahlungsrelevanten Ausgaben gegenüber gestellt. Im Rahmen der Gewinn- und Verlustrechnung werden sowohl zahlungsrelevante als auch nicht zahlungsrelevante Vorgänge auf Aufwands- und Ertragskonten erfasst. Die Gewinn- und Verlustrechnung ist Ergebnis der Buchführung.
6. Folgende Antworten sind korrekt:
    a) Richtig
    b) Falsch
    c) Falsch
    d) Richtig
    e) Falsch
    f) Richtig
    g) Richtig
    h) Falsch
    i) Richtig
7. Der Betriebsvermögensvergleich ist wie in Tab. 3.6 folgt definiert.

Tab. 3.6 Betriebsvermögensvergleich (Eigenkapitalvergleich)

	EUR
Eigenkapital zum 31.12.03	xx
./. Eigenkapital zum 01.01.03	xx
= Zwischensumme	xx
+ Privatentnahmen	xx
./. Einlagen	xx
= Gewinn	**xx**

8. Folgende Lösung ist korrekt (Tab. 3.7 *Betriebsvermögensvergleich*):

Tab. 3.7 Beispiel 3.1 – Betriebsvermögensvergleich (Eigenkapitalvergleich)

	EUR
Eigenkapital zum 31.12.03	50.000,00
./. Eigenkapital zum 01.01.03	./. 42.500,00
= Zwischensumme	7500,00
+ Privatentnahmen	14.000,00
./. Einlagen	3000,00
= Gewinn	**18.500,00**

9. Die Einnahmen-Überschuss-Rechnung ist allgemein definiert wie folgt (Tab. 3.8 *Einnahmen-Überschuss-Rechnung (EÜR)*):

Tab. 3.8 Einnahmen-Überschuss-Rechnung (EÜR)

	EUR
Betriebseinnahmen	xx
./. Betriebsausgaben	xx
= Gewinn/Verlust	xx

10. Folgende Lösung ist korrekt (Tab. 3.9 *EÜR-Beispiel*):

Tab. 3.9 Beispiel – Einnahmen-Überschuss-Rechnung (EÜR)

	EUR
Betriebseinnahmen	1.000.000,00
./. Betriebsausgaben	200.000,00
= Gewinn/Verlust	800.000,00

Die Entnahmen für private Zwecke werden bei der Einnahmen-Überschuss-Rechnung nicht ausgewiesen.

11. Hier noch einmal das Zufluss-/Abflussprinzip nach § 11 EStG:

§ 11 EStG

1. ¹Einnahmen sind innerhalb des Kalenderjahres bezogen, in dem sie dem Steuerpflichtigen zugeflossen sind. ²Regelmäßig wiederkehrende Einnahmen, die dem Steuerpflichtigen kurze Zeit vor Beginn oder kurze Zeit nach Beendigung des Kalenderjahres, zu dem sie wirtschaftlich gehören, zugeflossen sind, gelten als in diesem Kalenderjahr bezogen.[…]
2. ¹Ausgaben sind für das Kalenderjahr abzusetzen, in dem sie geleistet worden sind. ²Für regelmäßig wiederkehrende Ausgaben gilt Absatz 1 Satz 2 entsprechend. ³Werden Ausgaben für eine Nutzungsüberlassung von mehr als fünf Jahren im Voraus geleistet, sind sie insgesamt auf den Zeitraum gleichmäßig zu verteilen, für den die Vorauszahlung geleistet wird […] [3].

12. Folgende (Tab. 3.10) Antworten sind korrekt (Tab. 3.5 *Multiple Choice zu Kap. 3*):

Tab. 3.10 Multiple Choice zu Kap. 3

Nr.	Aussage	Richtig	Falsch
1	Der Betriebsvermögensvergleich ist geregelt im § 5 AO		x
2	Die Einnahmen-Überschuss-Rechnung wird von Freiberuflern erstellt	x	
3	Die Einnahmen-Überschuss-Rechnung ist neben der Schätzung eine zulässige Gewinnermittlungsmethode	x	
4	Die Einnahmen-Überschuss-Rechnung ist identisch mit der GuV		x
5	Jeder Unternehmer darf seine Ergebnisse selbst schätzen		x

Literatur

Homepage des Bundesjustizministeriums

1. https://www.gesetze-im-internet.de/estg/__4.html. Zugegriffen: 4. Apr. 2016
2. https://www.gesetze-im-internet.de/estg/__5.html. Zugegriffen: 7. Apr. 2016
3. https://www.gesetze-im-internet.de/estg/__11.html. Zugegriffen: 7. Apr. 2016
4. https://www.gesetze-im-internet.de/hgb/__241a.html. Zugegriffen: 7. Apr. 2016
5. https://www.gesetze-im-internet.de/ao_1977/__162.html. Zugegriffen: 8. Apr. 2016

Einführung in die Grundlagen der Bilanzierung

Zusammenfassung

Im Rahmen dieses Kapitels wird zunächst auf die allgemeinen Grundlagen zur Bilanzierung eingegangen. Carlo Sommerweizen informiert sich zunächst über die unterschiedliche Zielsetzung von Handels- und Steuerbilanz. Die Aufgaben der Bilanzierung und die Adressaten des Jahresabschlusses sind Themen, mit denen sich der motivierte Autohändler im Vorfeld auseinandersetzt. Um möglichst umfassend informiert zu sein, schaut er sich noch einige Spielregeln zur Bilanzierung an und mögliche Fehlerquellen, die bei der Jahresabschlusserstellung relevant sein können. Alle Informationen festigt Carlo Sommerweizen im Rahmen von Kontrollfragen und Übungen.

4.1 Wichtige Definitionen[1]

Ausschüttungsbemessungsfunktion Handelsbilanz als betriebswirtschaftlich ausgerichtete Informationsbilanz hat Ausschüttungsbemessungsfunktion; liefert also die Grundlage für die Gewinnausschüttung (z. B. Dividende).
Bilanzadressat Personen oder Institutionen, welche Interesse am betrieblichen Zahlenmaterial haben (z. B. Banken, Finanzamt, Konkurrenz).

---

[1] In Anlehnung an: Nickenig, K. (2018): *Buchführung: Schneller Einstieg in die Grundlagen:* Einführung in die gesetzlichen Vorschriften und in die Buchführungstechnik; 2. durchgesehene und korrigierte Auflage; Springer, Wiesbaden.

Bilanzrechtsmodernisierungsgesetz (BilMoG) Das Bilanzrechtsmodernisierungsgesetz ist ein Gesetz zur Modernisierung des Bilanzrechts (verpflichtend ab 2010).
BilRuG Bilanzrichtlinie-Umsetzungsgesetz
Bonität Auch: Kreditwürdigkeit; Die Fähigkeit zur Rückzahlung eines Darlehens nebst Zinsen wird im Vorfeld durch einen Bankmitarbeiter anhand umfangreicher Unterlagen und auch der Bilanz ermittelt.
GoB Grundsätze der ordnungsgemäßen Buchführung; Spielregeln, nach denen Bücher geführt werden.
Going-concern-Prinzip Grundsatz, dass die unternehmerische Tätigkeit zukünftig fortgeführt wird und keine Absichten bestehen bzw. Gründe vorliegen, dieses Unternehmen aufzugeben.
Maßgeblichkeitsprinzip Handelsbilanzansätze sind maßgeblich für die Ansätze in der Steuerbilanz (§ 5 (1) EStG)

4.2 Handels- und Steuerrechtliche Zielsetzung von Bilanzen

Bei der Erstellung von Bilanzen muss auch die jeweilige Zielsetzung berücksichtigt werden. Sommerweizen interessiert sich für die handels- und steuerliche Zielsetzung von Bilanzen. Die Jahresabschlusserstellung für internationale Zwecke lässt er bei seinen Recherchen außen vor.

Bilanzierung nach Handelsrecht
Bei der Bilanzierung nach Handelsrecht (Handelsbilanz) wird die Bilanz als Ergebnis der Buchführung nach Vorgaben des Handelsgesetzbuches (HGB) erstellt. Sie dient der nachfolgenden Steuerbilanz als Grundlage. Es gilt das Maßgeblichkeitsprinzip im Sinne des § 5 (1) S. 1 EStG:

> **§ 5 EStG – Gewinn bei Kaufleuten und bei bestimmten anderen Gewerbetreibenden**
>
> (1) [1]Bei Gewerbetreibenden, die auf Grund gesetzlicher Vorschriften verpflichtet sind, Bücher zu führen und regelmäßig Abschlüsse zu machen, oder die ohne eine solche Verpflichtung Bücher führen und regelmäßig Abschlüsse machen, ist für den Schluss des Wirtschaftsjahres das Betriebsvermögen anzusetzen (§ 4 Absatz 1 Satz 1), *das nach den handelsrechtlichen Grundsätzen ordnungsmäßiger Buchführung auszuweisen ist,* es sei denn, im Rahmen der Ausübung eines steuerlichen Wahlrechts wird oder wurde ein anderer Ansatz gewählt […] [1].

Sommerweizen lässt sich im Hinblick auf die eben gelesene Vorschrift von seinem steuerlichen Berater erklären, dass, wenn steuerlich andere Ansätze in der Bilanz gewählt werden, die handelsrechtlichen Ansätze untergeordneter Natur sind. Deshalb verweist Glaube nochmals auf den erst seit kurzem eingefügte Nebensatz: „[…] es sei denn, im Rahmen der Ausübung eines steuerlichen Wahlrechts wird oder wurde ein anderer Ansatz gewählt […]".

Reiner Glaube erläutert Sommerweizen weiter, dass die Handelsbilanz eine *Informationsbilanz* darstellt. Auf die Aufgaben derselben geht er im nachfolgenden Abschnitt ein (Abschn. 4.3 *Aufgaben der Bilanz*).

Sommerweizen hört sich nun noch an, was sein Steuerberater ihm zur steuerlichen Bilanz erläutert.

Bilanzierung nach Steuerrecht
Die Steuerbilanz, welche nach den Grundsätzen der Steuergesetze und auf Basis der Handelsbilanz erstellt wird, dient der *Ermittlung der Besteuerungsgrundlage* für das Finanzamt (siehe auch Abschn. 4.3 Aufgaben der Bilanz). Bis zur Einführung des Bilanzrechtsmodernisierungsgesetzes (BilMoG) konnten beide Bilanzen häufig gleiche Ansätze ausweisen. Man sprach dann von einer sogenannten „Einheitsbilanz", wie Sommerweizen sich noch erinnern kann. Seitdem gibt es mittlerweile zahlreiche Unterschiede hinsichtlich der Bilanzierung von diversen Positionen in Handels- und Steuerbilanz, auf die im Laufe dieses Buches bzw. im Rahmen des Selbststudiums von Carlo Sommerweizen noch weiter eingegangen wird. Auf das im Jahr 2015 veröffentlichte BilRuG (Bilanzrichtlinie-Umsetzungsgesetz) wird in diesem Buch nicht eingegangen.

4.3 Aufgaben der Bilanz

Carlo Sommerweizen ist bewusst, dass er die nachfolgenden Kapitel, die er bereits schon einmal im Rahmen des Selbststudiums zum Thema Buchführung, bearbeitet hatte, nochmals wiederholen sollte, um sein Grundwissen aufzufrischen und dieses entsprechend weiter auszubauen.

Er beschäftigt sich daher noch einmal mit den Aufgaben der Bilanz.

Selbstinformation
Sommerweizen weiß, dass die Bilanz zur eigenen Information dienen soll. Das bedeutet, dass er als Unternehmer sich stets einen Überblick über die wirtschaftliche Situation innerhalb des Unternehmens verschaffen sollte. Unterjährig sollte dies anhand von betriebswirtschaftlichen Auswertungen erfolgen, am Jahresende durch die Bilanz. Hierzu bedarf es jedoch einiger Grundkenntnisse, die sich der motivierte Unternehmer bereits angeeignet hat.

Beispiel 4.3.1 – Selbstinformation

Carlo Sommerweizen bittet seinen Steuerberater, die für seinen Autohandel erstellte Bilanz für das Jahr 03 zu erläutern. Er möchte gerne wissen, welche betrieblichen Erfolge er in den vergangenen beiden Jahren (03 und 02) erwirtschaftet hat. Das heißt, durch den Vergleich zweier oder mehrerer Wirtschaftsjahre hat Sommerweizen die Möglichkeit, die Entwicklung seines Unternehmens zu verfolgen, sie anhand von Kennzahlen auszuwerten und für die Zukunft entsprechende Maßnahmen zu ergreifen, um den betrieblichen Gewinn zu optimieren.

Besteuerungsgrundlage

Sommerweizen hat auch vor einiger Zeit gelernt, dass die Bilanz auch für Zwecke der Besteuerung durch die Finanzbehörde dient. Neben der Einkommensteuer werden auch andere Steuerarten fällig, wie z. B. Umsatz-, Lohn-, Gewerbe- oder Grundsteuer. Damit die jeweilige Steuer durch das Finanzamt korrekt ermittelt werden kann, muss die Buchführung bzw. die Bilanz nach den Vorschriften der GoB (Grundsätze ordnungsgemäßer Buchführung bzw. Bilanzierung) erstellt werden.

Beispiel 4.3.2 – Besteuerungsgrundlage

Der motivierte Autohändler Carlo Sommerweizen weiß, dass er die die Bilanz nebst Gewinn- und Verlustrechnung benötigt, um den betrieblichen Gewinn zu ermitteln, der im Anschluss im Rahmen der Einkommensteuer-Berechnung bei den Einkünften aus Gewerbebetrieb (§ 15 (2) GewStG) berücksichtigt wird.

Rechenschaftslegung

Der motivierte Autohändler weiß, dass die Bilanz – als Teil des Jahresabschlusses – natürlich auch der Rechenschaftslegung gegenüber der Kapitalgeber dient. Diese möchten berechtigterweise wissen, was der Unternehmer getan hat, um das eingesetzte Kapital innerhalb eines Wirtschaftsjahres zu vermehren.

Beispiel 4.3.3 – Rechenschaftslegung

Die Walter Herzog AG gehört zur Gruppe der bilanzierenden Formkaufleute. Die Bilanz dient der Rechenschaftslegung gegenüber ihren Aktionären, welche das notwendige Kapital zur Verfügung stellen.

Gläubigerschutz

Carlo Sommerweizen weiß auch aus eigener Erfahrung, dass die Bilanz dazu dient, den Gläubigern (z. B. der Bank oder dem Stillen Gesellschafter) aufzuzeigen, ob Bonität gegeben ist oder nicht. Die Bilanz hat also auch die Aufgabe des Gläubigerschutzes.

Beispiel 4.3.4 – Gläubigerschutz
Carlo Sommerweizen erinnert sich an die Kreditaufnahme vor einigen Jahren, als er einen Betrag in Höhe von 100.000,00 EUR benötigte, um seinen Fuhrpark entsprechend der Kundenwünsche zusammen zu stellen. Der Mitarbeiter seiner Hausbank verlangte neben einigen Auswertungen aus der Buchführung und einer Selbstauskunft auch die letzte Bilanz. Mit diesen Unterlagen wurde geprüft, ob der motivierte Unternehmer in der Lage sei, zukünftig das Darlehen nebst Zinsen wieder zurück zu führen.

Beweismittel

Im Rahmen von Gerichtsverfahren kann die Buchführung bzw. die Bilanz durchaus auch als Beweismittel eingesetzt werden. Carlo Sommerweizen erinnert sich:

Beispiel 4.3.5 – Beweismittel
Carlo Sommerweizen las vor einiger Zeit in seiner Tageszeitung, dass ein ihm bekanntes Unternehmen im Rahmen eines Gerichtsprozesses aufgrund der ordnungsgemäß aufgestellten Bilanz vom Verdacht des Betruges freigesprochen wurde. Dieses war nur der Tatsache zu verdanken, dass sämtliche Geschäftsvorfälle im Rahmen der Buchführung ordnungsgemäß erfasst wurden.

4.4 Adressaten der Bilanz

Auch mit diesem Thema setzte sich Carlo Sommerweizen schon einmal auseinander. Er wiederholt aber noch einmal kurz die wesentlichen Punkte.

Adressaten sind diejenigen Personen, Unternehmen oder Institutionen, die ein berechtigtes Interesse am Zahlenmaterial des Unternehmens haben. Hierzu zählen, wie sich Sommerweizen vor einiger Zeit aufgeschrieben hat:

Unternehmer und Gesellschafter

Sommerweizen weiß aus eigener Erfahrung, dass er selbst als Unternehmer ein wichtiger Adressat seiner eigenen Bilanz ist. Nur dadurch, dass er selbst das Zahlenmaterial, welches durch seinen Steuerberater auch anhand von Kennzahlen analysiert wurde, kennt, ist er in der Lage, zukünftig weiterhin vernünftige Entscheidungen für sein Unternehmen zu treffen. Hätte er weitere Gesellschafter, die mit ihm das Eigenkapital stellen würden, wären diese natürlich genauso an den Zahlen interessiert.

Finanzamt

Wie Sommerweizen weiß, ist auch die Finanzbehörde als Steuer-Verwaltungsbehörde durchaus an seinem Jahresabschluss interessiert. Mit Hilfe des Jahresabschlusses (also inklusive der Bilanz) können die korrekten Steuern durch die Mitarbeiter der Finanzbehörde ermittelt werden.

Öffentlichkeit

Für Unternehmen, welche nach dem Publizitätsgesetz veröffentlichungspflichtig sind, gilt: der Jahresabschluss inklusive Bilanz, Gewinn- und Verlustrechnung, Anhang u. a. muss für die Öffentlichkeit zugänglich gemacht werden. Dies geschieht über den elektronischen Bundesanzeiger.

Arbeitnehmer

Natürlich gehört auch die Gruppe der Arbeitnehmer zu denjenigen Adressaten, welche ein berechtigtes Interesse an Information zu wirtschaftlichen Vorgängen im Unternehmen haben.

Konkurrenz

Besonderes Interesse am Jahresabschluss wird wohl die Konkurrenz mitbringen, wie Carlo Sommerweizen vermutet. Er selbst ist zwar als Einzelunternehmer nicht veröffentlichungspflichtig, jedoch erzählte ihm der Bekannte Heinz Neugebauer (GmbH-Gesellschafter), dass die Konkurrenz der GmbH es kaum erwarten könne, bis der Geschäftsbericht der Kapitalgesellschaft (inklusive Bilanz etc.) veröffentlich sei.

Carlo Sommerweizen belässt es bei der vorgenannten Aufzählung der Adressaten. Er weiß, dass es sicherlich noch weitere interessierte Personen oder Institutionen gibt, aber ihm genügt die vorgenannte Auswahl.

4.5 Grundsätze der ordnungsgemäßen Bilanzierung

Carlo Sommerweizen hat sich seinerzeit sehr ausführlich mit den Spielregeln zur ordnungsgemäßen Erstellung der Buchführung auseinandergesetzt. An dieser Stelle führt er die Betrachtung unter Berücksichtigung der gesetzlichen Vorschriften, fort.

Nach intensiver Internetrecherche stellt Carlo Sommerweizen nun die wichtigsten Regeln zur Aufstellung der Bilanz zusammen:

Grundsatz der ordnungsgemäßen Buchführung/Bilanzierung
Der motivierte Autohändler weiß, dass die Bilanz das Ergebnis der Buchführung darstellt. Diese ist nach den Grundsätzen der ordnungsgemäßen Buchführung (GoB) aufzustellen, was ebenso für die Bilanz gilt.

§ 243 HGB – Aufstellungsgrundsatz

(1) Der Jahresabschluß ist nach den Grundsätzen ordnungsmäßiger Buchführung aufzustellen […] [2].

Grundsatz der Klarheit und Übersichtlichkeit
Carlo Sommerweizen recherchiert, dass eine Bilanz immer so gegliedert sein muss, dass die Vorschriften im Sinne des Handelsgesetzbuches (HGB), hier § 266 HGB, eingehalten werden, um jegliche Irritationen fremder Dritter, welche die Bilanz lesen, zu vermeiden.

§ 243 HGB – Aufstellungsgrundsatz

[…] (2) Er muß klar und übersichtlich sein […] [2].

Carlo Sommerweizen weiß, dass er sich nicht allen Grundsätzen im Detail widmen kann, jedoch stellt er die für sich wesentlichen zusammen.

Grundsatz der Stetigkeit bei Darstellung und Gliederung
Die Bilanz zu Beginn eines Jahres muss hinsichtlich ihrer Gliederung mit der Bilanz am Ende des vorhergehenden Jahres übereinstimmen.

§ 265 HGB – Allgemeine Grundsätze für die Gliederung

1. Die Form der Darstellung, insbesondere die Gliederung der aufeinanderfolgenden Bilanzen und Gewinn- und Verlustrechnungen, ist *beizu-*

behalten, soweit nicht in Ausnahmefällen wegen besonderer Umstände Abweichungen erforderlich sind [...] [3].

Sommerweizen liest sich aus reinem Interesse die gesetzliche Vorschrift des § 252 HGB durch. Hier findet er Grundsätze, die bei ordnungsgemäßer Bilanzierung zu beachten sind. Einige sind ihm bereits aus der Berufsschulzeit bekannt. Aber Wiederholung schadet ja bekanntlich nicht, denkt er.

Grundsatz der Bilanzkontinuität
Der motivierte Autohändler weiß, dass die Anfangsbestände der Positionen in seiner aktuellen Bilanz zu Beginn eines Wirtschaftsjahres den Schlussbilanzbeständen des Vorjahres entsprechen müssen *(formelle Bilanzkontinuität).* Es gilt also: Schlussbilanz des Vorjahres = Eröffnungsbilanz des aktuellen Jahres. Dies gilt auch für die Bezeichnung der Positionen und deren Gliederung.

Darüber hinaus müssen alle Positionen in der aktuellen Bilanz so ermittelt und dargestellt werden wie in der vorhergehenden Bilanz *(materielle Bilanzkontinuität):*

§ 252 HGB – Allgemeine Bewertungsgrundsätze
[...] 1. Die Wertansätze in der Eröffnungsbilanz des Geschäftsjahrs müssen mit denen der Schlußbilanz des vorhergehenden Geschäftsjahrs übereinstimmen [...] [4].

Und es geht noch weiter mit den Vorschriften:

Grundsatz der Unternehmensfortführung
Carlo Sommerweizen kennt dieses Prinzip auch als *going-concern-Prinzip.* Er hat gelernt, dass bei der Bewertung von Bilanzpositionen zum Bilanzstichtag stets davon auszugehen ist, dass die unternehmerische Tätigkeit zukünftig fortgeführt wird und keine Absichten bestehen bzw. Gründe vorliegen, dieses Unternehmen aufzugeben.

§ 252 HGB – Allgemeine Bewertungsgrundsätze
[...] 2. Bei der Bewertung ist von der Fortführung der Unternehmenstätigkeit auszugehen, sofern dem nicht tatsächliche oder rechtliche Gegebenheiten entgegenstehen [...] [4].

4.5 Grundsätze der ordnungsgemäßen Bilanzierung

Das sind aber noch immer nicht alle Grundsätze. Sommerweizen liest geduldig weiter im Gesetz.

Grundsatz der Einzelbewertung
Auch diese Vorgabe kennt der Autohändler seit seiner Berufsschulzeit. Er weiß, dass alle Positionen in der Bilanz, also alle Vermögensgegenstände und Schulden grundsätzlich einzeln zu bewerten sind.

§ 252 HGB – Allgemeine Bewertungsgrundsätze

[…] 3. Die Vermögensgegenstände und Schulden sind zum Abschlußstichtag einzeln zu bewerten […] [4].

Grundsatz der Vorsicht
Der Unternehmer muss im Rahmen seiner Bilanz stets darauf achten, dass er fremde Dritte (also die sachverständigen Dritten, welche seinen Jahresabschluss lesen) nicht über die tatsächliche Situation seines Unternehmens hinwegtäuscht. Deshalb hat ein Unternehmer, so hat es Sommerweizen gründlich recherchiert, das *handelsrechtliche Vorsichtsprinzip* zu beachten. Dieses gibt es in den Ausprägungen *Imparitäts-* und *Realisationsprinzip*. Beim *Imparitätsprinzip* sind am Bilanzstichtag Informationen, die auf zukünftige Verluste hinweisen, bereits in der Bilanz auszuweisen, auch wenn der Verlust zu diesem Zeitpunkt noch nicht eingetreten ist. Anders sieht es beim *Realisationsprinzip* aus. Hier dürfen erst zu dem Zeitpunkt Gewinne in der Bilanz ausgewiesen werden, diese auch tatsächlich realisiert wurden.

§ 252 HGB – Allgemeine Bewertungsgrundsätze

[…] 4. Es ist vorsichtig zu bewerten, namentlich sind alle vorhersehbaren Risiken und Verluste, die bis zum Abschlußstichtag entstanden sind, zu berücksichtigen, selbst wenn diese erst zwischen dem Abschlußstichtag und dem Tag der Aufstellung des Jahresabschlusses bekanntgeworden sind; Gewinne sind nur zu berücksichtigen, wenn sie am Abschlußstichtag realisiert sind […] [4].

Grundsatz der periodengerechten Abgrenzung von Aufwendungen und Erträgen
Auch dieser Grundsatz erscheint Carlo Sommerweizen nicht neu. Er weiß, dass der Gewinn bzw. der Verlust eines Unternehmens stets in dem Wirtschaftsjahr

berücksichtigt werden muss, zu dem dieses Ergebnis zählt. Ein Verschieben des Gewinns oder des Verlustes ist nicht erlaubt. Daher müssen stets die Aufwendungen und Erträge periodengerecht abgegrenzt werden.

§ 252 HGB – Allgemeine Bewertungsgrundsätze

[…] 5. Aufwendungen und Erträge des Geschäftsjahrs sind unabhängig von den Zeitpunkten der entsprechenden Zahlungen im Jahresabschluß zu berücksichtigen […] [4].

Und abschließen noch der letzte Grundsatz innerhalb der Vorschrift § 252 HGB:

Grundsatz der Bewertungsstetigkeit
Sommerweizen liest, dass die angewandten Bewertungsmethoden bei aufeinanderfolgenden Bilanzen beizubehalten sind. Eine willkürliche Änderung, die zu inhaltlichen Verzerrungen führen kann, sollte unterlassen werden.

§ 252 HGB – Allgemeine Bewertungsgrundsätze

[…] 6. Die auf den vorhergehenden Jahresabschluss angewandten Bewertungsmethoden sind beizubehalten […] [4].

Sommerweizen weiß bei Recherche sämtlicher Grundsätze, dass er sich hiermit doch eine geraume Zeit auseinandersetzen könnte. Allerdings ruft sein Geschäft.

4.6 Zusammenfassende Lernkontrolle

4.6.1 Kontrollfragen

Im Folgenden werden zunächst mit Hilfe von Kontrollfragen die Inhalte des bisherigen Kapitels wiederholt. Bei den Lösungen handelt es sich um Vorschläge:

1. Wozu dient die Steuerbilanz?
2. Wozu dient die Handelsbilanz?
3. Wie heißt das Prinzip, nachdem die Handelsbilanz auf der Steuerbilanz aufbaut?
4. In welcher Vorschrift findet sich dieses Prinzip?
5. Nennen Sie bitte 3 Adressaten des Jahresabschlusses.
6. Nennen Sie bitte 3 Grundsätze der ordnungsgemäßen Bilanzierung.

4.6.2 Lösungen zu den Kontrollfragen

1. Die Steuerbilanz dient zur Ermittlung der korrekten Steuerschuld.
2. Die Handelsbilanz hat betriebswirtschaftlichen Charakter und dient z. B. der Selbstinformation des Unternehmers.
3. Maßgeblichkeitsprinzip
4. § 5 (1) EStG
5. z. B. Finanzbehörde, Bank, Unternehmer
6. z. B. Grundsatz der Vorsicht, Grundsatz der Stetigkeit, Grundsatz der Klarheit und Übersichtlichkeit

4.6.3 Übungen

1. Erläutern Sie bitte kurz den *Grundsatz der Vorsicht* mit den beiden Ausprägungen *Realisationsprinzip* und *Imparitätsprinzip*.
2. Erstellen Sie je ein Beispiel zum *Realisationsprinzip* und *Imparitätsprinzip*.
3. Welches Gesetz hat die Vorschriften zum *Maßgeblichkeitsprinzip* im Sinne des § 5 EStG verändert?
4. Richtig oder Falsch? Bitte beantworten Sie nachfolgende Aussagen mit *Richtig* oder *Falsch*.
    a) Jeder Unternehmer hat seinen Jahresabschluss im elektronischen Bundesanzeiger zu veröffentlichen.
    b) Handels- und Steuerbilanz sind positionstechnisch immer gleich.
    c) Die Steuerbilanz ist maßgeblich für die Handelsbilanz.
    d) BilMoG steht für Bilanzmodifikationsgesetz.
    e) Die Adressaten eines Jahresabschlusses haben das Recht auf Einsichtnahme in alle internen Unterlagen des betrieblichen Rechnungswesens eines Unternehmens (inkl. Inventar und sonstigen Geschäftsnotizen).
    f) Innerhalb der Bilanz kann man die Kontenbezeichnung völlig frei wählen. Der Ersteller der Bilanz ist an keine Vorschrift gebunden.
    g) Die allgemeinen Grundsätze zur Bewertung innerhalb der Bilanz finden sich im § 252 HGB.
    h) Die Grundsätze zur ordnungsgemäßen Bilanzierung muss man nicht einhalten, wenn man dies nicht möchte.

5. Welche Aufgabe der Bilanz steckt jeweils hinter folgenden Sachverhalten?
   a) Carlo Sommerweizen bittet seinen Steuerberater, die für seinen Autohandel erstellte Bilanz für das Jahr 03 zu erläutern. Er möchte gerne wissen, welche betrieblichen Erfolge er in den vergangenen beiden Jahren (03 und 02) erwirtschaftet hat.
   b) Carlo Sommerweizen erinnert sich an die Kreditaufnahme vor einigen Jahren, als er einen Betrag in Höhe von 100.000,00 EUR benötigte, um seinen Fuhrpark entsprechend der Kundenwünsche zusammen zu stellen. Der Mitarbeiter seiner Hausbank verlangte neben einigen Auswertungen aus der Buchführung und einer Selbstauskunft auch die letzte Bilanz.
   c) Carlo Sommerweizen las vor einiger Zeit in seiner Tageszeitung, dass ein ihm bekanntes Unternehmen im Rahmen eines Gerichtsprozesses aufgrund der ordnungsgemäß aufgestellten Bilanz vom Verdacht des Betruges freigesprochen wurde.
6. Nennen Sie bitte noch drei weitere Adressaten der Bilanz.
7. Erläutern Sie bitte den Grundsatz der Vorsicht in eigenen Worten. Gehen Sie hierbei auch auf die Ausprägungen Realisations- und Imparitätsprinzip ein.
8. Erläutern Sie bitte ausführlich den Grundsatz der Bilanzkontinuität. Gehen Sie hierbei bitte auch auf die materielle und immaterielle Bilanzkontinuität ein.
9. Was versteht man unter dem Aufstellungsgrundsatz?
10. Darf bei dringlichen Ausnahmefällen von den Grundsätzen der Stetigkeit bei Darstellung und Gliederung der Bilanz abgewichen werden? Bitte zitieren Sie hierzu die dazugehörige Vorschrift.
11. Bitte kreuzen Sie die korrekte Antwort an (Tab. 4.1 *Multiple Choice zu Kap. 4*):

Tab. 4.1 Multiple Choice zu Kap. 4

Nr.	Aussage	Richtig	Falsch
1	Die Handelsbilanz basiert auf den Vorschriften der AO		
2	Die Selbstinformation ist eine der wichtigsten Zielsetzungen einer Handelsbilanz		
3	Zu den Grundsätzen der ordnungsgemäßen Bilanzierung zählt der Grundsatz der Vorsicht		
4	Man muss die Grundsätze der Bilanzierung nicht beachten, wenn man dies nicht möchte		
5	Wenn die Ansätze in der Handelsbilanz und in der Steuerbilanz gleich hoch sind, dann spricht man von der Einheitsbilanz		

4.6.4 Lösungen zu den Übungen

1. Der Unternehmer muss im Rahmen seiner Bilanz stets darauf achten, dass er fremde Dritte (also die sachverständigen Dritten, welche seinen Jahresabschluss lesen) nicht über die tatsächliche Situation seines Unternehmens hinwegtäuscht. Deshalb hat ein Unternehmer das *handelsrechtliche Vorsichtsprinzip* zu beachten. Dieses gibt es in den Ausprägungen *Imparitäts-* und *Realisationsprinzip*. Beim *Imparitätsprinzip* sind am Bilanzstichtag Informationen, die auf zukünftige Verluste hinweisen, bereits in der Bilanz auszuweisen, auch wenn der Verlust zu diesem Zeitpunkt noch nicht eingetreten ist. Anders sieht es beim *Realisationsprinzip* aus. Hier dürfen erst zu dem Zeitpunkt Gewinne in der Bilanz ausgewiesen werden, wenn diese auch tatsächlich realisiert wurden. Es gilt § 252 (1) Nr. 4 HGB.
2. Nachfolgend zwei Beispiele zum Grundsatz der Vorsicht. Hinweis: Es können auch beliebige andere Beispiele zur Beantwortung verwendet werden.
Realisationsprinzip: Ein Kunde beabsichtigt (ohne feste Zusage) im Folgejahr bei Autohandel Sommerweizen einen Pkw zu kaufen. Fazit: Gewinn wurde zum Bilanzstichtag per 31.12. noch nicht realisiert, daher kein Ausweis in der Bilanz.
Imparitätsprinzip: Kunde Maier kündigt kurz vor dem Bilanzstichtag an, seine offenstehenden Verbindlichkeiten bei Autohaus Sommerweizen nicht zahlen zu können. Fazit: Sommerweizen muss in seiner Bilanz den möglichen (drohenden) Verlust eines Forderungsausfalls ausweisen.
3. Bilanzrechtsmodernisierungsgesetz *(BilMoG)*
4. Richtig oder Falsch?
   a) Falsch
   b) Falsch
   c) Falsch
   d) Falsch
   e) Falsch
   f) Falsch
   g) Richtig
   h) Falsch
5. Folgende Aufgabe stehen hinter den geschilderten Sachverhalten:
   a) Selbstinformation
   b) Gläubigerschutz
   c) Beweismittel
6. Kein Lösungsvorschlag, da zahlreiche Antworten möglich

7. Der Unternehmer muss im Rahmen seiner Bilanz stets darauf achten, dass er fremde Dritte (also die sachverständigen Dritten, welche seinen Jahresabschluss lesen) nicht über die tatsächliche Situation seines Unternehmens hinwegtäuscht. Deshalb hat ein Unternehmer das *handelsrechtliche Vorsichtsprinzip* zu beachten. Dieses gibt es in den Ausprägungen *Imparitäts-* und *Realisationsprinzip*.

    Beim *Imparitätsprinzip* sind am Bilanzstichtag Informationen, die auf zukünftige Verluste hinweisen, bereits in der Bilanz auszuweisen, auch wenn der Verlust zu diesem Zeitpunkt noch nicht eingetreten ist.

    Anders sieht es beim *Realisationsprinzip* aus. Hier dürfen erst zu dem Zeitpunkt Gewinne in der Bilanz ausgewiesen werden, zu dem diese auch tatsächlich realisiert wurden.

8. Die Anfangsbestände der Positionen einer Bilanz zu Beginn eines Wirtschaftsjahres müssen den Schlussbilanzbeständen des Vorjahres entsprechen *(formelle Bilanzkontinuität)*. Es gilt also: Schlussbilanz des Vorjahres = Eröffnungsbilanz des aktuellen Jahres. Dies gilt auch für die Bezeichnung der Positionen und deren Gliederung.

    Darüber hinaus müssen alle Positionen in der aktuellen Bilanz so ermittelt und dargestellt werden wie in der vorhergehenden Bilanz *(materielle Bilanzkontinuität)*.

9. Folgende Vorschrift beinhalten den Aufstellungsgrundsatz:

§ 243 HGB – Aufstellungsgrundsatz

(1) Der Jahresabschluß ist nach den Grundsätzen ordnungsmäßiger Buchführung aufzustellen [...] [2].

10. Ja, in Ausnahmefällen ist eine Abweichung erlaubt. Grundsätzlich gilt: Die Bilanz zu Beginn eines Jahres muss hinsichtlich ihrer Gliederung mit der Bilanz am Ende des vorhergehenden Jahres übereinstimmen.

§ 265 HGB – Allgemeine Grundsätze für die Gliederung

(1) Die Form der Darstellung, insbesondere die Gliederung der aufeinanderfolgenden Bilanzen und Gewinn- und Verlustrechnungen, ist *beizubehalten,* soweit nicht in Ausnahmefällen wegen besonderer Umstände Abweichungen erforderlich sind [...] [3].

11. Folgende Antworten sind korrekt (Tab. 4.2 *Multiple Choice zu Kap. 4*):

Tab. 4.2 Multiple Choice zu Kap. 4

Nr.	Aussage	Richtig	Falsch
1	Die Handelsbilanz basiert auf den Vorschriften der AO		×
2	Die Selbstinformation ist eine der wichtigsten Zielsetzungen einer Handelsbilanz	×	
3	Zu den Grundsätzen der ordnungsgemäßen Bilanzierung zählt der Grundsatz der Vorsicht	×	
4	Man muss die Grundsätze der Bilanzierung nicht beachten, wenn man dies nicht möchte		×
5	Wenn die Ansätze in der Handelsbilanz und in der Steuerbilanz gleich hoch sind, dann spricht man von der Einheitsbilanz	×	

Literatur

Homepage des Bundesjustizministeriums

1. https://www.gesetze-im-internet.de/estg/__5.html. Zugegriffen: 10. Apr. 2016
2. https://www.gesetze-im-internet.de/hgb/__243.html. Zugegriffen: 11. Apr. 2016
3. https://www.gesetze-im-internet.de/hgb/__265.html. Zugegriffen: 11. Apr. 2016
4. https://www.gesetze-im-internet.de/hgb/__252.html. Zugegriffen: 11. Apr. 2016

Inventur, Inventar und Bilanz 5

Zusammenfassung

Im Rahmen dieses Kapitels schaut sich der motivierte Einzelunternehmer Sommerweizen nochmals die Zusammenhänge zwischen Inventur, Inventar und Bilanz an. Er hat diese zwar schon einmal im Rahmen seines Selbststudiums bei der Buchführung betrachtet, ist aber gerne bereit, die Thematik zu wiederholen, um sicher zu gehen, dass er alles richtig verstanden hat und die relevanten Fachbegriffe sicher beherrscht. Im Anschluss wird er sich anhand von Kontrollfragen und Übungen einen Überblick über seinen aktuellen Kenntnisstand verschaffen.

Im aktuellen Kapitel schaut sich Sommerweizen nochmals die Zusammenhänge zwischen Inventur, Inventar und Bilanz an, um sicher zu gehen, dass er alles richtig verstanden hat und das Fachvokabular hinreichend beherrscht. Viele Definitionen kennt er bereits aus dem Selbststudium zur Buchführung und verzichtet deshalb auf die Wiederholung sämtlicher Begriffe. Die für ihn wesentlichen schaut er sich aber nochmals an.

5.1 Wichtige Definitionen

Bilanz Gegenüberstellung von Vermögen und Kapital zum Bilanzstichtag.
Gewinn- und Verlustrechnung Unterkonto des Eigenkapitals; Gegenüberstellung von Aufwand und Ertrag zum Bilanzstichtag.

Inventar Das Inventar ist das Ergebnis der Inventur. Diese sogenannte Protokollliste wird in der Regel in Staffelform gegliedert und stellt die Grundlage zum Zwecke der Bilanzierung dar.

Inventur Bei der Inventur handelt es sich um eine Methode, bei der alle Vermögensgegenstände und Schulden wert- und mengenmäßig zum Bilanzstichtag erfasst werden. Die Inventur kann in Form der körperlichen oder belegmäßigen Inventur erfolgen.

5.2 Inventur

Im aktuellen Kapitel werden allgemeine Informationen zur Inventur gegeben und einige ausgewählte Inventurmethoden vorgestellt.

5.2.1 Allgemeine Hinweise zur Inventur

Die *Inventur* ist ein Vorgang, bei dem alle Vermögensgegenstände und Schulden innerhalb eines Unternehmens zum 31.12. (sofern dies der Bilanzstichtag ist) erfasst und in der Protokollliste (Inventar) aufgeführt werden. Dieser Vorgang ist verpflichtend für alle buchführungspflichtigen Kaufleute.

5.2.2 Vorgehensweise bei der Inventur[1]

Hinsichtlich der Vorgehensweise kann man grob zwischen der Buchinventur und der körperlichen Bestandsaufnahme unterscheiden.

Buchinventur
Im Rahmen der *Buchinventur* werden diejenigen Bilanzpositionen ermittelt, die körperlich nicht greifbar bzw. erfassbar sind. Hierzu zählen beispielsweise das betriebliche Bankguthaben, Darlehen, Forderungen aus Lieferungen und Leistungen oder Verbindlichkeiten aus Lieferungen und Leistungen.

---

[1]In Anlehnung an: Nickenig, K. (2016): *Buchführung: Schneller Einstieg in die Grundlagen:* Einführung in die gesetzlichen Vorschriften und in die Buchführungstechnik; Springer, Wiesbaden.

Körperliche Inventur

Bei der *körperlichen Inventur* erfolgt die materielle Bestandsaufnahme von Vermögensgegenständen z. B. durch Zählen, Messen oder Wiegen. Beispiele hierfür sind: Handelswaren, Roh-, Hilfs- und Betriebsstoffe, Fuhrpark. Diese Art der Inventur kann entweder *stichprobenartig* (z. B. bei Massegütern wie Kies, Sand) oder *vollständig* durch Einzelerfassung bzw. -bewertung durchgeführt werden (z. B. Handelsware, Fuhrpark).

5.2.3 Methoden der Inventur[2,3]

Carlo Sommerweizen schaut sich nun einige ausgewählte Inventurmethoden an. Da er sich im Rahmen seines Selbststudiums zur Buchführung schon einen ausführlichen Überblick verschafft hat, schaut er sich hier nur noch die wesentlichen Informationen an.

Er weiß, dass folgende Inventurmethoden, die er auch zum Teil im eigenen Betrieb anwendet, zu unterscheiden sind:

- Stichtagsinventur
- Zeitnahe Inventur
- Permanente Inventur
- Zeitverschobene Inventur (vor- und nachgelagerte Inventur)

Sommerweizen überfliegt noch mal kurz die wesentlichen Merkmale der unterschiedlichen Vorgehensweisen.

Stichtagsinventur

Die Vorschriften zur Stichtagsinventur finden sich im § 240 (2) HGB:

§ 240 HGB – Inventar

[…] (2) Er hat demnächst für den Schluß eines jeden Geschäftsjahrs ein solches Inventar aufzustellen. Die Dauer des Geschäftsjahrs darf zwölf Monate nicht überschreiten. Die Aufstellung des Inventars ist innerhalb der einem ordnungsmäßigen Geschäftsgang entsprechenden Zeit zu bewirken […] [2].

---

[2]In Anlehnung an [1].
[3]Siehe auch: Nickenig, K. (2015): *Praxisleitfaden Steuerrecht für Existenzgründer*; Schneller Einstieg in die gesetzlichen Grundlagen; Springer, Wiesbaden.

Häufig wird diese Inventurmethode gerade von kleineren Unternehmen mit Inventurpflicht angewendet. Hierzu wird meist am Inventurtag der Betrieb geschlossen, um jegliche Veränderungen von Lager- oder Kassenbeständen, die die Inventurwerte beeinflussen könnten, zu vermeiden.

Zeitnahe Stichtagsinventur
Bei dieser Inventurmethode handelt es sich auch um eine *Stichtagsinventur*. Hier darf jedoch die Bestandsaufnahme von Vermögen und Schulden bis zu *zehn Tage vor* dem Bilanzstichtag oder bis zu *zehn Tage danach* erfolgen.

Da ausschließlich der Wert zum Bilanzstichtag relevant ist, sind alle Zu- und Abgänge von z. B. Waren oder Rohstoffen ab Inventurstichtag so zu korrigieren, dass am Bilanzstichtag der realistische Wert in der Bilanz ausgewiesen wird.

Sommerweizen erinnert sich an sein Beispiel von damals:

Beispiel 5.2.3.1 – Zeitnahe Stichtagsinventur
Uwe Meister (Motorradeinzelhändler) hat es im vergangenen Jahr nicht geschafft, pünktlich auf den 31.12.03 eine Stichtagsinventur durchzuführen. Aufgrund der Weihnachtsferien fand er erst am 08.01.04 Zeit für die Erfassung aller Vermögensgegenstände und Schulden innerhalb seines Unternehmens. Alle Zu- und Abgänge, welche zwischen dem 31.12.03 und dem 08.01.04 stattgefunden haben, mussten von Meister bzw. seinen Mitarbeitern in der Buchhaltung auf den 31.12.04 ab- oder hinzugerechnet werden.

Permanente Inventur
Sommerweizen weiß, dass die permanente Inventur immer aktuelle Daten liefert, da jeder Zu- oder Abgang direkt aufgezeichnet wird. Dieses ist sicher ein Vorteil. Aber diese Inventurmethode hat auch Nachteile. So muss beispielsweise an einem beliebigen Tag im Jahr eine körperliche Inventur der mit dieser Inventur erfassten Güter durchgeführt werden. Dieses ist im Anschluss zu protokollieren. Des Weiteren ist zu gewährleisten, dass jegliche Daten von Zu- und Abgängen z. B. in das EDV-System realistisch eingepflegt werden. Eine sorgfältige Vorgehensweise ist bei dieser Methode ein absolutes Muss!

Im § 241 (2) HGB (Inventurvereinfachungsverfahren) findet sich die gesetzliche Vorschrift für die permanente Inventur:

5.2 Inventur

§ 241 HGB – Inventurvereinfachungsverfahren

[…] (2) Bei der Aufstellung des Inventars für den Schluß eines Geschäftsjahrs bedarf es einer körperlichen Bestandsaufnahme der Vermögensgegenstände für diesen Zeitpunkt nicht, soweit durch Anwendung eines den Grundsätzen ordnungsmäßiger Buchführung entsprechenden anderen Verfahrens gesichert ist, daß der Bestand der Vermögensgegenstände nach Art, Menge und Wert auch ohne die körperliche Bestandsaufnahme für diesen Zeitpunkt festgestellt werden kann […] [3].

Zeitverschobene Inventur

Carlo Sommerweizen schaut sich zuletzt nun noch die zeitverschobene Inventur an, bei der inventurpflichtige Unternehmer die Erfassung von Vermögensgegenständen und Schulden *bis zu drei Monaten vor dem Bilanzstichtag oder bis zu zwei Monaten nach dem Stichtag* durchführen darf. Wichtig ist, dass stets der korrekte Wert *zum Bilanzstichtag* ermittelt wird.

Gesetzlich geregelt ist die zeitverschobene Inventur im § 241 (3) HGB:

§ 241 HGB – Inventurvereinfachungsverfahren

[…].
(3) In dem Inventar für den Schluß eines Geschäftsjahrs brauchen Vermögensgegenstände nicht verzeichnet zu werden, wenn
1. der Kaufmann ihren Bestand auf Grund einer körperlichen Bestandsaufnahme oder auf Grund eines nach Absatz 2 zulässigen anderen Verfahrens nach Art, Menge und Wert in einem besonderen Inventar verzeichnet hat, das für einen Tag innerhalb der letzten drei Monate vor oder der ersten beiden Monate nach dem Schluß des Geschäftsjahrs aufgestellt ist, und
2. auf Grund des besonderen Inventars durch Anwendung eines den Grundsätzen ordnungsmäßiger Buchführung entsprechenden Fortschreibungs- oder Rückrechnungsverfahrens gesichert ist, daß der am Schluß des Geschäftsjahrs vorhandene Bestand der Vermögensgegenstände für diesen Zeitpunkt ordnungsgemäß bewertet werden kann [3].

Da diese Inventurmethode doch etwas schwieriger als die übrigen zu sein scheint, schaut sich der wissbegierige Unternehmer noch einmal je ein Beispiel zur *nach- und vorgelagerten Inventur* an.

Nachgelagerte Inventur

Sommerweizen erinnert sich, dass bei der *nachgelagerten Inventur*, also der Methode, wo die Erfassung aller Vermögensgegenstände und Schulden *bis zu 2 Monate nach dem Bilanzstichtag* erfolgen kann, eine Nebenrechnung erstellt werden muss, in der Zu- und Abgänge so korrigiert werden müssen, dass der realistische Wert zum Bilanzstichtag ausgewiesen wird.

Die allgemeine Formel hierfür lautet (siehe Tab. 5.1 *Vorgehensweise bei nachgelagerter Inventur*):

Tab. 5.1 Vorgehensweise bei nachgelagerter Inventur

	Wert am Stichtag der Inventur (z. B. 16.01.03)
./.	Zugang zwischen Bilanzstichtag (31.12.02) und Inventurstichtag (z. B. 16.01.03)
+	Abgang zwischen Bilanzstichtag (31.12.02) und Inventurstichtag (z. B. 16.01.03)
=	**Wert am Bilanzstichtag**

Sommerweizen stellt sich noch einmal ein Beispiel für die nachgelagerte Inventur zusammen:

Beispiel 5.2.3.2 – Zeitverschobene Inventur (nachgelagerte Inventur)
Heribert Rose ist bilanzierender Buchhändler und führt eine *nachgelagerte Inventur* am 16.01.03 durch. Erstellt wird das Inventar zum 31.12.02. In seinem Lager verfügt er (am Inventurstichtag) über Bücher mit einem Gesamtwert in Höhe von 30.000,00 EUR. Der Zugangswert zwischen Bilanzstichtag (31.12.02) und Inventurstichtag (16.01.03) beträgt 3000,00 EUR, der Abgangswert (aufgrund von Verkauf) 12.000,00 EUR.

Rose ermittelt den Bilanzwert zum 31.12.02 lt. vorgenannter Berechnung Tab. 5.1 *Vorgehensweise bei nachgelagerter Inventur* und kommt zu folgendem Ergebnis: 30.000,00 EUR. /. 3000,00 EUR + 12.000,00 EUR = 39.000,00 EUR. Der Wert des Vorratsbestandes an Büchern zum 31.12.03 beträgt also 39.000,00 EUR und wird auch in dieser Höhe in der Bilanz ausgewiesen.

Vorgelagerte Inventur

Carlo Sommerweizen kann sich noch erinnern, dass bei einer vorgelagerten Inventur die Erfassung von Vermögensgegenständen und Schulden *bis zu 3 Monaten vor dem Bilanzstichtag* erfolgen kann.

Er schaut sich diesbezüglich noch einmal die allgemeine Vorgehensweise zur Berechnung an (siehe Tab. 5.2 *Vorgehensweise bei vorgelagerter Inventur*):

Tab. 5.2 Vorgehensweise bei vorgelagerter Inventur

	Wert am Stichtag der Inventur
+	Zugang zwischen Inventurstichtag (z. B. 11.11.02) und Bilanzstichtag (31.12.02)
./.	Abgang zwischen Inventurstichtag (z. B. 11.11.02) und Bilanzstichtag (31.12.02)
=	**Wert am Bilanzstichtag**

Carlo schaut sich ein Beispiel – nun aus einem Lehrbuch – an:

Beispiel 5.2.3.3 – Zeitverschobene Inventur (vorgelagerte Inventur)
Unternehmer U ist bilanzierender Einzelunternehmer und führt eine *vorgelagerte Inventur* am 11.11.02 durch. Es ist im vorliegenden Beispiel der Bilanzwert auf den 31.12.02 zu berechnen.

Wert des Vorratsvermögens (Umlaufvermögen) beläuft sich am 11.11.02 auf 100.000,00 EUR. Zwischen dem Inventur- und Bilanzstichtag am 31.12.02 sind Waren im Werte von 20.000,00 EUR dem Lager zugeführt worden. Für Zwecke des Verkaufs wurde für den Zeitraum 11.11.02 bis 31.12.02 der Vorratsbestand um 5000,00 EUR reduziert.

U ermittelt seinen Bilanzwert wie folgt: 100.000,00 EUR + 20.000,00 EUR ./. 5000,00 = 115.000,00 EUR.

Sommerweizen schaut sich hinsichtlich der Berechnung noch mal die allgemeine Definition an (Tab. 5.2 *Vorgehensweise bei vorgelagerter Inventur*) und erkennt, dass er alles richtig verstanden hat und wendet sich zu Wiederholungszwecken noch einmal dem Thema *Inventar* zu.

5.3 Inventar[4]

Carlo Sommerweizen weiß, dass das *Inventar* nicht nur einen Begriff für ein Möbelstück darstellt, sondern im Rahmen des Rechnungswesens auch die Protokollliste für eine durchgeführte Inventur repräsentiert.

Er wiederholt anhand seiner Aufzeichnungen, die er im Rahmen seines Selbststudiums zur Buchführung erstellt hat, den Aufbau dieser Liste.

---

[4]Siehe auch: Nickenig, K. (2018): *Buchführung: Schneller Einstieg in die Grundlagen*: Einführung in die gesetzlichen Vorschriften und in die Buchführungstechnik; 2. durchgesehene und korrigierte Auflage; Springer, Wiesbaden.

Es gibt drei große Teilbereiche, die in Staffelform, also untereinander, dargestellt werden:

- Vermögen
- Schulden und das
- Reinvermögen (Saldo aus Vermögen abzüglich Schulden)

Sommerweizen schaut sich ein Lehrbuch-Inventar an, um sein Wissen zu festigen (Tab. 5.3).

Tab. 5.3 Beispiel eines Inventars auf den 31.12.03 (Verkauf von Elektromotoren)

				EUR	EUR
A		**Vermögen**			
	I	**Anlagevermögen**			
		1	Grundstücke unbebaut		20.000,00
		2	Technische Anlagen und Maschine lt. Liste		110.000,00
		3	Fuhrpark		37.800,00
	II	**Umlaufvermögen**			
		1	Vorräte Handelswaren lt. Liste		41.380,00
		2	Forderungen aus Lieferungen und Leistungen lt. Liste		3870,00
		3	Banken		
			Sparkasse Unterneustadt	5380,00	
			Sparkasse Oberneustadt	10.100,20	15.480,20
		4	Kasse		320,00
		Gesamtvermögen			**228.850,00**
B		**Schulden**			
	I	**Langfristige Schulden**			
		1	Darlehen Sparkasse Unterneustadt	2500,00	
		2	Darlehen Sparkasse Wilsberg	33.250,00	35.750,00
	II	**Kurzfristige Schulden**			
			Verbindlichkeiten aus Lieferungen und sonstigen Leistungen lt. Liste		19.490,00
		Gesamtschulden			**55.240,00**

(Fortsetzung)

Tab. 5.3 (Fortsetzung)

			EUR	EUR
C	Berechnung des Reinvermögens (Eigenkapital)			
	Gesamtvermögen (A)			228.850,00
	./. Gesamtschulden (B)			55.240,00
	= **Reinvermögen bzw. Eigenkapital (C)**			**173.610,00**

Carlo kann jetzt schon sehr vieles besser nachvollziehen, da er diese Themen ja nunmehr mehrfach wiederholt und seinen Kenntnisstand aufgefrischt hat.

Um nun endlich in die Bewertung der einzelnen Bilanzpositionen einsteigen zu können, wiederholt er nochmals die Grundlagen der Bilanz bzw. der Bilanzgliederung im Sinne des Handelsrechts.

5.4 Bilanz[5]

Im aktuellen Kapitel wird auf die allgemeine Darstellung der Bilanz und deren Gliederung im handelsrechtlichen Sinne eingegangen. Es folgt die Betrachtung der Zielsetzungen unterschiedlicher Bilanzarten, die sich Carlo Sommerweizen zum Zwecke der Vollständigkeit ansieht.

5.4.1 Allgemeine Darstellung der Bilanz und deren Gliederung nach HGB

Wie Carlo Sommerweizen schon mehrfach gelesen hat und es auch anhand seiner eigenen Unterlagen ersehen kann, gehört die Bilanz (ital. bilancia = Waage) sowie die Gewinn- und Verlustrechnung zu den wesentlichen Jahresabschluss-Komponenten, die ein Unternehmer z. B. seiner Finanzbehörde zum Zwecke der korrekten Besteuerung vorzulegen hat.

Da er ein wissbegieriger Unternehmer ist, welcher sein Unternehmen kaufmännisch vernünftig führen möchte, hat er die Absicht, sich einige ausgewählte

---

[5]Siehe auch: Nickenig, K. (2016): *Buchführung: Schneller Einstieg in die Grundlagen*: Einführung in die gesetzlichen Vorschriften und in die Buchführungstechnik; Springer, Wiesbaden.

Bilanzpositionen hinsichtlich ihrer Bewertung anzusehen. Bevor er aber der Reihe nach sich mit diesen Dingen beschäftigt, schaut er sich die allgemeine Gliederung der Bilanz an, die sich im Handelsgesetzbuch (HGB) wiederfindet. Für Nichtkapitalgesellschaften gilt § 247 HGB:

§ 247 HGB – Inhalt der Bilanz

(1) In der Bilanz sind das Anlage- und das Umlaufvermögen, das Eigenkapital, die Schulden sowie die Rechnungsabgrenzungsposten gesondert auszuweisen und hinreichend aufzugliedern.

(2) Beim Anlagevermögen sind nur die Gegenstände auszuweisen, die bestimmt sind, dauernd dem Geschäftsbetrieb zu dienen [...] [4].

Sommerweizen erkennt sich wieder in dieser Vorschrift. Er gehört zur Gruppe der Istkaufleute und nicht zu den Formkaufleuten (z. B. AG, GmbH). Diese müssen ihre Bilanzen wesentlich detaillierter gliedern und zwar im Sinne des § 266 HGB:

§ 266 HGB – Gliederung der Bilanz

(1) Die Bilanz ist in Kontoform aufzustellen. Dabei haben mittelgroße und große Kapitalgesellschaften (§ 267 Absatz 2 und 3) [9] auf der Aktivseite die in Absatz 2 und auf der Passivseite die in Absatz 3 bezeichneten Posten gesondert und in der vorgeschriebenen Reihenfolge auszuweisen. Kleine Kapitalgesellschaften (§ 267 Abs. 1) brauchen nur eine verkürzte Bilanz aufzustellen, in die nur die in den Absätzen 2 und 3 mit Buchstaben und römischen Zahlen bezeichneten Posten gesondert und in der vorgeschriebenen Reihenfolge aufgenommen werden. Kleinstkapitalgesellschaften (§ 267a) [8] brauchen nur eine verkürzte Bilanz aufzustellen, in die nur die in den Absätzen 2 und 3 mit Buchstaben bezeichneten Posten gesondert und in der vorgeschriebenen Reihenfolge aufgenommen werden.

(2) Aktivseite
    A. Anlagevermögen:
        I. Immaterielle Vermögensgegenstände:
        1. Selbst geschaffene gewerbliche Schutzrechte und ähnliche Rechte und Werte;
        2. entgeltlich erworbene Konzessionen, gewerbliche Schutzrechte und ähnliche Rechte und Werte sowie Lizenzen an solchen Rechten und Werten;
        3. Geschäfts- oder Firmenwert;
        4. geleistete Anzahlungen;

5.4 Bilanz

    II. Sachanlagen:
- 1. Grundstücke, grundstücksgleiche Rechte und Bauten einschließlich der Bauten auf fremden Grundstücken;
- 2. technische Anlagen und Maschinen;
- 3. andere Anlagen, Betriebs- und Geschäftsausstattung;
- 4. geleistete Anzahlungen und Anlagen im Bau;

   III. Finanzanlagen:
- 1. Anteile an verbundenen Unternehmen;
- 2. Ausleihungen an verbundene Unternehmen;
- 3. Beteiligungen;
- 4. Ausleihungen an Unternehmen, mit denen ein Beteiligungsverhältnis besteht;
- 5. Wertpapiere des Anlagevermögens;
- 6. sonstige Ausleihungen.

B. Umlaufvermögen:

     I. Vorräte:
- 1. Roh-, Hilfs- und Betriebsstoffe;
- 2. unfertige Erzeugnisse, unfertige Leistungen;
- 3. fertige Erzeugnisse und Waren;
- 4. geleistete Anzahlungen;

    II. Forderungen und sonstige Vermögensgegenstände:
- 1. Forderungen aus Lieferungen und Leistungen;
- 2. Forderungen gegen verbundene Unternehmen;
- 3. Forderungen gegen Unternehmen, mit denen ein Beteiligungsverhältnis besteht;
- 4. sonstige Vermögensgegenstände;

   III. Wertpapiere:
- 1. Anteile an verbundenen Unternehmen;
- 2. sonstige Wertpapiere;

   IV. Kassenbestand, Bundesbankguthaben, Guthaben bei Kreditinstituten und Schecks.

C. Rechnungsabgrenzungsposten.
D. Aktive latente Steuern.
E. Aktiver Unterschiedsbetrag aus der Vermögensverrechnung.

(3) Passivseite

A. Eigenkapital:

     I. Gezeichnetes Kapital;
    II. Kapitalrücklage;
   III. Gewinnrücklagen:

1. gesetzliche Rücklage;
2. Rücklage für Anteile an einem herrschenden oder mehrheitlich beteiligten Unternehmen;
3. satzungsmäßige Rücklagen;
4. andere Gewinnrücklagen;
IV. Gewinnvortrag/Verlustvortrag;
V. Jahresüberschuß/Jahresfehlbetrag.
B. Rückstellungen:
1. Rückstellungen für Pensionen und ähnliche Verpflichtungen;
2. Steuerrückstellungen;
3. sonstige Rückstellungen.
C. Verbindlichkeiten:
1. Anleihen
   davon konvertibel;
2. Verbindlichkeiten gegenüber Kreditinstituten;
3. erhaltene Anzahlungen auf Bestellungen;
4. Verbindlichkeiten aus Lieferungen und Leistungen;
5. Verbindlichkeiten aus der Annahme gezogener Wechsel und der Ausstellung eigener Wechsel;
6. Verbindlichkeiten gegenüber verbundenen Unternehmen;
7. Verbindlichkeiten gegenüber Unternehmen, mit denen ein Beteiligungsverhältnis besteht;
8. sonstige Verbindlichkeiten,
   davon aus Steuern,
   davon im Rahmen der sozialen Sicherheit.
D. Rechnungsabgrenzungsposten.
E. Passive latente Steuern.

Als Carlo Sommerweizen sich diese Vorschrift anschaut, die er bisher weitestgehend unbeachtet ließ, wird er etwas nachdenklich. Er fragt seinen erfahrenen Bekannten Uwe Meister, ob er denn später mal, sofern er eine Rechtsform wie z. B. die GmbH wählen würde, auch so bilanzieren müsste. Dies bestätigte Uwe ihm. Carlo ist schon seit einiger Zeit dabei, Pläne für die Erweiterung seines Betriebs zu schmieden. Damit einher ginge auch die Rechtsformänderung.

Er weiß, dass er im Rahmen seines Selbststudiums zu den Grundlagen der Bilanzierung sicherlich nicht alle Themen insgesamt abdecken kann. Sommerweizen nimmt sich jedoch vor, die für ihn wesentlichen Positionen aus der vorgenannten Gliederung des § 266 HGB auszuwählen und detaillierter zu betrachten.

5.4 Bilanz

Sommerweizen ist überzeugt, dass er in Reiner Glaube vor vielen Jahren einen sehr guten steuerlichen Berater gefunden hat, dem er seine unternehmerischen Angelegenheiten in Sachen Buchführung und Bilanzierung vertrauensvoll überlassen kann. Dennoch möchte er über die buchhalterischen und steuerlichen Dinge innerhalb seines Unternehmens auch intern informiert sein. Er studiert daher freiwillig – wenn es auch manchmal trockener Lehrstoff ist – das notwendige Fachvokabular, um seinen Berater und die Steuerexperten bei den Behörden besser verstehen zu können.

Sommerweizen fasst für sich noch einmal die wesentlichen Punkte einer Bilanzdarstellung (auch im Hinblick auf seinen aktuellen eigenen Jahresabschluss) zusammen.

Zunächst stellt er die Grobgliederung seiner Bilanz zeichnerisch dar[6]:

Aktiva		Bilanz zum 31.12.xx	Passiva	
A.	Anlagevermögen		A.	Eigenkapital
I.	Immaterielle Vermögensgegenstände			
II.	Sachanlagen			
III.	Finanzanlagen		B.	Rückstellungen
B.	Umlaufvermögen			
I.	Vorräte			
II.	Forderungen und sonst. Vermögensgegenstände		C.	Verbindlichkeiten
III.	Wertpapiere			
IV.	Kasse, Bankguthaben, Schecks			
C.	Rechnungsabgrenzungsposten		D.	Rechnungsabgrenzungsposten
Bilanzsumme			Bilanzsumme	

Dann liest er noch mal kurz die wesentlichen Punkte zur Bilanzdarstellung durch. Er beginnt mit dem Aufbau der Bilanz.

---

[6]Entnommen aus: Nickenig, K. (2018): *Buchführung: Schneller Einstieg in die Grundlagen: Einführung in die gesetzlichen Vorschriften und in die Buchführungstechnik*; 2. durchgesehene und korrigierte Auflage; Springer, Wiesbaden.

Aufbau der Bilanz

Die Bilanz (Stichtagsbetrachtung) ist eine Auswertung (kein zu buchendes Konto!), welches aus einer Vermögens- und einer Kapitalseite besteht. In ihr enthalten sind in Positionen verdichtete Konten, die zum Bilanzstichtag einen Überblick über vorhandenes Vermögen und Kapital liefern.

Die *Vermögensseite,* zeigt auf, *wohin* die finanziellen Mittel fließen. Sie befindet sich auf der linken Seite der Bilanz und wird als *Aktiva* bezeichnet.

Die *Kapitalseite* (auch Finanzierungs- oder Mittelherkunftsseite) gibt Auskunft darüber, *woher* die finanziellen Mittel stammen (Abb. 5.1).

Abb. 5.1 Aufbau der Bilanz

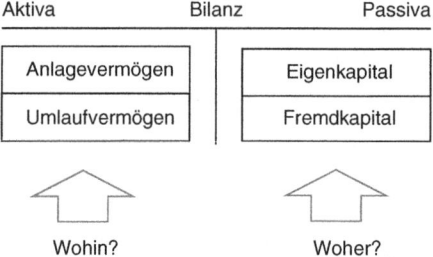

Die *Vermögensseite* kann weiter unterteilt werden in *Anlage-* und *Umlaufvermögen.*

Beim Anlagevermögen handelt es sich um Güter, *die dazu bestimmt sind,* dem Unternehmen langfristig (> als ein Jahr) zu dienen.

Das Umlaufvermögen hingegen beinhaltet Positionen, die dem Betrieb kurzfristig (< ein Jahr) für betriebliche Zwecke zur Verfügung stehen sollen.

Ändern sich die Absichten hinsichtlich der Zuordnung zu Anlage- oder Umlaufvermögen müssen zwangsläufig Umbuchungen vorgenommen werden.

Die Positionen auf der Aktivseite werden nach Liquidierbarkeit gegliedert. Ganz oben stehen die Positionen, welche nur mit großem Aufwand in liquide Mittel (also Geld) umzuwandeln wären. Ein Beispiel hierfür ist das bebaute Grundstück.

Ganz unten auf der Aktivseite steht in der Regel die Position Kasse, da diese einen schnellen Zugriff auf liquide Mittel garantiert und kein großer Verwaltungsaufwand dem gegenüber steht.

▶ Die Aktivseite der Bilanz ist nach Liquidierbarkeit gegliedert.

5.4 Bilanz

Carlo Sommerweizen liest sich auch noch einmal die Informationen zur Passivseite der Bilanz durch.

Die Passivseite kann ebenfalls unterteilt werden, nämlich in *Eigen-* und *Fremdkapital*.

Das Eigenkapital ist die Differenz aus Vermögen und Schulden. Es wird vom Unternehmer bzw. den Gesellschaftern aufgebracht und beinhaltet u. a. das Ergebnis aus der Gewinn- und Verlustrechnung.

Der Bereich des Fremdkapitals hingegen beinhaltet alle Verbindlichkeiten gegenüber Lieferanten, Banken oder sonstigen Gläubigern. Häufig ist die Darlehensaufnahme mit Zinsaufwand verbunden, welches zu einer Schmälerung des betrieblichen Ergebnisses führt.

Abschließend liest sich Sommerweizen noch einen wichtigen Hinweis in seinem Lehrbuch durch:

▶ Ist das Fremdkapital höher als das vorhandene Vermögen auf der Aktivseite der Bilanz, liegt eine bilanzielle Überschuldung vor.

Sommerweizen erinnert sich an seine letzte Jahresabschluss-Besprechung bei Steuerberater Glaube. Das Eigenkapital in seiner Bilanz befindet sich auf der Passivseite. Also kann er den bevorstehenden Herausforderungen gelassen entgegen sehen.

Er schaut sich abschließend zu diesem Thema noch einmal Abb. 5.2 zum Thema *Vermögens- und Kapitalseite der Bilanz* an.

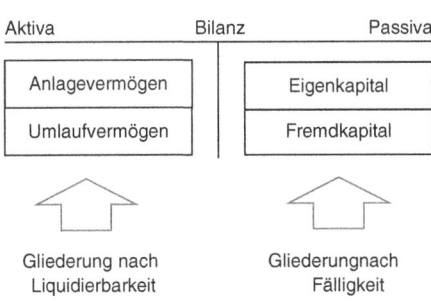

Abb. 5.2 Vermögens- und Kapitalseite der Bilanz

Auf die Wiederholung der Zusammensetzung von Passiv- und Aktivkonten verzichtet er an dieser Stelle, da er bereits bei seinen Studien zur Buchführung sich ausführlich diesem Thema gewidmet hatte. Buchführung ist für Sommerweizen kein Problem mehr, wenn es um das reine Tagegeschäft geht. Für besondere Vorgänge nutzt er gerne die hervorragenden Fachkenntnisse seines Steuerberaters Reiner Glaube.

5.4.2 Zielsetzung ausgewählter Bilanzarten

Im aktuellen Kapitel schaut sich Sommerweizen einige mögliche Bilanzarten hinsichtlich ihrer Zielsetzung an.

Handelsbilanz
Die Handelsbilanz basiert auf den gesetzlichen Vorgaben des Handelsgesetzbuches (HGB). Sie hat betriebswirtschaftlichen Charakter und dient zum einen der *Selbstinformation* des Unternehmers, während ihr gleichzeitig auch *Ausschüttungsbemessungsfunktion* zuerkannt wird. Das bedeutet, dass z. B. die Gewinnausschüttung einer Aktiengesellschaft (AG) u. a. vom handelsrechtlichen Zahlenmaterial abhängig gemacht wird.

Die Handelsbilanz ist auch die Auswertung, welche von Unternehmen, die nach dem Publizitätsgesetz (PublG) veröffentlichungspflichtig sind, im elektronischen Bundesanzeiger der *Öffentlichkeit* zugänglich gemacht werden.

Schlussendlich stellt sie auch die *Grundlage für die Erstellung der Steuerbilanz* dar:

§ 5 EStG – Gewinn bei Kaufleuten und bei bestimmten anderen Gewerbetreibenden

(1) ¹Bei Gewerbetreibenden, die auf Grund gesetzlicher Vorschriften verpflichtet sind, Bücher zu führen und regelmäßig Abschlüsse zu machen, oder die ohne eine solche Verpflichtung Bücher führen und regelmäßig Abschlüsse machen, ist für den Schluss des Wirtschaftsjahres das Betriebsvermögen anzusetzen (§ 4 Absatz 1 Satz 1), das nach den handelsrechtlichen Grundsätzen ordnungsmäßiger Buchführung auszuweisen ist, es sei denn, im Rahmen der Ausübung eines steuerlichen Wahlrechts wird oder wurde ein anderer Ansatz gewählt [...] [5].

Steuerbilanz
Die Steuerbilanz basiert auf der vorab erstellten Handelsbilanz (*Maßgeblichkeitsgrundsatz* i. S. d. § 5 (1) S. 1 EStG). Sie dient der Finanzbehörde zur Ermittlung

5.4 Bilanz

der korrekten Steuerschuld des Unternehmers. Relevante Steuergesetze werden zur Ermittlung der Steuerschuld mit einbezogen:

- Handelsrechtliches Ergebnis
- + nicht abzugsfähige Betriebsausgabe nach z. B. § 4 (5) EStG [7] (z. B. Bewirtungskosten)
- = Steuerliches Ergebnis

Weitere Informationen hierzu benötigt Sommerweizen an dieser Stelle nicht, da ihm dieses logisch erscheint.

Einheitsbilanz
Bei der Einheitsbilanz – so liest Sommerweizen in seinem Lehrbuch weiter – handelt es sich um eine Auswertung, in der sowohl handels- als auch steuerliche Vorgaben gleichzeitig berücksichtigt werden (können). Wie aber weiterhin in seiner Lektüre zu lesen ist, gibt es die Einheitsbilanz nicht mehr so oft wie in früheren Zeiten. Dies hängt wohl u. a. auch mit der zunehmenden Globalisierung und den international gültigen Vorgaben, wie z.b. den International Financial Reporting Standards (IFRS) zusammen.

Eröffnungsbilanz/Schlussbilanz
An dieser Stelle erinnert sich Carlo Sommerweizen an die Vorschrift des § 242 HGB:

> **§ 242 HGB – Pflicht zur Aufstellung**
>
> (1) Der Kaufmann hat zu Beginn seines Handelsgewerbes und für den Schluß eines jeden Geschäftsjahrs einen das Verhältnis seines Vermögens und seiner Schulden darstellenden Abschluß (Eröffnungsbilanz, Bilanz) aufzustellen […] [6].

Die Auflistung genügt dem motivierten Autohändler. Sommerweizen weiß, dass noch weitere Bilanzarten existieren, die man betrachten könnte. Doch dieses würde den Rahmen seines Selbststudiums sprengen. So widmet er sich nun den abschließenden Übungsaufgaben zu.

5.5 Zusammenfassende Lernkontrolle

Im Folgenden werden zunächst mit Hilfe von Kontrollfragen die Inhalte des bisherigen Kapitels wiederholt. Die Lösungen hierzu dienen als Vorschläge. Hieran schließen sich Übungsaufgaben an, die das erworbene oder aufgefrischte Wissen vertiefen sollen.

5.5.1 Kontrollfragen

1. Was unterscheidet die *Inventur* vom *Inventar*?
2. Wo findet sich die Regelung, dass jeder buchführungspflichtige Unternehmer eine Eröffnungs- und eine Schlussbilanz zu erstellen hat?
3. Welche Inventurmethode wendet der Unternehmer z. B. bei der Erfassung seiner Verbindlichkeiten zum Bilanzstichtag an?
4. Mit welcher Inventurmethode werden häufig Schüttgüter wie beispielsweise Kies oder Sand mengenmäßig erfasst?
5. Nach welchem Merkmal ist die Vermögensseite der Bilanz gegliedert?
6. Was bedeutet der Begriff „Bilanz"?
7. Was hat die Gewinn- und Verlustrechnung mit der Bilanz zu tun?
8. Nennen Sie bitte drei Bilanzarten.

5.5.2 Lösungen zu den Kontrollfragen

1. Bei einer Inventur handelt es sich um eine Methode, mit deren Hilfe Vermögensgegenstände und Schulden auf den Bilanzstichtag ermittelt werden. Das Inventar hingegen ist das Ergebnis der Inventur. Man bezeichnet dieses auch als Protokoll- oder Ergebnisliste der Inventur.
2. § 242 (1) HGB
3. Buchinventur
4. Stichprobeninventur
5. Liquidierbarkeit
6. Die Bilanz ist eine Waage (ital. bilancia), deren Vermögens- und Kapitalseite jeweils die gleiche Summe ausweist.
7. Die Gewinn- und Verlustrechnung ist ein Unterkonto des Eigenkapitals. Im Falle eines Gewinns wird das Gewinn- und Verlustkonto über die Habenseite des Eigenkapitals abgeschlossen; im Falle eines Verlustes über die Sollseite.
8. Handelsbilanz, Steuerbilanz, Einheitsbilanz

5.5.3 Übungen

1. Nennen Sie bitte zwei Ihnen bekannte Inventurmethoden und erläutern Sie diese jeweils in maximal fünf Sätzen.
2. Nennen Sie bitte zwei Unterschiede zwischen Inventar und Bilanz.
3. Richtig oder Falsch? Bitte beantworten Sie nachfolgende Aussagen mit *Richtig* oder *Falsch*.
   a) Ein Unternehmer mit Pflicht zur Aufstellung der Inventur ist buchführungspflichtig.
   b) Das Inventar muss nicht nach Erstellung aufbewahrt werden. Es kann umgehend nach Veröffentlichung der Bilanz vernichtet werden.
   c) Bei einer permanenten Inventur ist einmal im Jahr eine körperliche Inventur mit Protokollierung der Ergebnisse notwendig.
   d) Die äquivalente Inventur ist von Freiberuflern (z. B. Zahnärzte) durchzuführen.
   e) Die Stichprobeninventur wird überwiegend bei der Erfassung des Fuhrparks angewendet.
   f) Die Bilanz ist ein Hilfskonto, welches jederzeit verändert werden kann.
   g) Die Bilanz muss nicht unterschrieben werden, wenn der Unternehmer dies nicht möchte.
4. Erläutern Sie die Begriffe *Inventur* und *Inventar*.
5. Unterscheiden Sie bitte die *Buchinventur* von der *körperlichen Inventur*.
6. Welche Methoden der Inventur sind Ihnen bekannt?
7. Welchen Inhalt hat die wichtige Vorschrift des § 240 (2) HGB ?
8. Gehört das Inventar als Komponente zum veröffentlichungspflichtigen Jahresabschluss?
9. Wo findet sich im Gesetz (HGB) die Vorschrift zur *zeitverschobenen Inventur*? Bitte zitieren Sie die Vorschrift und lesen Sie sich den Inhalt genau durch.
10. Wie lautet die Formel für die nachgelagerte Inventur?
11. Wie lautet die Formel für die vorgelagerte Inventur?
12. Bitte ermitteln Sie den Wert zum Bilanzstichtag bei der *vorgelagerten Inventur* aufgrund des nachfolgenden Sachverhaltes:
    Sachverhalt:
    Unternehmer U ist bilanzierender Einzelunternehmer und führt eine *vorgelagerte Inventur* am 11.12.02 durch. Es ist im vorliegenden Fall der Bilanzwert auf den 31.12.02 zu berechnen. Der Wert des Vorratsvermögens (Umlaufvermögen) beläuft sich am 11.12.02 auf 200.000,00 EUR. Zwi-

schen dem Inventur- und Bilanzstichtag am 31.12.02 sind Waren im Werte von 30.000,00 EUR dem Lager zugeführt worden. Für Zwecke des Verkaufs wurde für den Zeitraum 11.12.02 bis 31.12.02 der Vorratsbestand um 6000,00 EUR reduziert.

13. Bitte ermitteln Sie den Wert zum Bilanzstichtag bei der *nachgelagerten Inventur* aufgrund des nachfolgenden Sachverhaltes:
    Sachverhalt:
    Heribert Rose ist bilanzierender Buchhändler und führt eine *nachgelagerte Inventur* am 16.01.04 durch. Erstellt wird das Inventar zum 31.12.03. In seinem Lager verfügt er (am Inventurstichtag) über Bücher mit einem Gesamtwert in Höhe von 40.000,0 EUR. Der Zugangswert zwischen Bilanzstichtag (31.12.03) und Inventurstichtag (16.01.04) beträgt 5000,00 EUR, der Abgangswert (aufgrund von Verkauf) 15.000,00 EUR.
14. Nennen Sie bitte drei große Teilbereiche, die durch das Inventar abgebildet werden.
15. Wie kann ein Inventar aussehen? Bitte zeichnen Sie eines aus Ihrem Gedächtnis auf ein Blatt Papier. Es sind einige Unterkonten auszuweisen. Weitere Vorgaben werden hierzu nicht gemacht.
16. Erstellen Sie bitte nach Ihrem Gedächtnis eine Bilanz im Sinne des § 247 HGB. Hierbei ist auf die korrekte Gliederung zu achten.
17. Was besagt der Maßgeblichkeitsgrundsatz im Sinne des § 5 EStG ? Lesen Sie ihn bitte genau durch.
18. Bitte kreuzen Sie die korrekte Antwort an (Tab. 5.4 *Multiple Choice zu Kap. 5*).

Tab. 5.4 Multiple Choice zu Kap. 5

Nr.	Aussage	Richtig	Falsch
1	Die Inventur muss nicht durchgeführt werden, wenn der Unternehmer dies nicht möchte		
2	Das Inventar ist eine Protokollliste der durchgeführten Inventur		
3	Folgende Inventurarten gibt es u. a.: Stichprobeninventur, Permanente Inventur und Stichtagsinventur		
4	Die Steuerbilanz hat Ausschüttungsbemessungsfunktion		
5	Die Handelsbilanz ist Basis für die Steuerbilanz		

5.5.4 Lösungen zu den Übungsaufgaben

1. Verschiedene Lösungsansätze sind denkbar (siehe Abschn. 5.2 *Inventur*)
2. Folgende Antworten sind möglich:
   – Inventar ist keine Komponente des Jahresabschlusses, welcher z. B. veröffentlicht wird.
   – Die Bilanz ist eine Auswertung, die eine Aktiv- und Passivseite beinhaltet; das Inventar eine Protokollliste, welche in Staffelform geführt wird
3. Folgende Antworten sind korrekt:
   a) Falsch
   b) Falsch
   c) Richtig
   d) Falsch
   e) Falsch
   f) Falsch
   g) Falsch
4. Erläutern Sie die Begriffe *Inventur* und *Inventar*.
   Inventar Das Inventar ist das Ergebnis der Inventur. Diese sogenannte Protokollliste wird in der Regel in Staffelform gegliedert und stellt die Grundlage zum Zwecke der Bilanzierung dar
   Inventur Bei der Inventur handelt es sich um eine Methode, bei der alle Vermögensgegenstände und Schulden wert- und mengenmäßig zum Bilanzstichtag erfasst werden. Die Inventur kann in Form der körperlichen oder belegmäßigen Inventur erfolgen
5. Folgende Definitionen sind denkbar:
   Buchinventur Im Rahmen der *Buchinventur* werden diejenigen Bilanzpositionen ermittelt, die körperlich nicht greifbar bzw. erfassbar sind. Hierzu zählen beispielsweise das betriebliche Bankguthaben, Darlehen, Forderungen aus Lieferungen und Leistungen oder Verbindlichkeiten aus Lieferungen und Leistungen
   Körperliche Inventur Bei der *körperlichen Inventur* erfolgt die materielle Bestandsaufnahme von Vermögensgegenständen z. B. durch Zählen, Messen oder Wiegen. Beispiele hierfür sind: Handelswaren, Roh-, Hilfs- und Betriebsstoffe, Fuhrpark
   Diese Art der Inventur kann entweder *stichprobenartig* (z. B. bei Massegütern wie Kies, Sand) oder *vollständig* durch Einzelerfassung bzw. -bewertung durchgeführt werden (z. B. Handelsware, Fuhrpark).
6. Stichtagsinventur, Zeitnahe Inventur, Permanente Inventur, Zeitverschobene Inventur u. a.
7. Folgender Inhalt ist im § 240 (2) HGB zu finden:

§ 240 HGB – Inventar

[…] (2) Er hat demnächst für den Schluß eines jeden Geschäftsjahrs ein solches Inventar aufzustellen. Die Dauer des Geschäftsjahrs darf zwölf Monate nicht überschreiten. Die Aufstellung des Inventars ist innerhalb der einem ordnungsmäßigen Geschäftsgang entsprechenden Zeit zu bewirken […] [2].

8. Nein, es handelt sich beim Inventar um eine Art Vorbilanz, die keine Komponente des Jahresabschlusses darstellt.
9. Gesetzlich geregelt ist die zeitverschobene Inventur im § 241 (3) HGB:

§ 241 HGB – Inventurvereinfachungsverfahren

[…].

(3) In dem Inventar für den Schluß eines Geschäftsjahrs brauchen Vermögensgegenstände nicht verzeichnet zu werden, wenn
1. der Kaufmann ihren Bestand auf Grund einer körperlichen Bestandsaufnahme oder auf Grund eines nach Absatz 2 zulässigen anderen Verfahrens nach Art, Menge und Wert in einem besonderen Inventar verzeichnet hat, das für einen Tag innerhalb der letzten drei Monate vor oder der ersten beiden Monate nach dem Schluß des Geschäftsjahrs aufgestellt ist, und
2. auf Grund des besonderen Inventars durch Anwendung eines den Grundsätzen ordnungsmäßiger Buchführung entsprechenden Fortschreibungs- oder Rückrechnungsverfahrens gesichert ist, daß der am Schluß des Geschäftsjahrs vorhandene Bestand der Vermögensgegenstände für diesen Zeitpunkt ordnungsgemäß bewertet werden kann [3].

10. Die allgemeine Formel hierfür lautet (Tab. 5.5 *Vorgehensweise bei nachgelagerter Inventur*):

Tab. 5.5 Vorgehensweise bei nachgelagerter Inventur

	Wert am Stichtag der Inventur (z. B. 16.01.03)
./.	Zugang zwischen Bilanzstichtag (31.12.02) und Inventurstichtag (z. B. 16.01.03)
+	Abgang zwischen Bilanzstichtag (31.12.02) und Inventurstichtag (z. B. 16.01.03)
=	**Wert am Bilanzstichtag**

5.5 Zusammenfassende Lernkontrolle

11. Folgende Formel ist bei der vorgelagerten Inventur anzuwenden (Tab. 5.6 *Vorgehensweise bei vorgelagerter Inventur*):

Tab. 5.6 Vorgehensweise bei vorgelagerter Inventur

	Wert am Stichtag der Inventur
+	Zugang zwischen Inventurstichtag (z. B. 11.11.02) und Bilanzstichtag (31.12.02)
./.	Abgang zwischen Inventurstichtag (z. B. 11.11.02) und Bilanzstichtag (31.12.02)
=	**Wert am Bilanzstichtag**

12. Es liegt eine vorgelagerte Inventur vor. Folgende allgemeine Formel ist in diesem Fall anzuwenden:
U ermittelt nun auf der Basis der allgemeinen Formel zur vorgelagerten Inventur den Bilanzwert wie folgt: 200.000,00 EUR + 30.000,00 EUR./. 6.000,00 = 224.000,00 EUR (Tab. 5.7).

Tab. 5.7 Vorgehensweise bei vorgelagerter Inventur

	Wert am Stichtag der Inventur
+	Zugang zwischen Inventurstichtag (z. B. 11.11.02) und Bilanzstichtag (31.12.02)
./.	Abgang zwischen Inventurstichtag (z. B. 11.11.02) und Bilanzstichtag (31.12.02)
=	**Wert am Bilanzstichtag**

13. Es liegt eine nachgelagerte Inventur vor. Folgende allgemeine Formel ist in diesem Fall anzuwenden (Tab. 5.8 *Vorgehensweise bei nachgelagerter Inventur*).
Auf der Basis dieser Formel ermittelt Rose den Bilanzwert zum 31.12.03: 40.000,00 EUR./. 5000,00 EUR + 15.000,00 EUR = 50.000,00 EUR. Der Wert des Vorratsbestandes an Büchern zum 31.12.03 beträgt also 50.000,00 EUR und wird auch in dieser Höhe in der Bilanz ausgewiesen.

Tab. 5.8 Vorgehensweise bei nachgelagerter Inventur

	Wert am Stichtag der Inventur (z. B. 16.01.03)
./.	Zugang zwischen Bilanzstichtag (31.12.02) und Inventurstichtag (z. B. 16.01.03)
+	Abgang zwischen Bilanzstichtag (31.12.02) und Inventurstichtag (z. B. 16.01.03)
=	**Wert am Bilanzstichtag**

14. Vermögen, Schulden und Reinvermögen
15. Das Inventar kann wie Tab. 5.9 *(Beispiel Inventar)* folgt aussehen.

Tab. 5.9 Beispiel eines Inventars auf den 31.12.03 (Verkauf von Elektromotoren)

				EUR	EUR
A			**Vermögen**		
	I		**Anlagevermögen**		
		1	Grundstücke unbebaut		
		2	Technische Anlagen und Maschine lt. Liste		
		3	Fuhrpark		
	II		**Umlaufvermögen**		
		1	Vorräte Handelswaren lt. Liste		
		2	Forderungen aus Lieferungen und Leistungen lt. Liste		
		3	Banken		
			Sparkasse Unterneustadt		
			Sparkasse Oberneustadt		
		4	Kasse		
	Gesamtvermögen				
B			**Schulden**		
	I		**Langfristige Schulden**		
		1	Darlehen Sparkasse Unterneustadt		
		2	Darlehen Sparkasse Wilsberg		
	II		**Kurzfristige Schulden**		
			Verbindlichkeiten aus Lieferungen und sonstigen Leistungen lt. Liste		
	Gesamtschulden				
C	**Berechnung des Reinvermögens (Eigenkapital)**				
	Gesamtvermögen (A)				
	./. Gesamtschulden (B)				
	= **Reinvermögen bzw. Eigenkapital (C)**				

16. Die Bilanz für Nichtkapitalgesellschaften und Einzelunternehmen kann wie folgt aussehen:

Aktiva		Bilanz zum 31.12.xx	Passiva
A.	Anlagevermögen	A. Eigenkapital	
I.	Immaterielle Vermögensgegenstände		
II.	Sachanlagen		
III.	Finanzanlagen	B. Rückstellungen	
B.	Umlaufvermögen		
I.	Vorräte		
II.	Forderungen und sonst. Vermögensgegenstände	C. Verbindlichkeiten	
III.	Wertpapiere		
IV.	Kasse, Bankguthaben, Schecks		
C.	Rechnungsabgrenzungsposten	D. Rechnungsabgrenzungsposten	
Bilanzsumme		Bilanzsumme	

17. Folgende Vorschrift regelt den Grundsatz der Maßgeblichkeit der Handelsbilanz für die Steuerbilanz:

§ 5 EStG – Gewinn bei Kaufleuten und bei bestimmten anderen Gewerbetreibenden

(1) ¹Bei Gewerbetreibenden, die auf Grund gesetzlicher Vorschriften verpflichtet sind, Bücher zu führen und regelmäßig Abschlüsse zu machen, oder die ohne eine solche Verpflichtung Bücher führen und regelmäßig Abschlüsse machen, ist für den Schluss des Wirtschaftsjahres das Betriebsvermögen anzusetzen (§ 4 Absatz 1 Satz 1), das nach den handelsrechtlichen Grundsätzen ordnungsmäßiger Buchführung auszuweisen ist, es sei denn, im Rahmen der Ausübung eines steuerlichen Wahlrechts wird oder wurde ein anderer Ansatz gewählt [...] [5].

18. Die Antworten in Tab. 5.10 sind wie folgt zu beantworten (Tab. 5.4 *Multiple Choice zu Kap. 5*).

Tab. 5.10 Multiple Choice zu Kap. 5

Nr.	Aussage	Richtig	Falsch
1	Die Inventur muss nicht durchgeführt werden, wenn der Unternehmer dies nicht möchte		×
2	Das Inventar ist eine Protokollliste der durchgeführten Inventur	×	
3	Folgende Inventurarten gibt es u. a.: Stichprobeninventur, Permanente Inventur und Stichtagsinventur	×	
4	Die Steuerbilanz hat Ausschüttungsbemessungsfunktion		×
5	Die Handelsbilanz ist Basis für die Steuerbilanz	×	

Literatur

1. Sicherer K von, Bilanzierung im Handels- und Steuerrecht, https://doi.org/10.1007/978-3-658-01105-5_2, Seite 27, Springer Fachmedien Wiesbaden 2013. Zugegriffen: 9. Okt. 2015

Homepage des Bundesjustizministeriums

2. https://www.gesetze-im-internet.de/hgb/__240.html. Zugegriffen: 13. Apr. 2016
3. https://www.gesetze-im-internet.de/hgb/__241.html. Zugegriffen: 14. Apr. 2016
4. https://www.gesetze-im-internet.de/hgb/__247.html. Zugegriffen: 17. Apr. 2016
5. https://www.gesetze-im-internet.de/estg/__5.html. Zugegriffen: 17. Apr. 2016
6. https://www.gesetze-im-internet.de/hgb/__242.html. Zugegriffen: 17. Apr. 2016
7. https://www.gesetze-im-internet.de/estg/__4.html. Zugegriffen: 17. Apr. 2016
8. https://www.gesetze-im-internet.de/hgb/__267a.html. Zugegriffen: 9. Apr. 2016
9. https://www.gesetze-im-internet.de/hgb/__267.html. Zugegriffen: 9. Mai 2016

Zugangs- und Folgebewertung in der Handelsbilanz 6

> **Zusammenfassung**
>
> Carlo Sommerweizen setzt sich nun endlich mit der Bewertung von Bilanzpositionen auseinander. Zunächst benötigt er noch Grundlagenwissen im Hinblick auf die Möglichkeit der Erfassung von Gütern oder Schulden in der Bilanz. Er beginnt mit wichtigen Begriffsdefinitionen und schaut sich im Anschluss die abstrakten und konkreten Bilanzierungsvoraussetzungen an. Auch beschäftigt sich der motivierte Autohändler kurz mit der Bewertung von Verbindlichkeiten, ohne sich im Detail zu verlieren. Im Anschluss an seine Recherche wird sich Sommerweizen anhand von Kontrollfragen und Übungen einen Überblick über seinen aktuellen Kenntnisstand verschaffen.

Carlo Sommerweizen setzt sich nun endlich mit der Bewertung von Bilanzpositionen auseinander. Zunächst benötigt er noch Grundlagenwissen im Hinblick auf die Möglichkeit der Erfassung von Gütern oder Schulden in der Bilanz. Er beginnt mit wichtigen Begriffsdefinitionen und schaut sich im Anschluss die abstrakten und konkreten Bilanzierungsvoraussetzungen an. Auch beschäftigt sich der motivierte Autohändler kurz mit der Bewertung von Verbindlichkeiten, ohne sich im Detail zu verlieren. Im Anschluss an seine Recherche wird sich Sommerweizen anhand von Kontrollfragen und Übungen einen Überblick über seinen aktuellen Kenntnisstand verschaffen.

6.1 Wichtige Definitionen

Erstbewertung (auch Zugangsbewertung) Hinsichtlich der Zugangsbewertung handelt es sich um die Aufnahme von Vermögensgegenständen und Schulden mit einem Zugangswert, wie z. B. Anschaffungs- oder Herstellungskosten bei den Vermögensgegenständen und Erfüllungsbeträgen bei Verbindlichkeiten.

Fertigungseinzelkosten (FEK) Kosten, die dem Kostenträger im Rahmen der Fertigung (Produktion) direkt zugeordnet werden können. Hierzu zählen beispielsweise die Fertigungslöhne.

Fertigungsgemeinkosten (FGK) Kosten, die dem Kostenträger nur über Verteilungsschlüssel zugeordnet werden können (z. B. Energiekosten).

Folgebewertung Bei der Folgebewertung handelt es sich grundsätzlich um die sogenannten fortgeführten Anschaffungs- oder Herstellungskosten oder Restbuchwert. Eventuelle Abschreibungen wurden an dieser Stelle berücksichtigt.

Materialeinzelkosten (MEK) Hierzu zählen Kosten, die dem Kostenträger direkt und einzeln zugeordnet werden können (z. B. Rohstoffe)

Materialgemeinkosten (MGK) Materialkosten, die dem Kostenträger nicht direkt bzw. einzeln zugeordnet werden können (z. B. Fracht- und Verpackungskosten).

Sondereinzelkosten der Fertigung (SEK) Bei den Sondereinzelkosten der Fertigung handelt es sich um Kosten, die zusätzlich zu den üblicherweise anfallenden Kosten bei einzelnen Aufträgen (nicht bei allen!) entstehen. Hierzu zählen z. B. Kosten für spezielle Werkzeuge oder Fertigungslöhne für einen Spezialisten, welcher man nur für die Produktion eines bestimmten Gutes benötigt.

Zugangsbewertung (auch Erstbewertung) Hinsichtlich der Zugangsbewertung handelt es sich um die Aufnahme von Vermögensgegenständen und Schulden mit einem Zugangswert, wie z. B. Anschaffungs- oder Herstellungskosten bei den Vermögensgegenständen und Erfüllungsbeträgen bei Verbindlichkeiten.

6.2 Allgemeine Anmerkungen zur Bewertung in der Handelsbilanz

Wie Carlo Sommerweizen weiß, ist die Handelsbilanz eine Auswertung, die auf der Basis des Handelsgesetzbuches (HGB) erstellt wird. Sie hat unterschiedliche Funktionen wie der motivierte Unternehmer bereits zuvor recherchiert hat

6.2 Allgemeine Anmerkungen zur Bewertung in der Handelsbilanz

(Abschn. 5.4.2 *Zielsetzung ausgewählter Bilanzarten*). Wie er sich gemerkt hat, stellt die Handelsbilanz, wenn keine anderen gesetzlichen Vorgaben vorliegen, die Grundlage für die Steuerbilanz dar. Es gilt hierbei der Maßgeblichkeitsgrundsatz des § 5 (1) EStG.

Wenn er neue Anlagegüter (z. B. Grund und Boden unbebaut) entgeltlich erwirbt, müssen diese sogenannten Vermögensgegenstände auch im Rahmen seiner Buchführung erfasst werden. Diese Erfassung erfolgt mit einem Zugangswert. Im Falle des unbebauten Grundstücks sind die Anschaffungskosten zu ermitteln und im Anschluss zu buchen. Die Bewertung mit dem ersten Wert bei Zugang nennt man *Zugangs-* oder *Erstbewertung*.

Carlo Sommerweizen schaut sich zuvor noch einmal kurz an, was es mit den Begriffen *Aktivieren* und *Passivieren* auf sich hat:

▶ **Aktivieren** bedeutet die Erfassung auf der Aktivseite der Bilanz; **Passivieren** stellt einen Zugang auf der Passivseite dar.

Bei seinen weiteren Recherchen stößt Sommerweizen auch auf die handelsrechtliche Vorschrift zur Bewertung von Gütern in der Handelsbilanz. Er startet mit der Zugangs- und Folgebewertung von Gütern des Anlagevermögens, die auch im Kap. 6 *Bewertung des Anlagevermögens* noch einmal thematisch genauer betrachtet wird.

Im § 253 (1) S. 1 HGB heißt es:

§ 253 HGB – Zugangs- und Folgebewertung

(1) *Vermögensgegenstände* sind höchstens mit den Anschaffungs- oder Herstellungskosten, vermindert um die Abschreibungen […] anzusetzen […] [3]. Hinsichtlich der Bewertung von *Verbindlichkeiten* gilt § 253 (1) S. 2 HGB:

§ 253 HGB – Zugangs- und Folgebewertung

(1) […] Verbindlichkeiten sind zu ihrem Erfüllungsbetrag und Rückstellungen in Höhe des nach vernünftiger kaufmännischer Beurteilung notwendigen Erfüllungsbetrages anzusetzen […] [3].

6.2.1 Zugangsbewertung

Hinsichtlich der Zugangsbewertung unterscheidet man zwischen den Anschaffungs- und Herstellungskosten. Auf den Einlagewert geht Carlo Sommerweizen bei seinen Recherchen nicht weiter ein.

Anschaffungskosten
Sommerweizen schaut sich zunächst die handelsrechtliche Definition des Begriffes *Anschaffungskosten* an:

§ 255 HGB – Bewertungsmaßstäbe

(1) Anschaffungskosten sind die Aufwendungen, die geleistet werden, um einen Vermögensgegenstand zu erwerben und ihn in einen betriebsbereiten Zustand zu versetzen, soweit sie dem Vermögensgegenstand einzeln zugeordnet werden können. Zu den Anschaffungskosten gehören auch die Nebenkosten sowie die nachträglichen Anschaffungskosten. Anschaffungspreisminderungen, die dem Vermögensgegenstand einzeln zugeordnet werden können, sind abzusetzen [...] [4].

Dem motivierten Unternehmer fällt auf, dass eine Zuordnung nur dann möglich ist, wenn die Kosten *einzeln* also direkt auf den Kostenträger, also dem Vermögensgegenstand zugerechnet werden können.

Tab. 6.1 Definition der Anschaffungskosten nach Handelsrecht

	Kaufpreis
+	Anschaffungsnebenkosten (z. B. Fracht, Versicherung)
./.	Preisnachlässe (z. B. Rabatte, Boni, Skonti)
+	Nicht abzugsfähige Vorsteuer
+	Nachträgliche Anschaffungskosten
=	**Anschaffungskosten**

Er stellt diese Vorschrift vereinfacht dar (Tab. 6.1)
Carlo Sommerweizen schaut sich im Lehrbuch ein einfaches Beispiel an:

Beispiel 6.2.1.1 – Anschaffungskosten
Der bilanzierende Heribert Rose (Buchhändler) kauft ein unbebautes Grundstück (Betriebsvermögen) zum Kaufpreis von 100.000,00 EUR. Die Anschaffungs*neben*kosten (Notarkosten, Grunderwerbsteuer u. a.) können dem Grundstück einzeln zugeordnet werden (Einzelkosten). Sie belaufen sich auf insgesamt 10.500,00 EUR.

6.2 Allgemeine Anmerkungen zur Bewertung in der Handelsbilanz

Nach Berücksichtigung der zuvor gelesenen Definition errechnet Carlo Sommerweizen die Anschaffungskosten auf insgesamt 110.500,00 EUR (100.000,00 EUR + 10.500,00 EUR). Dieser Wert wird in der Bilanz von Unternehmer Rose aktiviert, also auf der Aktivseite erfasst.

Der motivierte Autohändler schreibt sich einen wichtigen Satz aus seinem Lehrbuch heraus, den er sich merken muss:

▶ Nur Einzelkosten (also Kosten, die dem Vermögensgegenstand direkt zugeordnet werden können), werden im Rahmen der Anschaffungskosten bei der Aktivierung von Vermögensgegenständen berücksichtigt.

Herstellungskosten
Im nächsten Schritt schaut sich der bilanzierende Autohändler auch die Vorschriften zu den Herstellungskosten an. Er produziert in seinem Unternehmen zwar keine Güte ist aber daran interessiert, zumindest Grundlagenkenntnisse zu erwerben. Zunächst schaut er sich den Absatz 2 im § 255 HGB an:

§ 255 HGB – Bewertungsmaßstäbe
[…] (2) Herstellungskosten sind die Aufwendungen, die durch den Verbrauch von Gütern und die Inspruchnahme von Diensten für die Herstellung eines Vermögensgegenstands, seine Erweiterung oder für eine über seinen ursprünglichen Zustand hinausgehende wesentliche Verbesserung entstehen. Dazu gehören die Materialkosten, die Fertigungskosten und die Sonderkosten der Fertigung sowie angemessene Teile der Materialgemeinkosten, der Fertigungsgemeinkosten und des Werteverzehrs des Anlagevermögens, soweit dieser durch die Fertigung veranlasst ist. Bei der Berechnung der Herstellungskosten dürfen angemessene Teile der Kosten der allgemeinen Verwaltung sowie angemessene Aufwendungen für soziale Einrichtungen des Betriebs, für freiwillige soziale Leistungen und für die betriebliche Altersversorgung einbezogen werden, soweit diese auf den Zeitraum der Herstellung entfallen. Forschungs- und Vertriebskosten dürfen nicht einbezogen werden […] [4].

Als Carlo Sommerweizen sich diese Definition ansieht, schüttelt er den Kopf und liest noch einmal. Er denkt sich: Wer soll sich denn das alles merken? Um sich einen besseren Überblick zu verschaffen, trägt er die wichtigsten Stichpunkte noch einmal zusammen.

Hiernach sind die Herstellungskosten im Sinne des Handelsgesetzbuches durch folgende Merkmale gekennzeichnet:

- Aufwendungen für Verbrauch von Gütern
- Aufwendungen für Inanspruchnahme von Dienstleistungen
- Herstellung eines Vermögensgegenstandes oder
- Erweiterung eines Vermögensgegenstandes oder
- Wesentliche Verbesserung eines Vermögensgegenstandes über den ursprünglichen Zustand hinaus

Zur Berechnung (stark vereinfachte Darstellung) kann man auch folgendes Schema zur Hilfe nehmen (Tab. 6.2 *Definition der Herstellungskosten nach Handelsrecht*):

Tab. 6.2 Definition der Herstellungskosten nach Handelsrecht

	Materialeinzelkosten (z. B. Rohstoffkosten)	Pflichtbestandteil
+	Materialgemeinkosten (z. B. Kosten für Verpackung)	Pflichtbestandteil
+	Fertigungseinzelkosten (z. B. Fertigungslöhne)	Pflichtbestandteil
+	Fertigungsgemeinkosten (z. B. Energiekosten)	Pflichtbestandteil
+	Sondereinzelkosten der Fertigung (z. B. Spezialwerkzeug)	Pflichtbestandteil
+	Werteverzehr des Anlagevermögens, sofern auf Herstellungszeitraum entfallend	Pflichtbestandteil
	Herstellungskosten-Untergrenze (Mindestansatz)	
(+)	Allgemeine Verwaltungskosten	Wahlrecht
(+)	Aufwendungen für soziale Einrichtungen des Betriebs	Wahlrecht
(+)	Aufwendungen für freiwillige soziale Leistungen	Wahlrecht
(+)	Aufwendungen für die betriebliche Altersversorgung	Wahlrecht
XX	Forschungskosten	Verbot
XX	Vertriebskosten	Verbot
	Herstellungskosten-Obergrenze (Höchstansatz ohne Forschungs- und Vertriebskosten)	

Sommerweizen notiert sich anhand des HGB sofort, welche Bestandteile zwangsläufig in den Herstellungskosten mit erfasst werden müssen und welche wahlweise berücksichtigt werden können (siehe Tab. 6.2 *Definition der Herstellungskosten nach Handelsrecht,* rechte Spalte).

6.2 Allgemeine Anmerkungen zur Bewertung in der Handelsbilanz

Er hat im Rahmen seiner Internetrecherche gelernt, das er als buchführungspflichtiger Unternehmer hierüber genau Bescheid wissen muss. Denn: je mehr Kosten ein bilanzierender Unternehmer aktiviert, umso höher fällt sein Gewinn aus. Ist auch ganz logisch, denkt der Autohändler. Wenn ich anstatt die Kosten in den Aufwand der Gewinn- und Verlustrechnung zu erfassen in der Bilanz aktiviere, entziehe ich meinem Ergebnis die Betriebsausgaben. Automatisch muss somit das betriebliche Ergebnis steigen.

Er fasst für sich selbst zusammen: umso mehr Herstellungskosten er aktiviert – er also z. B. die Herstellungskosten-Obergrenze wählt – desto höher fällt sein Gewinn aus. Entscheidet er sich jedoch lediglich für den *handelsrechtlichen Mindestansatz*, so wird der Gewinn niedriger ausfallen. Dies ist damit zu begründen, dass die freiwilligen Bestandteile der Herstellungskosten (z. B. allgemeine Verwaltungskosten) auch in den Aufwand (GuV) gebucht werden dürfen. Diese Entscheidung ist abhängig von der Bilanzpolitik des Unternehmers.

Auch hierzu sieht sich Carlo Sommerweizen ein Beispiel an:

Beispiel 6.2.1.2 – Herstellungskosten
Der bilanzierende Schreiner Tim Starke stellt für seinen eigenen Betrieb einen Büroschrank her. Für die Herstellung entstehen ihm Kosten für Holz und sonstige Rohstoffe in Höhe von 300,00 EUR (MEK); die Fertigungslöhne belaufen sich auf 700,00 EUR (FEK). An Gemeinkosten für Fertigung und Material entstehen ihm insgesamt 250,00 EUR (GK). Die sonstigen Verwaltungskosten (VerwK) belaufen sich auf 150,00 EUR. Schreiner Starke möchte einen möglichst hohen Gewinn ausweisen. Welchen Ansatz wird er wählen?

Sommerweizen kommt zu folgendem Ergebnis: 300,00 EUR (MEK) + 700,00 EUR (FEK) + 250,00 EUR (GK) + 150,00 (VerwK) = 1400,00 EUR (HK). Die Verwaltungskosten sind im vorliegenden Beispiel freiwillig zu aktivieren, um den höchstmöglichen Gewinn zu realisieren.

Damit fühlt sich Carlo Sommerweizen gut vorbereitet und widmet sich nun der Folgebewertung.

6.2.2 Folgebewertung

Im Rahmen der Folgebewertung werden die fortgeführten Anschaffungs- oder Herstellungskosten (also Zugangswerte abzüglich evtl. Abschreibungen) betrachtet. Üblicherweise bezeichnet man die vorgenannten fortgeführten Werte als *Restbuchwerte*.

Die möglichen Abschreibungsmethoden, die im Rahmen der Folgebewertung angewendet werden können, werden später erläutert (Abschn. 8.2.6 *Planmäßige Abschreibungen von abnutzbaren Anlagegütern*).
Allgemein gilt die in Tab. 6.3 *(Folgebewertung von Vermögensgegenständen)* aufgeführte Berechnung, wie Sommerweizen recherchiert.

Tab. 6.3 Folgebewertung von Vermögensgegenständen

	Anschaffungskosten oder Herstellungskosten
./.	Planmäßige Abschreibungen (bei abnutzbaren Anlagegütern)
./.	Außerplanmäßige Abschreibungen
=	Fortgeführte Anschaffungs- bzw. Herstellungskosten (= Restbuchwert)

Diese Information genügt Carlo Sommerweizen zunächst. Er schaut sich zur Vervollständigung seines Wissens noch das Thema *Aktivierungsfähigkeit von Vermögensgegenständen* an.

6.3 Aktivierungsfähigkeit von Gütern des Anlagevermögens

Carlo Sommerweizen schaut sich nur die für ihn wesentlichen Bilanzpositionen an. Hierzu zählt auf jeden Fall der Bereich des Anlagevermögens.

Bevor nun bspw. ein Anlagegut aktiviert werden kann, so liest der Autohändler weiter, muss er zunächst die *abstrakte* und im Anschluss die *konkrete Aktivierungsfähigkeit* eines Vermögensgegenstandes wie beispielsweise das oben erwähnte unbebaute Grundstück überprüfen.

▶ Denn: Nur aktivierungsfähige Güter dürfen in der Bilanz aufgenommen werden!

Abstrakte Aktivierungsfähigkeit
Die *abstrakte Aktivierungsfähigkeit* eines Gutes ist durch mehrere Merkmale geprägt. Hierzu zählen beispielsweise:

a) Wirtschaftlicher Nutzen, welcher über das aktuelle Wirtschaftsjahr hinausgeht
b) Bilanzielle Greifbarkeit
c) Selbstständige Bewertbarkeit

6.3 Aktivierungsfähigkeit von Gütern des Anlagevermögens

Die selbstständige Übertragungsmöglichkeit des Gutes (Einzelveräußerbarkeit) wird nicht unbedingt gefordert.

Carlo Sommerweizen kann – wenn er ehrlich zu sich selbst ist – zunächst wenig mit diesen Dingen anfangen. Er befragt somit seinen langjährigen Steuerberater Glaube, der ihm ein erläuterndes Beispiel hierfür liefert.

Beispiel 6.1 – Abstrakte Aktivierungsfähigkeit
Unternehmer Ottmann (Veräußerung von Musterhäusern) verkauft einen betrieblichen Pkw (Anlagevermögen) an Unternehmer Maiers (bilanzierender Unternehmer), der das Fahrzeug zu mehr als 70 % unternehmerisch nutzen möchte. Liegt hinsichtlich der Aktivierung des Anlagegutes bei Maiers abstrakte Aktivierungsfähigkeit vor?

An dem Vorgang lassen sich die Merkmale der *abstrakten Aktivierungsfähigkeit* wie folgt prüfen (aus Sicht des Käufers Maiers):
Frage: *Wirtschaftlicher Nutzen über das Wirtschaftsjahr hinaus?*
Antwort: Ja, denn der Pkw dient nicht nur vorübergehend dem betrieblichen Zweck.
Frage: *Bilanzielle Greifbarkeit?*
Antwort: Ja, der Pkw muss bei Maiers in der Bilanz aktiviert werden. Er dient nicht nur ausschließlich zur Steigerung des Geschäfts- oder Firmenwertes.
Frage: *Selbstständige Bewertbarkeit?*
Antwort: Ja, das Fahrzeug kann selbstständig bewertet werden.

Dieses hat Carlo Sommerweizen nun verstanden. Er überlegt, welches Gut denn dann nicht zu den abstrakt aktivierungsfähigen Gütern zählen könnte. Sommerweizen kommt zu dem Ergebnis, dass z. B. die Unternehmensberatung als Dienstleistung zwar den Geschäftswert erhöht, diese aber *nicht* gesondert in der Bilanz ausgewiesen werden kann.

Sommerweizen wendet sich nun noch dem Thema der *konkreten Aktivierungsfähigkeit* zu.

Konkrete Aktivierungsfähigkeit
Wenn die abstrakte Aktivierungsfähigkeit nicht gegeben ist, so muss die konkrete Voraussetzung im Anschluss nicht mehr überprüft werden.

Carlo Sommerweizen lernt im Rahmen seines Selbststudiums, das er stets bei Aktivierungsfragen zunächst die Voraussetzung der vorgenannten abstrakten Aktivierungsfähigkeit zu prüfen hat. Sollte diese gegeben sein, schließt sich die Prüfung der *konkreten Aktivierungsfähigkeit* an.

Die *konkrete Aktivierungsfähigkeit* ist durch folgende Merkmale geprägt:

a) Kein ausdrückliches Bilanzierungsverbot
b) Zuordnung zum Betriebsvermögen
c) Subjektive Zurechenbarkeit

Bevor sich der Autohändler anhand eines Beispiels erklären lässt, ob die konkrete Aktivierungsfähigkeit vorliegt, fragt er seinen Steuerberater noch mal zwecks detaillierter Erläuterung vorgenannter Positionen:

a) *Kein ausdrückliches Bilanzierungsverbot*
Hier besteht für Sommerweizen kein Informationsbedarf, denn diese Vorgabe ist selbsterklärend.
b) *Zuordnung zum Betriebsvermögen*
Reiner Glaube zeigt seinem Mandanten auf, was es mit diesem Merkmal auf sich hat. Er beschränkt sich bei seinen (zeichnerischen) Ausführungen (siehe Abb. 6.1 *Zuordnung zum Betriebsvermögen*) auf die Darstellung von gemischt genutzten beweglichen Anlagegütern.

Zuordnung zum Betriebsvermögen

Notwendiges Privatvermögen	Gewillkürtes Betriebs- oder Privatvermögen	Notwendiges Betriebsvermögen
Betriebliche Nutzung < 10%	Betriebliche Nutzung 10% bis 50%	Betriebliche > 50%

Abb. 6.1 Zuordnung zum Betriebsvermögen

Glaube erläutert die Zeichnung wie folgt:
1. *Notwendiges Privatvermögen*:
Wird ein Anlagegut (z. B. Pkw) weniger als 10 % für betriebliche Zwecke genutzt, so ist dieser samt Anschaffungskosten und laufenden Aufwendungen dem Privatvermögen zuzuordnen. Eventuelle Fahrten für den Betrieb würden über Aufwands-Einlagebuchungen erfolgen. Hierauf geht er jedoch nicht weiter ein.
2. *Gewillkürtes Betriebs- oder Privatvermögen*:
Beträgt die betriebliche Nutzung des vorgenannten Pkw mehr als 10 aber bis zu maximal 50 %, so kann der Unternehmer vom Wahlrecht Gebrauch

6.3 Aktivierungsfähigkeit von Gütern des Anlagevermögens

machen, das Gut entweder dem Betriebs- oder dem Privatvermögen zuzuordnen.

3. *Notwendiges Betriebsvermögen*:
Sollte das Anlagegut zu mehr als 50 % betrieblich genutzt werden, besteht die Verpflichtung zur betrieblichen Zuordnung.

c) *Subjektive Zurechenbarkeit*
Hinsichtlich der subjektiven Zurechenbarkeit muss das Anlagegut dem Unternehmen wirtschaftlich zurechenbar sein. Juristisches Eigentum muss nicht zwangsläufig vorliegen. Es genügt, wenn der bilanzierende Unternehmer das Gut seiner Funktion nach nutzen und fremde Dritte von der Nutzung ausschließen kann. Er verweist auf § 39 AO:

§ 39 AO – Zurechnung

(1) Wirtschaftsgüter sind dem Eigentümer zuzurechnen.
(2) Abweichend von Absatz 1 gelten die folgenden Vorschriften:
1. Übt ein anderer als der Eigentümer die tatsächliche Herrschaft über ein Wirtschaftsgut in der Weise aus, dass er den Eigentümer im Regelfall für die gewöhnliche Nutzungsdauer von der Einwirkung auf das Wirtschaftsgut wirtschaftlich ausschließen kann, so ist ihm das Wirtschaftsgut zuzurechnen […] [2].

Nun weiß Sommerweizen auch, welche Merkmale zur *konkreten Bilanzierungsfähigkeit* zählen. Zum Abschluss schauen sich beide noch ein nachvollziehbares Beispiel an.

Beispiel 6.2 – Konkrete Aktivierungsfähigkeit

Unternehmer Ottmann (Veräußerung von Musterhäusern) verkauft einen betrieblichen Pkw (Anlagevermögen) an Unternehmer Maiers (bilanzierender Unternehmer), der das Fahrzeug mehr als 70 % unternehmerisch nutzen möchte. Liegt hinsichtlich der Aktivierung des Anlagegutes bei Maiers konkrete Aktivierungsfähigkeit vor?

An diesem Beispiel lassen sich auch die Merkmale der *konkreten Aktivierungsfähigkeit* wie folgt prüfen:
Frage: *Ausdrückliches Bilanzierungsverbot?*
Antwort: Nein, der entgeltlich erworbene Pkw muss beim Käufer Maiers in der Bilanz aktiviert werden.

Frage: *Zuordnung zum Betriebsvermögen?*
Antwort: Ja, der Pkw muss wegen der betrieblichen Nutzung von mehr als 50 % beim Erwerber Maiers in der Bilanz aktiviert werden. Er dient nicht nur ausschließlich zur Steigerung des Geschäfts- oder Firmenwertes.
Frage: *Subjektive Zurechenbarkeit?*
Antwort: Ja, Maiers kann das Gut alleine nutzen und die Verwendung durch Dritte ausschließen.

Sommerweizen erkennt nun anhand des vorgenannten Beispiels, dass der Pkw bei Maiers zu aktivieren ist, da sowohl die *abstrakte* als auch die *konkrete Aktivierungsfähigkeit* gegeben ist.

6.4 Bilanzierungswahlrechte und -verbote

Die Frage nach Bilanzierungswahlrechten und -verboten findet der motivierte Unternehmer im Handelsgesetzbuch. Er weiß mittlerweile, dass er als bilanzierender Unternehmer gesetzlich zulässige Wahlrechte nutzen kann, um z. B. höhere Gewinne auszuweisen. Hierzu liest er folgende Vorschrift:

§ 248 HGB – Bilanzierungsverbote und –wahlrechte

(1) In die Bilanz dürfen nicht als Aktivposten aufgenommen werden:
   1. Aufwendungen für die Gründung eines Unternehmens,
   2. Aufwendungen für die Beschaffung des Eigenkapitals und
   3. Aufwendungen für den Abschluss von Versicherungsverträgen.
(2) Selbst geschaffene immaterielle Vermögensgegenstände des Anlagevermögens können als Aktivposten in die Bilanz aufgenommen werden. Nicht aufgenommen werden dürfen selbst geschaffene Marken, Drucktitel, Verlagsrechte, Kundenlisten oder vergleichbare immaterielle Vermögensgegenstände des Anlagevermögens [5].

Sommerweizen erinnert sich an das letzte Gespräch mit seinem Freund Uwe Meister. Der wissbegierige Autohändler äußerte damals den Wunsch, einen möglichst hohen Gewinn (in der Handelsbilanz) ausweisen zu wollen. Hier empfahl ihm sein Freund Uwe, die selbst erstellte Website zu aktivieren anstatt den Aufwand Gewinn mindernd in der GuV zu belassen. Carlo überlegt und stellt nach Lesen der Vorschrift im HGB fest, dass er ja aufgrund des § 248 (2) HGB dieses Wahlrecht tatsächlich hat.

Sein Steuerberater weist Carlo jedoch darauf hin, dass es noch eine *steuerliche Vorschrift* gibt, die den Ansatz der Kosten für die selbst erstellte Website verbietet:

§ 5 EStG – Gewinn bei Kaufleuten und bei bestimmten anderen Gewerbetreibenden

[…] (2) Für immaterielle Wirtschaftsgüter des Anlagevermögens ist ein Aktivposten nur anzusetzen, wenn sie entgeltlich erworben wurden […] [1].

Sommerweizen hat sich ja im Vorfeld mit den unterschiedlichen Zielsetzungen der Bilanzen vertraut gemacht. Somit kann er nachvollziehen, dass das Ergebnis in Handels- und Steuerbilanz nun unterschiedlich hoch ausfallen muss, wenn er sich für die Aktivierung eines immateriellen (nicht greifbaren Vermögensgegenstandes) in der Handelsbilanz entscheidet.

Da er sich lediglich mit den Grundlagen auseinandersetzen möchte, verzichtet der motivierte Autohändler auf weitere Details zu diesem Thema. Er weiß nun, dass es Sachverhalte gibt, die in der Bilanz aktiviert werden dürfen und solche, deren Aktivierung ausdrücklich verboten ist. Im Bedarfsfall weiß Sommerweizen, dass § 248 HGB ihm die notwendigen Antworten liefert.

6.5 Zusammenfassende Lernkontrolle

Im Folgenden werden zunächst mit Hilfe von Kontrollfragen die Inhalte des bisherigen Kapitels wiederholt. Die Lösungen hierzu dienen als Vorschläge zur Lösung dieser Fragen.

Hieran schließen sich Übungsaufgaben an, die das erworbene oder aufgefrischte Wissen vertiefen sollen.

6.5.1 Kontrollfragen

1. Was versteht das Handelsrecht unter der Zugangsbewertung?
2. Was ist unter der handelsrechtlichen *Folgebewertung* zu verstehen?
3. Wo ist der handelsrechtliche Begriff der *Anschaffungskosten* geregelt?
4. Wo ist der handelsrechtliche Begriff der *Herstellungskosten* geregelt?
5. Nennen Sie bitte zwei unterschiedliche Abschreibungsarten.
6. Wie nennt man die *fortgeführten Anschaffungskosten* noch?
7. Wo findet man im HGB die *Bilanzierungsverbote und -wahlrechte*?
8. Nennen Sie ein handelsrechtliches *Bilanzierungsverbot*.

6.5.2 Lösungen zu den Kontrollfragen

1. Mit Zugangsbewertung bezeichnet man z. B. die Bewertung eines Vermögensgegenstandes, welcher erstmalig in der Bilanz auf der Aktivseite ausgewiesen wird. Dieses Gut kann mit den *Anschaffungskosten* (bei entgeltlichem Erwerb), mit den *Herstellungskosten* (im Falle der eigenen Produktion) oder mit dem *Einlagewert* bewertet werden (siehe auch § 253 HGB).
2. Hierunter versteht das Handelsrecht die Differenz von *Zugangswert* und *Abschreibungen* z. B. eines Vermögensgegenstandes (siehe auch § 253 HGB).
3. § 255 (1) HGB
4. § 255 (2) HGB
5. *Planmäßige* Abschreibung und *außerplanmäßige* (unvorhergesehene) Abschreibung
6. *Restbuchwert*
7. § 248 HGB
8. Aufwendungen für die Gründung eines Unternehmens (siehe § 248 (1) Nr. 1 HGB)

6.5.3 Übungen

1. Richtig oder Falsch? Bitte beantworten Sie nachfolgende Aussagen mit Richtig oder Falsch.
   a) Bei Kauf eines Anlagengutes sind stets die fortgeführten Anschaffungskosten zu aktivieren.
   b) Bei Kauf eines Anlagengutes sind stets die Herstellungskosten zu aktiveren.
   c) Bei Herstellung eines Anlagengutes sind stets die Anschaffungskosten zu aktivieren.
   d) Fortgeführte Anschaffungskosten bezeichnet man auch als Restbuchwert.
   e) Zu den klassischen Bewertungsmaßstäben zählen Anschaffungskosten und Herstellungskosten.
   f) Das Bilanzierungswahlrecht findet sich im § 248 BGB.
2. Erläutern Sie bitte den Unterschied zwischen *Zugangs-* und *Folgebewertung*.
3. Nennen Sie bitte zwei Beispiele für *aktivierungsfähige Vermögensgegenstände*.
4. Was passiert im Rahmen der Buchhaltung mit den Kosten, die nicht aktiviert werden dürfen?
5. Was passiert mit dem betrieblichen Ergebnis (Gewinn/Verlust), wenn Kosten aktiviert werden, anstatt diese als Aufwand innerhalb der Gewinn- und Verlustrechnung auszuweisen?

6.5 Zusammenfassende Lernkontrolle

6. Was verstehen Sie unter Zugangs-, was unter der Folgebewertung?
7. Stellen Sie aus Ihrem Gedächtnis die allgemeine Formel für die Anschaffungskosten im Sinne des 255 (1) HGB dar.
8. Stellen Sie auch anhand des § 255 (2) HGB die Definition des Begriffes *Herstellungskosten* grafisch dar. Gehen Sie hierbei auch auf die Einzel- und Gemeinkosten separat ein.
9. Bitte ermitteln Sie die Anschaffungskosten für nachfolgenden Sachverhalt:
   Sachverhalt: Der bilanzierende Heribert Rose (Buchhändler) kauft ein unbebautes Grundstück (Betriebsvermögen) zum Kaufpreis von 110.500,00 EUR. Die Anschaffungsnebenkosten (Notarkosten, Grunderwerbsteuer u. a.) können dem Grundstück einzeln zugeordnet werden (Einzelkosten). Sie belaufen sich auf insgesamt 10.300,00 EUR.
10. Bitte ermitteln Sie die Herstellungskosten für nachfolgenden Sachverhalt:
    Sachverhalt: Der bilanzierende Schreiner Tim Starke stellt für seinen eigenen Betrieb einen Büroschrank her. Für die Herstellung entstehen ihm Kosten für Holz und sonstige Rohstoffe in Höhe von 400,00 EUR (MEK); die Fertigungslöhne belaufen sich auf 800,00 EUR (FEK). An Gemeinkosten für Fertigung und Material entstehen ihm insgesamt 260,00 EUR (GK). Die sonstigen Verwaltungskosten (VerwK) belaufen sich auf 170,00 EUR. Schreiner Starke möchte einen möglichst hohen Gewinn ausweisen. Welchen Ansatz wird er wählen?
11. Bitte klären Sie für nachfolgenden Sachverhalt, ob abstrakte Aktivierungsfähigkeit gegeben ist.
    Sachverhalt:
    Unternehmer Ottmann (Veräußerung von Musterhäusern) verkauft ein unbebautes betriebliches Grundstück, auf dem in Kürze ein neues Betriebsgebäude erbaut werden soll, an Unternehmer Maiers (bilanzierender Unternehmer), der das Grundstück zu 100 % betrieblich nutzen wird. Liegt hinsichtlich der Aktivierung des Anlagegutes bei Maiers abstrakte Aktivierungsfähigkeit vor?
12. Bitte klären Sie für nachfolgenden Sachverhalt, ob konkrete Aktivierungsfähigkeit gegeben ist.
    Sachverhalt:
    Unternehmer Ottmann (Veräußerung von Musterhäusern) verkauft ein unbebautes Grundstück (Anlagevermögen) an Unternehmer Maiers (bilanzierender Unternehmer), der das Grundstück zu 100 % unternehmerisch nutzen möchte. Liegt hinsichtlich der Aktivierung des Anlagegutes bei Maiers konkrete Aktivierungsfähigkeit vor?
13. Bitte kreuzen Sie die korrekte Antwort an (Tab. 6.4 *Multiple Choice zu Kap. 6*):

Tab. 6.4 Multiple Choice zu Kap. 6

Nr.	Aussage	Richtig	Falsch
1.	Die Zugangsbewertung kann z. B. in Form der Anschaffungs- oder Herstellungskosten bestehen		
2.	Unter fortgeführten Anschaffungskosten versteht man die Anschaffungskosten abzüglich der Abschreibung		
3.	AfA (Absetzung für Abnutzung) ist identisch mit dem handelsrechtlichen Begriff der Abschreibung		
4.	Handelsrechtliche Bilanzierungsverbote finden sich im § 249 HGB		
5.	§ 248 HGB beinhaltet handelsrechtliche Bilanzierungswahlrechte		

6.5.4 Lösungen zu den Übungen

1. Folgende Antworten sind korrekt:
   a) Falsch
   b) Falsch
   c) Falsch
   d) Richtig
   e) Richtig
   f) Falsch
2. Bei der Zugangsbewertung, die auch als *Erstbewertung* bezeichnet wird, erfasst man z. B. bei Kauf eines Anlagengutes die *Anschaffungskosten*, bei Herstellung die *Herstellungskosten*. Im Rahmen der *Folgebewertung* zieht man von den Anschaffungs-/Herstellungskosten der abnutzbaren Güter die Abschreibungen ab. In den nachfolgenden Jahren werden von den *Restbuchwerten* die jeweiligen Wertminderungen (Abschreibungen) subtrahiert. Bei nicht abnutzbaren Gütern entspricht die Folgebewertung in der Regel der Erstbewertung.
3. Gebäude, Fuhrpark
4. Die Kosten werden als Aufwand in der Gewinn- und Verlustrechnung erfasst. Das Ergebnis steigt.
5. Zugangs- und Folgebewertung können wie folgt definiert werden:
   Erstbewertung (auch Zugangsbewertung) Hinsichtlich der Zugangsbewertung handelt es sich um die Aufnahme von Vermögensgegenständen und Schulden mit einem Zugangswert, wie z. B. Anschaffungs- oder Herstellungskosten bei den Vermögensgegenständen und Erfüllungsbeträgen bei Verbindlichkeiten

6.5 Zusammenfassende Lernkontrolle

Folgebewertung Bei der Folgebewertung handelt es sich grundsätzlich um die sogenannten fortgeführten Anschaffungs- oder Herstellungskosten oder Restbuchwert. Eventuelle Abschreibungen wurden an dieser Stelle berücksichtigt

6. Die Anschaffungskosten im Sinne des § 255 (1) HGB können wie in Tab. 6.5 dargestellt werden.
Er stellt diese Vorschrift vereinfacht dar (Tab. 6.5).

Tab. 6.5 Definition der Anschaffungskosten nach Handelsrecht

	Kaufpreis
+	Anschaffungsnebenkosten (z. B. Fracht, Versicherung)
./.	Preisnachlässe (z. B. Rabatte, Boni, Skonti)
+	Nicht abzugsfähige Vorsteuer
+	Nachträgliche Anschaffungskosten
=	**Anschaffungskosten**

7. Das Schema in Tab. 6.6 kann zur Hilfe genommen werden, wenn es um die Ermittlung der Herstellungskosten geht.

Tab. 6.6 Definition der Herstellungskosten nach Handelsrecht

Materialeinzelkosten (z. B. Rohstoffkosten)
Materialgemeinkosten (z. B. Kosten für Verpackung)
Fertigungseinzelkosten (z. B. Fertigungslöhne)
Fertigungsgemeinkosten (z. B. Energiekosten)
Sondereinzelkosten der Fertigung (z. B. Spezialwerkzeug)
Werteverzehr des Anlagevermögens, sofern auf Herstellungszeitraum entfallend
Herstellungskosten-Untergrenze (Mindestansatz)
Allgemeine Verwaltungskosten
Aufwendungen für soziale Einrichtungen des Betriebs
Aufwendungen für freiwillige soziale Leistungen
Aufwendungen für die betriebliche Altersversorgung
Forschungskosten
Vertriebskosten
Herstellungskosten-Obergrenze (Höchstansatz)

8. Und nun die Herstellungskosten mit der Zuordnung Wahlrecht, Verbot, Pflicht (siehe Tab. 6.7).

Tab. 6.7 Definition der Herstellungskosten nach Handelsrecht

	Materialeinzelkosten (z. B. Rohstoffkosten)	Pflichtbestandteil
+	Materialgemeinkosten (z. B. Kosten für Verpackung)	Pflichtbestandteil
+	Fertigungseinzelkosten (z. B. Fertigungslöhne)	Pflichtbestandteil
+	Fertigungsgemeinkosten (z. B. Energiekosten)	Pflichtbestandteil
+	Sondereinzelkosten der Fertigung (z. B. Spezialwerkzeug)	Pflichtbestandteil
+	Werteverzehr des Anlagevermögens, sofern auf Herstellungszeitraum entfallend	Pflichtbestandteil
	Herstellungskosten-Untergrenze (Mindestansatz)	
(+)	Allgemeine Verwaltungskosten	Wahlrecht
(+)	Aufwendungen für soziale Einrichtungen des Betriebs	Wahlrecht
(+)	Aufwendungen für freiwillige soziale Leistungen	Wahlrecht
(+)	Aufwendungen für die betriebliche Altersversorgung	Wahlrecht
XX	Forschungskosten	Verbot
XX	Vertriebskosten	Verbot
	Herstellungskosten-Obergrenze (Höchstansatz, ohne Forschungs- und Vertriebskosten)	

9. Zur Ermittlung der Anschaffungskosten sind Kaufpreis und Anschaffungsnebenkosten zu addieren. Sommerweizen ermittelt die Anschaffungskosten auf 120.800,00 EUR (110.500,00 EUR + 10.300,00 EUR). Dieser Wert wird in der Bilanz von Unternehmer Rose aktiviert, also auf der Aktivseite erfasst.
10. Folgendes Ergebnis ist aufgrund des Sachverhaltes zu ermitteln: 400,00 EUR (MEK) + 800,00 EUR (FEK) + 260,00 EUR (GK) + 170,00 (VerwK) = 1.630,00 EUR (HK). Die Verwaltungskosten sind im vorliegenden Beispiel freiwillig zu aktivieren, um den höchstmöglichen Gewinn zu realisieren.
11. Die abstrakte Aktivierungsfähigkeit des Grundstücks kann wie folgt geprüft werden:
Frage: *Besteht wirtschaftlicher Nutzen über das Wirtschaftsjahr hinaus?*
Antwort: Ja, denn das Grundstück dient nicht nur vorübergehend dem betrieblichen Zweck.
Frage: *Besteht bilanzielle Greifbarkeit?*
Antwort: Ja, das Grundstück muss bei Maiers in der Bilanz aktiviert werden. Es dient nicht nur

ausschließlich zur Steigerung des Geschäfts- oder Firmenwertes.
Frage: *Existiert selbstständige Bewertbarkeit?*
Antwort: Ja, das Grundstück kann selbstständig bewertet werden. Somit ist das Grundstück abstrakt aktivierungsfähig.

12. Folgende Antwort ist zur Ermittlung der konkreten Bilanzierungsfähigkeit denkbar:
Frage: *Besteht ausdrückliches Bilanzierungsverbot?*
Antwort: Nein, das entgeltlich erworbene Grundstück muss beim Käufer Maiers in der Bilanz aktiviert werden.
Frage: *Erfolgt eine Zuordnung zum Betriebsvermögen?*
Antwort: Ja, das Grundstück muss wegen der betrieblichen Nutzung von mehr als 50 % beim Erwerber Maiers in der Bilanz aktiviert werden. Er dient nicht nur ausschließlich zur Steigerung des Geschäfts- oder Firmenwertes.
Frage: *Kann das Grundstück subjektive zugerechnet werden?*
Antwort: Ja, Maiers kann das Gut alleine nutzen und die Verwendung durch Dritte ausschließen. Somit ist das Grundstück auch konkret aktivierungsfähig.

13. Die Antworten in Tab. 6.8 *(Multiple Choice zu Kap. 6)* sind korrekt.

Tab. 6.8 Multiple Choice zu Kap. 6

Nr.	Aussage	Richtig	Falsch
1.	Die Zugangsbewertung kann z. B. in Form der Anschaffungs- oder Herstellungskosten bestehen	x	
2.	Unter fortgeführten Anschaffungskosten versteht man die Anschaffungskosten abzüglich der Abschreibung	x	
3.	AfA (Absetzung für Abnutzung) ist identisch mit dem handelsrechtlichen Begriff der Abschreibung	x	
4.	Handelsrechtliche Bilanzierungsverbote finden sich im § 249 HGB		x
5.	§ 248 HGB beinhaltet handelsrechtliche Bilanzierungswahlrechte	x	

Literatur

Homepage des Bundesjustizministeriums

1. https://www.gesetze-im-internet.de/estg/__5.html. Zugegriffen: 18. Apr. 2016
2. https://www.gesetze-im-internet.de/ao_1977/__39.html. Zugegriffen: 18. Apr. 2016

3. https://www.gesetze-im-internet.de/hgb/__253.html. Zugegriffen: 18. Apr. 2016
4. https://www.gesetze-im-internet.de/hgb/__255.html. Zugegriffen: 27. Apr. 2016
5. https://www.gesetze-im-internet.de/hgb/__248.html. Zugegriffen: 27. Apr. 2016
6. https://www.gesetze-im-internet.de/bgb/__248.html. Zugegriffen: 9. Mai 2016

7 Umsatzsteuer und Vorsteuer – allgemeine Anmerkungen

Zusammenfassung

Carlo Sommerweizen hat sich bereits im Rahmen seiner Recherche mit den Betriebssteuern und auch der Buchführung mit dem spannenden Thema Umsatzsteuer beschäftigt. Er schaut sich im Rahmen dieses Kapitels daher nur noch einmal die wichtigen Aspekte an, die für Zwecke der Bilanzierung relevant sind. Im Anschluss an seine Recherche wird sich Sommerweizen anhand von Kontrollfragen und Übungen einen Überblick über seinen aktuellen Kenntnisstand verschaffen.

Carlo Sommerweizen hat sich bereits im Rahmen seiner Recherche mit den Betriebssteuern und auch der Buchführung mit dem spannenden Thema Umsatzsteuer beschäftigt. Er schaut sich im Rahmen dieses Kapitels daher nur noch einmal die wichtigen Aspekte an, die für Zwecke der Bilanzierung relevant sind. Auslandsgeschäfte lässt er hierbei außen vor, da dies den Rahmen seiner Recherchen sprengen würde.

Sommerweizen nimmt sich zunächst noch einmal die wichtigsten Definitionen relevanter Fachbegriffe im Rahmen des Umsatzsteuerrechts vor:

7.1 Wichtige Definitionen

ELSTER = Elektronische Steuererklärung; Modul zur elektronischen Übermittlung von Steuererklärungen.

Umsatzsteuer-Traglast = Betrag der Umsatzsteuer, welcher auf den Nettoerlös (Entgelt) berechnet wird.

Umsatzsteuer-Zahllast = verbleibender Umsatzsteuer-Betrag, der an die Finanzbehörde nach Anmeldung zu bezahlen ist. Die Umsatzsteuer-Traglast ist der Saldo aus Umsatzsteuer-Traglast und Vorsteuer.

Voranmeldungszeitraum = Zeitraum, für den eine Umsatzsteuer-Voranmeldung zu erstellen und dem Finanzamt zu übermitteln ist.

Vorsteuer Die Vorsteuer ist eine Forderung des vorsteuerabzugsberechtigten Unternehmers gegenüber dem Finanzamt. Sie kann bei Vorlage einer ordnungsgemäßen Rechnung im Sinne des Umsatzsteuerrechts mit der Umsatzsteuer-Traglast verrechnet und somit von der zuständigen Finanzbehörde zurückgefordert werden.

Vorsteuer-Überhang Beim Vorsteuer-Überhang ist die Höhe der Umsatzsteuer-Traglast niedriger als die Höhe der abzugsfähigen Vorsteuer. Das Finanzamt zahlt unter Vorbehalt der Nachprüfung den Guthabenbetrag auf der Basis der Umsatzsteuer-Voranmeldung zurück.

7.2 Überblick einfaches Umsatzsteuer-System im Inland

Carlo Sommerweizen kennt zwar mittlerweile das System, aber zur Sicherheit schaut er sich noch einmal genau die Vorgehensweise anhand des Schaubildes an, welches er seinem letzten (Steuer-) Lehrbuch[1] entnimmt (Abb. 7.1).

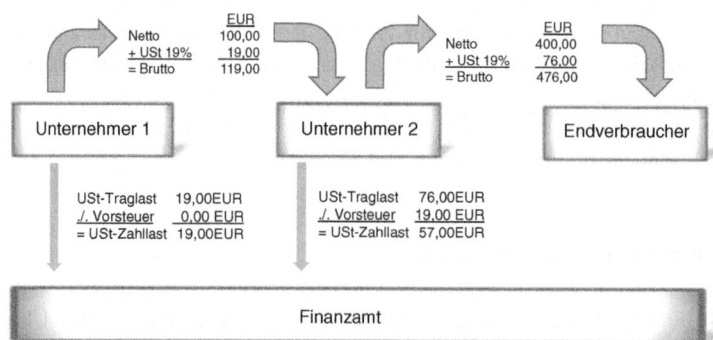

Abb. 7.1 Umsatzsteuer-System im Inland

---

[1]Nickenig, Karin (2018). Praxislehrbuch Steuerrecht. Schneller Einstieg in die gesetzlichen Grundlagen. 3. Auflage. Wiesbaden: Springer Gabler, S. 72.

Diese Abbildung ist Carlo Sommerweizen durchaus bekannt, da es ja auch ein Teil seines Tagesgeschäftes darstellt.

Er weiß, dass er als umsatzsteuerpflichtiger Unternehmer stets die *Umsatzsteuer* (Traglast) in der Ausgangsrechnung ausweisen muss, sofern es sich um einen steuerpflichtigen Umsatz handelt. Er vergleicht sich hier mit dem Unternehmer U1.

Die *Vorsteuer* (= Umsatzsteuer in einer Eingangsrechnung) kann er bei Kauf von Waren oder Dienstleistungen für sein Unternehmen von der Traglast abziehen, sofern er über eine ordnungsgemäße Rechnung verfügt.

Zum Fälligkeitstermin hat Carlo Sommerweizen stets die Umsatzsteuer-Voranmeldung an sein Finanzamt per ELSTER zu übermitteln. Hierin hat er die Umsatzsteuer-Traglast mit der abziehbaren Vorsteuer verrechnet.

Ist die Traglast im betrachteten Voranmeldungszeitraum höher als die abziehbare Vorsteuer, erhält man eine Umsatzsteuer-Zahllast, die der Finanzbehörde pünktlich zu zahlen ist. Übersteigt hingegen der Vorsteuerbetrag die Traglast, kann sich der Steuerpflichtige zum Fälligkeitstermin auf die Erstattung des überschüssigen Betrages freuen.

Der Kunde (sofern er ebenfalls umsatzsteuerpflichtiger Unternehmer ist), muss ebenfalls seinen umsatzsteuerlichen Verpflichtungen nachkommen und die Umsatzsteuer-Voranmeldung pünktlich zu seiner Finanzbehörde senden und den Ausgleich der offenen Steuerbeträge überwachen.

Sollte der Kunde ein Endverbraucher sein, welcher keine umsatzsteuerpflichtigen Umsätze ausführt, ist auch der Vorsteuerabzug ausgeschlossen. Der Endverbraucher trägt schlussendlich den gesamten Bruttobetrag.

Carlo Sommerweizen kann sich noch gut an seine Recherchen im Rahmen der Betriebssteuern und der Buchführung erinnern. Er weiß, dass die Umsatzsteuer eine bedeutende Einnahmenquelle für den Staat darstellt. Die Umsatzsteuer ist für fast jeden umsatzsteuerpflichtigen Unternehmer ein durchlaufender Posten, durch den er wirtschaftlich nicht belastet wird. Die wirtschaftliche Belastung trifft stets den Endverbraucher ohne Vorsteuerabzugsmöglichkeit.

7.3 Umsatzsteuer-Voranmeldung

Sommerweizen wiederholt noch einmal einige wichtige Punkte zum Thema Umsatzsteuer-Voranmeldung.

Alle Voranmeldungen, also auch die Umsatzsteuer-Voranmeldung, stehen einer *Steuerfestsetzung unter Vorbehalt der Nachprüfung* gleich, wie Sommerweizen mittlerweile gelernt hat. Dieses liest er auch noch einmal in der Abgabenordnung (AO) nach:

§ 168 AO – Wirkung einer Steueranmeldung

Eine Steueranmeldung steht einer Steuerfestsetzung unter Vorbehalt der Nachprüfung gleich. Führt die Steueranmeldung zu einer Herabsetzung der bisher zu entrichtenden Steuer oder zu einer Steuervergütung, so gilt Satz 1 erst, wenn die Finanzbehörde zustimmt. Die Zustimmung bedarf keiner Form [1].

Sommerweizen denkt an die Vorgehensweise hinsichtlich der Erstellung und Berechnung seiner Umsatzsteuer-Voranmeldungen nach:

Beispiel 7.3.1 – Umsatzsteuer-Voranmeldung

Carlo Sommerweizen erzielte im Mai 03 steuerpflichtige Umsätze in Höhe von netto 100.000,00 EUR (Entgelt). Da er nach vereinbarten Entgelten versteuert, ist der Zahlungseingang für die Umsatzversteuerung nicht relevant. Für Wareneinkäufe und umsatzsteuerpflichtige Dienstleistungen zahlte der fleißige Einzelunternehmer insgesamt 7500,00 EUR Vorsteuer. Die Berechnung seiner Zahllast ergibt sich aus Tab. 7.1:

Tab. 7.1 Berechnung der Umsatzsteuer-Zahllast im Rahmen der Voranmeldung

Nettoumsatz (Bemessungsgrundlage, § 10 UStG)	100.000,00 EUR	
x 19 % USt		19.000,00 EUR
Abzüglich der Vorsteuer (§ 15 UStG)		*7500,00 EUR*
= Umsatzsteuer-Zahllast		12.500,00 EUR

Da der motivierte Unternehmer seine Pflichten kennt, übermittelt er zum 10. Juni 03 die Voranmeldung per ELSTER und sorgt für die fristgerechte Zahlung am Fälligkeitstag.

Der Autohändler erinnert sich noch sehr gut an das Besteuerungsverfahren im Sinne des § 18 UStG.

§ 18 UStG – Besteuerungsverfahren

(1) Der Unternehmer hat bis zum 10. Tag nach Ablauf jedes Voranmeldungszeitraums eine Voranmeldung nach amtlich vorgeschriebenem Datensatz durch Datenfernübertragung nach Maßgabe der Steuerdaten-Übermittlungsverordnung zu übermitteln, in der er die Steuer für den Voranmeldungszeitraum (Vorauszahlung) selbst zu berechnen hat. Auf Antrag kann das Finanzamt zur Vermeidung von unbilligen Härten auf eine elektronische Übermittlung verzichten; in diesem Fall hat der Unternehmer eine Voranmeldung nach amtlich vorgeschriebenem Vordruck abzugeben. [...] Die Vorauszahlung ist am 10. Tag nach Ablauf des Voranmeldungszeitraums fällig [...] [2].

Aufgrund seiner hohen Umsätze ist Carlo Sommerweizen dazu verpflichtet, monatlich seinen umsatzsteuerlichen Verpflichtungen nachzukommen. Alles weitere zu diesem Thema interessiert ihn aktuell weniger. Er schaut sich lieber noch einmal die Vorschrift zum Thema *Vorsteuerabzug* (§ 15 UStG) an.

7.4 Der Vorsteuerabzug nach § 15 UStG

Carlo Sommerweizen hat sich ja bereits in seinem bisherigen Eigenstudium zum Thema Buchführung und Betriebssteuern mit diesem spannenden und komplexen Bereich beschäftigt. Dennoch schaut er sich zum wiederholten Mal die Vorschrift des § 15 UStG an:

§ 15 UStG – Vorsteuerabzug

(1) Der Unternehmer kann die folgenden Vorsteuerbeträge abziehen:
1. die gesetzlich geschuldete Steuer für Lieferungen und sonstige Leistungen, die von einem anderen Unternehmer für sein Unternehmen ausgeführt worden sind. Die Ausübung des Vorsteuerabzugs setzt voraus, dass der Unternehmer eine nach den §§ 14, 14a [7] ausgestellte Rechnung besitzt. Soweit der gesondert ausgewiesene Steuerbetrag auf eine Zahlung vor Ausführung dieser Umsätze entfällt, ist er bereits abziehbar, wenn die Rechnung vorliegt und die Zahlung geleistet worden ist; [...] [6].

Er zieht als Fazit, dass er als vorsteuerabzugsberechtigter Unternehmer stets die Vorsteuerbeträge vom Finanzamt im Rahmen der Umsatzsteuer-Voranmeldung zurückfordern kann, sofern er über eine ordnungsgemäße Rechnung im Sinne des § 14 bzw. § 14a UStG verfügt.

Das heißt, er muss im Rahmen seiner Buchführung stets darauf achten, dass die Eingangsrechnungen alle erforderlichen Merkmale im Sinne des Umsatzsteuerrechts beinhalten, damit er nicht auf den Abzug der Vorsteuerbeträge verzichten muss. Er liest sich noch einmal die relevante Vorschrift des § 14 UStG durch, um sicherzugehen, dass er nichts übersehen hat. Er startet zunächst mit dem ersten Absatz dieser sehr wichtigen Vorschrift, die da lautet:

§ 14 UStG – Ausstellung von Rechnungen

(1) Rechnung ist jedes Dokument, mit dem über eine Lieferung oder sonstige Leistung abgerechnet wird, […]. Die Echtheit der Herkunft der Rechnung, die Unversehrtheit ihres Inhalts und ihre Lesbarkeit müssen gewährleistet werden. Echtheit der Herkunft bedeutet die Sicherheit der Identität des Rechnungsausstellers. Unversehrtheit des Inhalts bedeutet, dass die nach diesem Gesetz erforderlichen Angaben nicht geändert wurden. Jeder Unternehmer legt fest, in welcher Weise die Echtheit der Herkunft, die Unversehrtheit des Inhalts und die Lesbarkeit der Rechnung gewährleistet werden. Dies kann durch jegliche innerbetriebliche Kontrollverfahren erreicht werden, die einen verlässlichen Prüfpfad zwischen Rechnung und Leistung schaffen können. Rechnungen sind auf Papier oder vorbehaltlich der Zustimmung des Empfängers elektronisch zu übermitteln. Eine elektronische Rechnung ist eine Rechnung, die in einem elektronischen Format ausgestellt und empfangen wird […] [3].

Der motivierte Autohändler fasst für sich noch einmal die wichtigsten Punkte des vorgenannten Absatzes zusammen. Bei einer Rechnung, die zum Vorsteuerabzug dienen soll, ist folgendes zu beachten:

- *Echtheit* der Herkunft (Herkunft muss verifiziert (bestätigt) werden.)
- *Unversehrtheit* des Inhalts (Die Rechnung ist ein Dokument, welches nur vom Aussteller geändert werden darf, niemals vom Empfänger!!)
- *Lesbarkeit* der Rechnung (Die Rechnung muss über einen Zeitraum von 10 Jahren lesbar aufbewahrt werden. Dieses kann entweder in physischer oder in elektronischer Form erfolgen.)
- Nachweis durch innerbetriebliches Kontrollverfahren
- Rechnungen werden *auf Papier* oder *elektronisch* akzeptiert.

Außerdem sind ja noch die Merkmale im Sinne des § 14 (4) UStG interessant, die vor Erfassung der Rechnung in das Datenverarbeitungssystem unbedingt überprüft werden sollten:

§ 14 UStG – Ausstellung von Rechnungen

[…] (4) Eine Rechnung muss folgende Angaben enthalten:

1. den vollständigen Namen und die vollständige Anschrift des leistenden Unternehmers und des Leistungsempfängers,
2. die dem leistenden Unternehmer vom Finanzamt erteilte Steuernummer oder die ihm vom Bundeszentralamt für Steuern erteilte Umsatzsteuer-Identifikationsnummer,
3. das Ausstellungsdatum,
4. eine fortlaufende Nummer […], die zur Identifizierung der Rechnung vom Rechnungsaussteller einmalig vergeben wird (Rechnungsnummer),
5. die Menge und die Art (handelsübliche Bezeichnung) der gelieferten Gegenstände oder den Umfang und die Art der sonstigen Leistung,
6. den Zeitpunkt der Lieferung oder sonstigen Leistung; […] den Zeitpunkt der Vereinnahmung des Entgelts oder eines Teils des Entgelts, sofern der Zeitpunkt der Vereinnahmung feststeht und nicht mit dem Ausstellungsdatum der Rechnung übereinstimmt,
7. das nach Steuersätzen und einzelnen Steuerbefreiungen aufgeschlüsselte Entgelt für die Lieferung oder sonstige Leistung (§ 10) sowie jede im Voraus vereinbarte Minderung des Entgelts, sofern sie nicht bereits im Entgelt berücksichtigt ist,
8. den anzuwendenden Steuersatz sowie den auf das Entgelt entfallenden Steuerbetrag oder im Fall einer Steuerbefreiung einen Hinweis darauf, dass für die Lieferung oder sonstige Leistung eine Steuerbefreiung gilt,
9. in den Fällen des § 14b Abs. 1 Satz 5 [8] einen Hinweis auf die Aufbewahrungspflicht des Leistungsempfängers und
10. in den Fällen der Ausstellung der Rechnung durch den Leistungsempfänger oder durch einen von ihm beauftragten Dritten gemäß Absatz 2 Satz 2 die Angabe „Gutschrift" […] [3].

An diese Vorgaben kann sich Carlo Sommerweizen noch gut erinnern, schließlich liest er diese Vorschrift mindestens zum dritten Mal und hat auch im Tagesgeschäft regelmäßig mit Prüfung von Eingangsrechnungen zu tun. Aber wie er weiß, Wiederholung schadet nicht. Sein Steuerberater Glaube gibt ihm hierzu nochmals den Hinweis:

▶ Fehlt einer der Merkmale im Sinne des § 14 (4) UStG oder ist ein Merkmal innerhalb der Eingangsrechnung fehlerhaft, dann ist der Vorsteuerabzug nicht mehr durchzuführen!

Es muss eine Rechnungskorrektur durch den Rechnungsaussteller erfolgen!

Sommerweizen überlegt, dass er ja eine ganze Reihe von *Eingangsrechnungen* für die Fahrzeuge bekommt, die er an Kunden weiterveräußern möchte. Wären diese fehlerhaft, müsste er (zunächst) auf den Vorsteuerabzug verzichten, bis er eine korrekte Rechnung vom Aussteller erhält.

Der wissbegierige Unternehmer liest in diesem Zusammenhang auch noch einmal die Vorschrift hierzu, die für ihn vielleicht auch einmal eine wichtige Rolle spielen könnte:

§ 14c – Unrichtiger oder unberechtigter Steuerausweis

(1) Hat der Unternehmer in einer Rechnung für eine Lieferung oder sonstige Leistung einen höheren Steuerbetrag, als er nach diesem Gesetz für den Umsatz schuldet, gesondert ausgewiesen (unrichtiger Steuerausweis), schuldet er auch den Mehrbetrag. [...]

(2) Wer in einer Rechnung einen Steuerbetrag gesondert ausweist, obwohl er zum gesonderten Ausweis der Steuer nicht berechtigt ist (unberechtigter Steuerausweis), schuldet den ausgewiesenen Betrag. [...] Der [...] geschuldete Steuerbetrag kann berichtigt werden, soweit die Gefährdung des Steueraufkommens beseitigt worden ist [...] [4].

Sommerweizen überlegt, wann denn nun die Gefährdung des Steueraufkommens beseitigt erscheint und liest daher weiter im Text:

§ 14c – Unrichtiger oder unberechtigter Steuerausweis

(2) [...] Die Gefährdung des Steueraufkommens ist beseitigt, wenn ein Vorsteuerabzug beim Empfänger der Rechnung nicht durchgeführt oder die geltend gemachte Vorsteuer an die Finanzbehörde zurückgezahlt worden ist. Die Berichtigung des geschuldeten Steuerbetrags ist beim Finanzamt gesondert schriftlich zu beantragen und nach dessen Zustimmung in entsprechender Anwendung des § 17 Abs. 1 [5] für den Besteuerungszeitraum vorzunehmen, [...] [4].

Sommerweizen informiert umgehend seinen neuen Buchhalter (Herrn Fuchs) über diese wichtigen Vorgaben, die dieser jedoch schon kannte. Er trägt ihm auf, jede *Eingangsrechnung* auf die vorgenannten Merkmale im Sinne des § 14 (4) UStG zu überprüfen und bei Fehlerhaftigkeit, eine Rechnungskorrektur beim Aussteller zu beantragen. Buchhalter Fuchs erwidert seinem Arbeitgeber, dass er sicher sein könnte, dass er die Prüfung durchführe. Er achte auch stets darauf, dass die Ausgangsrechnungen an Sommerweizens Kunden ebenfalls die vorgenannten Voraussetzungen erfüllen. Denn das Autohaus Sommerweizen hat auch vorsteuerabzugsberechtigte Käufer, die den Vorsteuerabzug bei Kauf eines Fahrzeugs ebenfalls geltend machen möchten.

Sommerweizen ist sehr zufrieden mit der Wahl seines neuen Mitarbeiters und schaut sich nun abschließend zu diesem Thema einige Kontrollfragen und Übungen an, die er, ohne lange nachzudenken, beantworten kann.

7.5 Zusammenfassende Lernkontrolle

Im Folgenden werden zunächst mit Hilfe von Kontrollfragen die Inhalte des bisherigen Kapitels wiederholt. Es handelt sich um Lösungsvorschläge.

Hieran schließen sich Übungsaufgaben an, die das erworbene oder aufgefrischte Wissen vertiefen sollen.

7.5.1 Kontrollfragen

1. Was versteht man unter einer *Umsatzsteuer-Traglast*?
2. Welche umsatzsteuerliche Vorschrift beschäftigt sich mit dem *Vorsteuerabzug*?
3. Was muss der vorsteuerabzugsberechtigte Unternehmer im Sinne des § 14 (1) UStG hinsichtlich der *Eingangsrechnung* gewährleisten?
4. Stimmt es, dass die Vorgaben im Sinne des § 14 UStG nur für Papierrechnungen gelten? Bitte begründen Sie kurz unter Angabe der gesetzlichen Vorschrift.
5. Wie ist eine Umsatzsteuer-Voranmeldung an das Finanzamt zu übermitteln?
6. Welche Vorschrift regelt, dass eine Steueranmeldung mit Wirkung „unter Vorbehalt der Nachprüfung" beim Finanzamt eingeht?

7.5.2 Lösungen zu den Kontrollfragen

1. Die *Umsatzsteuer-Traglast* ist die Umsatzsteuer auf den erzielten Erlös (auch Entgelt genannt).

2. § 15 UStG
3. Er muss gewährleisten die *Echtheit der Herkunft der Rechnung*, die *Unversehrtheit ihres Inhalts* und ihre *Lesbarkeit*.
4. Nein, die Vorgaben gelten auch für elektronische Rechnungen (siehe auch § 14 (1) UStG)
5. Per ELSTER (Elektronische Steuererklärung) ist die Umsatzsteuer-Voranmeldung an das Finanzamt zu übermitteln.
6. § 168 AO

7.5.3 Übungen

1. Welche Aussage ist korrekt?
   a) Die Umsatzsteuer ist eine Gemeinschaftssteuer.
   b) Die Umsatzsteuer ist eine Gemeindesteuer.
   c) Die Umsatzsteuer ist eine Gewerbesteuer.
   d) Aussage a) ist falsch.
2. Welche Aussagen sind falsch?
   a) Die Umsatzsteuer-Voranmeldung ist immer (ohne Ausnahme) monatlich abzugeben.
   b) Die Umsatzsteuer-Voranmeldung muss der Unternehmer nicht an das Finanzamt übermitteln, wenn er dies nicht möchte.
   c) Die Umsatzsteuer-Voranmeldung ist reine Erfindung.
   d) Die Umsatzsteuer-Voranmeldung muss von Existenzgründern zunächst monatlich an das Finanzamt übermittelt werden.
3. Bitte erläutern Sie das einfache System der Umsatzsteuer in Deutschland anhand einer Zeichnung und unter Verwendung der erforderlichen Fachbegriffe.
4. Nennen Sie bitte, ohne im Gesetz nachzuschauen, drei relevante Rechnungsmerkmale, die § 14 (4) UStG zwecks Vorsteuerabzugsmöglichkeit, vorschreibt.
5. Finden Sie den Fehler in der Rechnung in Abb. 7.2.

7.5 Zusammenfassende Lernkontrolle

Carlo Sommerwelzen e.K.

Autohandel
Achterbahnstr. 11, 12345 Neustadt
Tel. 01234-5678910 / Fax 01234-5678911

Herrn
Rainer Wahnsinn e.K.
Werkstatt für Luxuslimousinen
Wiesenstr. 3

12345 Musterhausen

Rg Nr : 101014

Kd Nr : 11502

Datum: 04.12.1016

St Nr : 12/345/6789

Rechnung

Sehr geehrter Herr Wahnsinn,

im Rahmen der von mir in Ihrem Auftrag durchgeführten

Lieferung: 1 Pkw der Marke „Flitzer". Artikelnummer: ABC123456789

an die: Fa. Rainer Wahnsinn e.K.
12345 Musterhausen, Wiesenstr. 3

am : 03.12.2016

bitte ich um Ausgleich folgender Beträge: EUR

Nettokaufpreis Fahrzeug	40.000,00
+ Umsatzsteuer 19%	7.800,00
Gesamt (brutto)	**47.600,00**

Ich bitte um Überweisung auf mein Konto (IBAN DE12 3456 7891 0111 2131 41) bei der Volksbank Neustadt, BIC VBNSDEF bis spätestens 02.01.2017.

Herzlichen Dank für den Auftrag!

Mit freundlichen Grüßen,

Carlo Sommerwelzen
-Geschäftsführer-

Abb. 7.2 Rechnungsprüfung

6. Christian Schlaumeier hat am 12.05.02 ein bebautes Grundstück zu einem Kaufpreis von 500.000,00 EUR erworben, welches zukünftig Betriebsvermögen sein soll. Lt. Vertrag gingen Nutzen und Lasten am 01.06.02 auf Schlaumeier über. Es sind im Rahmen des Anschaffungsvorgangs noch folgende Kosten entstanden, für die Schlaumeier auch die Rechnungen erhalten hat: Notarkosten 4000,00 EUR, Grunderwerbsteuer 3,5 % des Kaufpreises, Grundbucheintragungskosten 3000,00 EUR, Honorar für Finanzmakler 1500,00 EUR

   Der Anteil des Grund und Bodens beträgt 20 %. Die Gebäudeabschreibung erfolgt linear bei einer voraussichtlichen Nutzungsdauer von 50 Jahren.

   Im Dezember 03 wird das Gebäude durch einen Brandschaden so stark beschädigt, dass der Wert des Objektes lt. Versicherungsgutachten auf einen Wert von 350.000,00 EUR gesunken ist.

   Aufgabe:
   a) Wie hoch sind die Anschaffungskosten des Gebäudes und des Grundstücks?
   b) Ermitteln Sie die Buchwerte in der Bilanz zum 31.12.02 und zum 31.12.03.
7. Wie hoch ist die Umsatzsteuer-Zahllast im nachfolgenden Sachverhalt?
   Sachverhalt:
   Carlo Sommerweizen erzielte im Mai 03 steuerpflichtige Umsätze in Höhe von netto 110.000,00 EUR (Entgelt). Da er nach vereinbarten Entgelten versteuert, ist der Zahlungseingang für die Umsatzversteuerung nicht relevant. Für Wareneinkäufe und umsatzsteuerpflichtige Dienstleistungen zahlte der fleißige Einzelunternehmer insgesamt 7600,00 EUR Vorsteuer.
8. Kreuzen Sie bitte die korrekten Antworten in Tab. 7.2 *Multiple Choice zu Kap. 7* an.

Tab. 7.2 Multiple Choice zu Kap. 7

Nr.	Aussage	Richtig	Falsch
1.	Die Umsatzsteuer ist eine Gemeindesteuer		
2.	Die Umsatzsteuer-Voranmeldung muss immer monatlich erstellt werden		
3.	Eine Rechnung ist umsatzsteuerlich in Ordnung, wenn alle Merkmale aus dem § 14 (4) EStG erfüllt sind		
4.	Die Umsatzsteuer-Traglast ist das Ergebnis aus Vorsteuer x Steuersatz		
5.	Die Voranmeldung muss stets per ELSTER übermittelt werden		

7.5.4 Lösungen zu den Übungen

1. Folgende Aussage ist korrekt: a
2. Folgende Aussagen sind falsch: a, b, c
3. Keine Lösungsvorgabe, siehe auch Abschn. 7.2 *Überblick einfaches Umsatzsteuer-System im Inland*
4. Z. B. fortlaufende Rechnungsnummer, Ausstellungsdatum, handelsübliche Bezeichnung der gelieferten Gegenstände
5. Folgende Fehler nach Betrachtung des § 14 (4) UStG sind in der Rechnung vorhanden:
   - Falsches Datum: 2016 anstatt 1016
   - Umsatzsteuerbetrag: 7600,00 anstatt 7800,00 EUR

   Fehler z. B. in der Bankverbindung wären aus umsatzsteuerlicher Sicht nicht relevant, da diese Angabe nicht in der Aufzählung des § 14 (4) UStG zu finden ist.
6. Folgende Berechnung ist korrekt:
   a) Die Anschaffungskosten des bebauten Grundstücks ermitteln sich wie in Tab. 7.3 *(Lösung zur Aufgabe 6a Bebautes Grundstück)* dargestellt.

Tab. 7.3 Lösung zur Aufgabe 6a „Bebautes Grundstück"

	500.000,00 EUR	Kaufpreis
+	0,00 EUR	Honorar für Finanzmakler (= Betriebsausgabe)
+	4000,00 EUR	Notarkosten
+	3000,00 EUR	Grundbucheintragungskosten
+	17.500,00 EUR	Grunderwerbsteuer
=	524.500,00 EUR	Anschaffungskosten bebautes Grundstücks
./.	104.900,00 EUR	Anschaffungskosten Grund & Boden (20 % v. 524.500,00 EUR)
=	**419.600,00 EUR**	**Anschaffungskosten (80 % von 524.500,00 EUR)**

b) Die Lösung Tab. 7.4 *(Brandschaden)* unter Berücksichtigung des Schadens ist korrekt.

Tab. 7.4 Lösung zur Aufgabe 6b „Brandschaden"

	500.000,00 EUR	Kaufpreis
+	0,00 EUR	Honorar für Finanzmakler (= Betriebsausgabe)
+	4000,00 EUR	Notarkosten
+	3000,00 EUR	Grundbucheintragungskosten
+	17.500,00 EUR	Grunderwerbsteuer
=	524.500,00 EUR	Anschaffungskosten bebautes Grundstücks
./.	104.900,00 EUR	Anschaffungskosten Grund & Boden (20 % v. 524.500,00 EUR)
=	419.600,00 EUR	Anschaffungskosten (80 % von 524.500,00 EUR)
./.	4896,00 EUR	Abschreibung 02 (2 % v. 419.600,00 EUR x 7/12); pro rata temporis
=	414.704,00 EUR	Buchwert am 31.12.02
./.	8392,00 EUR	Abschreibung 03 (2 % von 419.600,00 EUR)
./.	56.312,00 EUR	Außerplanmäßige Abschreibung nach Brand
=	**350.000,00 EUR**	**Buchwert am 31.12.03**

7. Folgende Antwort ist korrekt:
Die Berechnung seiner Zahllast sieht wie in Tab. 7.5 *(Berechnung der Umsatzsteuer-Zahllast im Rahmen der Voranmeldung)* dargestellt aus.

Tab. 7.5 Berechnung der Umsatzsteuer-Zahllast im Rahmen der Voranmeldung

Nettoumsatz (Bemessungsgrundlage, § 10 UStG)	110.000,00 EUR	
x 19 % USt		20.900,00 EUR
abzüglich der Vorsteuer (§ 15 UStG)		7600,00 EUR
= Umsatzsteuer-Zahllast		13.300,00 EUR

Da der motivierte Unternehmer seine Pflichten kennt, übermittelt er zum 10. Juni 03 die Voranmeldung per ELSTER und sorgt für die fristgerechte Zahlung am Fälligkeitstag.

8. Die Antworten in Tab. 7.6 *Multiple Choice zu Kap. 7* sind korrekt.

Tab. 7.6 Multiple Choice zu Kap. 7

Nr.	Aussage	Richtig	Falsch
1.	Die Umsatzsteuer ist eine Gemeindesteuer		×
2.	Die Umsatzsteuer-Voranmeldung muss immer monatlich erstellt werden	×	
3.	Eine Rechnung ist umsatzsteuerlich in Ordnung, wenn alle Merkmale aus dem § 14 (4) EStG erfüllt sind		×
4.	Die Umsatzsteuer-Traglast ist das Ergebnis aus Vorsteuer x Steuersatz		×
5.	Die Voranmeldung muss stets per ELSTER übermittelt werden	×	

Literatur

Homepage des Bundesjustizministeriums

1. https://www.gesetze-im-internet.de/ao_1977/__168.html. Zugegriffen: 29. Apr. 2016
2. https://www.gesetze-im-internet.de/ustg_1980/__18.html. Zugegriffen: 30. Apr. 2016
3. https://www.gesetze-im-internet.de/ustg_1980/__14.html. Zugegriffen: 1. Mai 2016
4. https://www.gesetze-im-internet.de/ustg_1980/__14c.html. Zugegriffen: 1. Mai 2016
5. https://www.gesetze-im-internet.de/ustg_1980/__17.html. Zugegriffen: 1. Mai 2016
6. https://www.gesetze-im-internet.de/ustg_1980/__15.html. Zugegriffen: 1. Mai 2016
7. https://www.gesetze-im-internet.de/ustg_1980/__14a.html. Zugegriffen: 9. Mai 2016
8. https://www.gesetze-im-internet.de/ustg_1980/__14b.html. Zugegriffen: 9. Mai 2016

Bewertung des Anlagevermögens 8

Zusammenfassung

Carlo Sommerweizen beschäftigt sich in diesem Kapitel nun endlich mit der Bewertung von Anlagegütern. Nicht nur die Zugangsbewertung und der Abgang interessieren den motivierten Unternehmer, sondern auch die planmäßigen und außerplanmäßigen Abschreibungen, welche anhand von Beispielen kurz erläutert werden. Auch die Erfassung der Geringwertigen Wirtschaftsgüter (kurz: GWG) in der Buchführung mit den steuerlich eingeräumten Wahlmöglichkeiten interessiert ihn sehr. Da für ihn überwiegend die handelsrechtlichen Regelungen von Bedeutung sind, schaut er sich in diesem und auch in den folgenden Kapiteln nur in Einzelfällen, wie z. B. bei den Geringwertigen Wirtschaftsgütern, die steuerlichen Vorschriften an. Im Anschluss an seine Recherche wird sich Sommerweizen anhand von Kontrollfragen und Übungen einen Überblick über seinen aktuellen Kenntnisstand verschaffen.

Carlo Sommerweizen beschäftigt sich in diesem Kapitel nun endlich mit der Bewertung von Anlagegütern. Nicht nur die Zugangsbewertung und der Abgang interessieren den motivierten Unternehmer, sondern auch die planmäßigen und außerplanmäßigen Abschreibungen, welche anhand von Beispielen kurz erläutert werden. Auch die Erfassung der Geringwertigen Wirtschaftsgüter (kurz: GWG) in der Buchführung mit den steuerlich eingeräumten Wahlmöglichkeiten interessiert ihn sehr.

Da für ihn überwiegend die handelsrechtlichen Regelungen von Bedeutung sind, schaut er sich in diesem und auch in den folgenden Kapiteln nur in Einzelfällen, wie z. B. bei den Geringwertigen Wirtschaftsgütern, die steuerlichen Vorschriften an.

Im Anschluss an seine Recherche wird sich Sommerweizen anhand von Kontrollfragen und Übungen einen Überblick über seinen aktuellen Kenntnisstand verschaffen.
Zunächst widmet er sich – wie in jedem Kapitel – den wichtigen Definitionen.

8.1 Wichtige Definitionen

Abschreibungen = handelsrechtlicher Begriff; Werteverzehr bzw. Wertminderung eines abnutzbaren Vermögensgegenstandes bei planmäßiger Abschreibung
Absetzung für Abnutzung (kurz AfA) = steuerlicher Begriff für den Werteverzehr bzw. Wertminderung eines abnutzbaren Gutes
Anlagegut = anderer Begriff für Vermögensgegenstand des Anlagevermögens. Hierzu zählen beispielsweise Pkw, Lkw, Grundstücke, Maschinen
Anlagenabgangswert = Restbuchwert zum Zeitpunkt der Veräußerung bzw. Entnahme eines Vermögensgegenstandes
Anlagevermögen Das Anlagevermögen umfasst Güter, die dazu bestimmt sind, dem Betrieb dauerhaft zu dienen. Hierzu zählen beispielsweise der Fuhrpark, Gebäude, Grundstücke u. v. m
Anschaffungskosten Kosten, um Güter zu erwerben und diese in einen betriebsbereiten Zustand zu versetzen (§ 255 (1) HGB)
Anschaffungsnebenkosten Kosten, die im Zusammenhang mit dem entgeltlichen Erwerb eines Vermögensgegenstandes anfallen (§ 255 (1) HGB)
Bonus = nachträglicher Preisnachlass für den Leistungsempfänger
Herstellungskosten Kosten, die für die Herstellung eines Gutes, dessen Erweiterung oder für eine über den ursprünglichen Zustand hinausgehende wesentliche Verbesserung entstehen (§ 255 (2) HGB)
Preisnachlass Minderung der Anschaffungskosten z. B. durch Skonto, Bonus oder Rabatt
Rabatt = sofort abzugsfähiger Preisnachlass
Restbuchwert = fortgeführte Anschaffungs-/Herstellungskosten (oder Anschaffungs-/Herstellungskosten abzüglich Abschreibungen)
Skonto Preisnachlass bei fristgerechter Zahlung durch den Leistungsempfänger
Vermögensgegenstand = handelsrechtlicher Begriff für immaterielle und materielle Gegenstände, welche in der Bilanz erfasst werden können (steuerlich auch als Wirtschaftsgut bezeichnet)

8.2 Bewertung und Bilanzierung ausgewählter Positionen des Anlagevermögens nach HGB

Beim Anlagevermögen handelt es sich, so hat es Sommerweizen bereits im Rahmen des Selbststudiums „Buchführung" gelernt, um einen Teil des Vermögens auf der Aktivseite der Bilanz, welches dazu bestimmt ist, dem Betrieb langfristig (d. h. länger als ein Jahr) zur Verfügung zu stehen.

Die Güter, welche im Anlagevermögen erfasst werden, bezeichnet man als Anlagegüter.

Geregelt ist die Gliederung der Bilanz für Kapitalgesellschaften im § 266 (2) HGB [3]. Hier findet sich auch die detaillierte Gliederung des Anlagevermögens. Unterschieden wird zwischen immateriellen Vermögensgegenständen (z. B. Rechte, Firmenwert), materiellen Vermögensgegenständen (z. B. Grundstücke, Maschinen) und Finanzanlagen (z. B. Beteiligungen, Wertpapiere des Anlagevermögens).

Carlo Sommerweizen hatte sich bereits mehrfach diese detaillierte Gliederung angeschaut, weiß aber auch, dass er, um sein Tagesgeschäft zu verstehen, nicht alle Positionen kennen muss. Er beschränkt sich daher im Folgenden auf die wesentlichen, für ihn wichtigen, Positionen.

8.2.1 Immaterielle Vermögensgegenstände

Einen Teil des Anlagevermögens stellen die *immateriellen Vermögensgegenstände* dar. Sie sind dadurch geprägt, dass sie nicht greifbar und nicht sichtbar sind. Hierzu zählen beispielsweise Patente, Rechte, Lizenzen, Software oder der Firmenwert.

Bis zum Inkrafttreten des Bilanzrechtsmodernisierungsgesetz (BilMoG) galt das *Aktivierungsverbot* für selbst erstellte Güter dieser Art. Hieran kann sich Sommerweizen noch gut erinnern. Aber seit 2010 greift folgende geänderte handelsrechtliche Vorschrift:

§ 248 HGB – Bilanzierungsverbote und -wahlrechte

[…] (2) Selbst geschaffene immaterielle Vermögensgegenstände des Anlagevermögens können als Aktivposten in die Bilanz aufgenommen werden. Nicht aufgenommen werden dürfen selbst geschaffene Marken, Drucktitel, Verlagsrechte, Kundenlisten oder vergleichbare immaterielle Vermögensgegenstände des Anlagevermögens [4].

Sommerweizen denkt an seinen Jahresabschluss für das Jahr 01 und sein Gespräch mit Steuerberater Glaube. Dieser erklärte ihm seinerzeit, dass eine Aktivierung von Kosten (also die Aufnahme der Kosten auf die Aktivseite der Bilanz) das Ergebnis des Unternehmens erhöht; die reine Aufwandserfassung hingegen mindert es.

Sommerweizen weiß mittlerweile, dass nur die *Herstellungskosten* in der Entwicklungsphase eines immateriellen Gutes aktiviert werden könnten. Voraussetzung hierfür ist, dass diese Entwicklungskosten strikt von den Forschungskosten getrennt werden können. *Forschungskosten*, die üblicherweise vor den Herstellungskosten anfallen, gehören stets in den Aufwand, da sie keinem bestimmten Objekt zuzuordnen sind, sondern für die reine Informationssuche anfallen.

Beispiel 8.2.1.1 – Immaterielle Vermögensgegenstände
Carlos ehemaliger Mitarbeiter entwickelte eine Software für ein EDV-System, welches nur für Zwecke der Verwaltung innerhalb seines Betriebs eingesetzt wurde und aktuell noch eingesetzt wird. Für die aktivierungsfähigen Herstellungskosten in Höhe von 10.000,00 EUR machte er im Jahr 01 von seinem Wahlrecht Gebrauch und aktivierte diese Kosten. Denn der motivierte Autohändler hat gelernt, dass aktivierte Kosten den Gewinn des Unternehmens erhöhen. Würden die Kosten im Aufwand erfasst, sähe das unternehmerische Ergebnis schlechter aus.

Sommerweizen genügt dieses Beispiel und widmet sich nun den materiellen Vermögensgegenständen.

8.2.2 Materielle Vermögensgegenstände

Wie Sommerweizen weiß, ist der Begriff des *Vermögensgegenstandes* im Handelsgesetzbuch (HGB) nicht definiert. Es handelt sich um einen unbestimmten Rechtsbegriff. Wie der wissbegierige Autohändler aber nachvollziehen kann, ist der materielle Vermögensgegenstand im Gegensatz zum immateriellen Gegenstand etwas, was man sehen und greifen kann. Sein erfahrener Unternehmerfreund Uwe Meister bestätigt seine Vorstellung.

Beispiel 8.2.2.1 – Materielle Vermögensgegenstände
Carlos Freund Uwe verweist auf den Jahresabschluss des Autohauses und fragt ihn, an welche materiellen Güter er sich erinnern kann, die in seiner Bilanz zu finden sind. Der motivierte Autohändler kann sich sehr gut erinnern,

8.2 Bewertung und Bilanzierung ausgewählter Positionen ...

dass er ein unbebautes Grundstück in seiner Bilanz hat, zwei betriebliche Fahrzeuge, ein Betriebsgebäude, unterschiedliche Güter wie Möbel, EDV usw., welches der Betriebs- und Geschäftsausstattung zugeordnet wurde.

Ergänzend weist ihn sein Freund darauf hin, dass für die Erfassung der von Carlo genannten Vermögensgegenstände die *abstrakte* und *konkrete Aktivierungsfähigkeit* notwendig sei. Daran kann sich der kluge Autohändler gut erinnern. Er schlägt noch einmal in seinen Aufzeichnungen nach und liest sich die Voraussetzungen durch (siehe Abschn. 6.3 *Aktivierungsfähigkeit von Gütern des Anlagevermögens*).

Uwe Meister erklärt ihm hiernach weiter, dass die *materiellen Vermögensgegenstände* noch weiter unterteilt werden. Carlo erinnert sich an sein Gespräch mit Reiner Glaube. Schließlich hat ihm auch sein Steuerberater bereits den Unterschied zwischen abnutzbaren und nicht abnutzbaren Anlagegütern kurz erläutert. Auf das Thema Abschreibungen möchte er jedoch später eingehen (siehe Abschn. 8.2.6 *Planmäßige Abschreibungen von abnutzbaren Anlagegütern*), da ein neuer Kunde die Verkaufsräume seines Autohauses betritt und er sich nun seinem Tagesgeschäft widmen möchte.

8.2.3 Finanzanlagen

Nach Feierabend setzt sich Sommerweizen an seinen Schreibtisch im Büro und liest sich nun noch das Kapitel über die *Finanzanlagen* durch. Hiermit hat er relativ wenig zu tun, dennoch gehört es gemäß seiner Auffassung zum Grundlagenwissen im Rahmen der Bilanzierung dazu.

Im Internet findet er die korrekte Definition des Begriffes. Es sind hierunter alle Werte zu verstehen, die sich z. B. als Wertpapiere oder Beteiligungen an anderen Unternehmen im Anlagevermögen befinden. Das Ziel, welches mit den Finanzanlagen verfolgt wird, ist die Erzielung von Zinserträgen oder Gewinnen (z. B. durch Ausschüttung von Dividenden durch Aktiengesellschaft).

Beispiel 8.2.3.1 – Finanzanlagen
Carlo Sommerweizen erinnert sich an einen reichen Kunden (bilanzierender Einzelunternehmer), der ihm vor einigen Wochen empfahl, sich am Unternehmen Super AG zu beteiligen. Hierzu müsse er sich nur die Aktien kaufen und könne diese dann in seinem Anlagevermögen als sogenannte Finanzanlagen aktivieren. Die Dividendenausschüttungen würden ihn (also Carlo Sommerweizen), so der Kunde, in den nächsten Jahren zu einem reichen

Autohändler werden lassen. Voraussetzung sei, dass Sommerweizen ein wenig Geduld mitbringe und die Aktien länger als ein Jahr im Betriebsvermögen halten müsse. Sommerweizen verwarf das Gespräch relativ schnell, als der Kunde die Verkaufsräume verlassen hatte, weil es ihn nicht sonderlich interessierte. Nun konnte er aber etwas mit diesem Gespräch in Verbindung bringen und das freut ihn.

Als Carlo auf die Uhr schaut, springt er von seinem Stuhl und verschließt noch schnell die Werkstatt und die Verkaufsräume. Er hat das Treffen mit seinem Kegelklub um 19 Uhr vergessen... Er denkt: Schade, aber Bilanzierung ist echt spannend.

8.2.4 Anschaffungskosten

Im Rahmen seiner Recherche hat sich Carlo Sommerweizen nun sehr oft schon mit den *Anschaffungskosten* beschäftigt. Der Vollständigkeit halber tut er dies auch im aktuellen Fall. Er schaut sich die Definition im HGB an. Anschließend recherchiert er im Internet nach jeweils einem Beispiel für die Aktivierung eines materiellen und eines immateriellen Vermögensgegenstandes. Auch die erhaltenen Preisnachlässe wiederholt Sommerweizen in diesem Rahmen.

Zunächst schaut er sich 255 (1) HGB, zwecks Wiederholung des Begriffes Anschaffungskosten, an:

§ 255 HGB – Bewertungsmaßstäbe

(1) Anschaffungskosten sind die Aufwendungen, die geleistet werden, um einen Vermögensgegenstand zu erwerben und ihn in einen betriebsbereiten Zustand zu versetzen, soweit sie dem Vermögensgegenstand einzeln zugeordnet werden können. Zu den Anschaffungskosten gehören auch die Nebenkosten sowie die nachträglichen Anschaffungskosten. Anschaffungspreisminderungen, die dem Vermögensgegenstand einzeln zugeordnet werden können, sind abzusetzen [...] [2].

Diese Vorschrift kennt Sommerweizen fast auswendig. Als bilanzierender und vorsteuerabzugsberechtigter Unternehmer weiß er, dass die *Anschaffungskosten* stets netto, also ohne Vorsteuer, zu erfassen sind. Nur in solchen Fällen, wo *keine* umsatzsteuerlich ordnungsgemäße Rechnung vorliegt oder ein Vorsteuerabzug auf

Seiten des Unternehmers nicht gegeben ist, muss diese mit zu den Anschaffungskosten hinzu aktiviert werden.
Als er die Definition der Anschaffungskosten durchliest, unterstreicht er sich auch den Hinweis auf die Einzelkosten. Hierunter sind die Kosten zu verstehen, die einem Kostenträger (Vermögensgegenstand), direkt und einzeln zugeordnet werden können (Einzelkosten).
Die Zuordnung von Gemeinkosten ist nicht möglich.

8.2.4.1 Materielle Vermögensgegenstände
Nun schaut sich Sommerweizen ein Beispiel hierzu an:

Beispiel 8.2.4.1.1 – Materielle Vermögensgegenstände (Anschaffung)
Unternehmer Fleißig kauft für seinen Betrieb einen Lkw, den er mindestens zwei Jahre im Betriebsvermögen halten möchte. Der ursprüngliche Händlerpreis hierfür beträgt 80.000,00 EUR netto. Hinzu kommen noch neue Kfz-Kennzeichen (23,80 EUR brutto, inklusive 19 % USt) und Kosten für die Zulassung in Höhe von 100,00 EUR (netto, ohne USt). Die erste Tankfüllung in Höhe von 119,00 EUR (brutto, inkl. 19 % USt) zahlt Unternehmer Fleißig bar. Als treuer Kunde gewährt ihm der Händler noch 119,00 EUR Rabatt.
Frage: Wie hoch sind die Anschaffungskosten des Lkw, die in der Bilanz von Unternehmer Fleißig zu aktivieren sind?

Carlo Sommerweizen überlegt und weiß, dass er dieses Thema bereits im Rahmen des Selbststudiums zur Buchführung sehr ausführlich behandelt hat. Schnell findet er daher die in Tab. 8.1 *(Ermittlung Anschaffungskosten)* dargestellte Lösung.

Tab. 8.1 Ermittlung Anschaffungskosten (Lösung Beispiel 8.2.4.1.1)

Kaufpreis		80.000,00 EUR
./. Rabatt (119,00 EUR/1,19)		100,00 EUR
+ *Anschaffungsnebenkosten*		
Kfz-Kennzeichen	20,00 EUR	
Zulassung	40,00 EUR	
1. Tankfüllung = Betriebsausgabe	0,00 EUR	60,00 EUR
Anschaffungskosten gesamt		**79.960,00 EUR**

Beispiel 8.2.4.1.1 – Materielle Vermögensgegenstände – Fortsetzung
Unternehmer Fleißig hat nach vorgenannter Berechnung (siehe Tab. 8.1 *Ermittlung Anschaffungskosten Lkw*) die Anschaffungskosten in Höhe von 79.960,00 EUR in seiner Bilanz zu erfassen. Der Vermögensgegenstand Lkw ist aktivierungsfähig, da er alle erforderlichen Voraussetzungen erfüllt.

Die Vorsteuer, welche eine Forderung gegenüber dem Finanzamt darstellt, wird von Fleißig auf ein entsprechendes Aktivkonto gebucht.

Carlo Sommerweizen sieht, dass seine Kenntnisse auf diesem Gebiet gefestigt sind und widmet sich nun dem Kauf eines immateriellen Vermögensgegenstandes zu.

8.2.4.2 Immaterielle Vermögensgegenstände
Sommerweizen liest weiter in seinem Lehrbuch und findet auch ein Beispiel zum entgeltlichen Erwerb eines immateriellen Anlagegutes. Gleichzeitig erinnert sich Carlo auch an ein Gespräch mit einem Bekannten.

Beispiel 8.2.4.2.1 – Immaterielle Vermögensgegenstände (Anschaffung)
Carlos Bekannter Sebastian Völkner (bilanzierender Einzelunternehmer; Handel mit Werkzeugen) erzählte ihm vor einigen Tagen, dass er sich nun endlich dazu durchgerungen habe, für sein elektronisches Verwaltungssystem eine Software zu kaufen, die den betrieblichen Ablauf wesentlich erleichtern solle. Der Kaufpreis habe zwar 2380,00 EUR inklusive 19 % USt betragen, aber das sei ihm die Sache wert. Sein Steuerberater habe den Nettobetrag in Höhe von 2000,00 EUR aktiviert, die Vorsteuer sei im Rahmen seiner Umsatzsteuer-Voranmeldung beim Finanzamt angemeldet worden.

Carlo erinnert sich, dass immaterielle Güter, sofern diese *entgeltlich erworben* wurden, stets zu aktivieren sind. Nur Güter dieser Art, welche selbst hergestellt wurden, unterliegen handelsrechtlich einem *Aktivierungswahlrecht* (§ 248 (2) HGB) und steuerlich einem *Aktivierungsverbot* (§ 5 (2) EStG) [1].

Als nächstes widmet er sich den Preisnachlässen und deren Berücksichtigung im Rahmen der Bilanzierung.

8.2.4.3 Preisnachlässe
Als Unternehmer mit etwas Berufserfahrung weiß er mittlerweile, dass *Preisnachlässe*, sofern sie vom Lieferanten gewährt werden, die Anschaffungskosten mindern und gleichzeitig auch die Vorsteuerbeträge.

8.2 Bewertung und Bilanzierung ausgewählter Positionen ...

Das bedeutet, dass nach Erhalt eines Preisnachlasses auf jeden Fall Korrekturbuchungen durchzuführen sind (sofern es sich nicht um Rabatt = sofort abzugsfähiger Preisnachlass) handelt.

Preisnachlässe werden – wie die Anschaffungskosten – auf den Anlagekonten, jedoch auf der Habenseite erfasst (Ausnahme: Rabatt, da sofort abzugsfähig). Sie dürfen, sofern sie für Anlagegüter gewährt werden, nicht mit dem vollen Betrag auf Ertragskonten am Ende des Jahres ausgewiesen werden, da ansonsten das Vorsichtsprinzip (Abschn. 4.5 *Grundsätze der ordnungsgemäßen Bilanzierung*) missachtet wird. Preisnachlässe auf abnutzbare Güter müssen daher über die Laufzeit der Nutzungsdauer eines solchen Gutes verteilt werden.

Die Vorsteuerbeträge werden ebenfalls korrigiert, in dem die Vorsteuer auf den Preisnachlass auf der Habenseite des Kontos Vorsteuer gebucht werden.

Sommerweizen schaut sich im Folgenden jeweils ein Beispiel zu Rabatt, Skonto und Bonus an.

Auf Buchungsbeispiele geht er an dieser Stelle nicht mehr ein. Er weiß, dass er diese bei Bedarf z. B. in seinem Lehrbuch „Buchführung: Schneller Einstieg in die Grundlagen"[1] findet.

Rabatt

Sommerweizen hat sehr zuverlässige Lieferanten, die ihn umgehend mit Ware versorgen, sobald er eine Bestellung aufgibt. Im Gegenzug sorgt der Autohändler dafür, dass die Lieferanten zeitnah den Rechnungsausgleich per Banküberweisung erhalten.

Als Dankeschön für diese gute Zusammenarbeit erhält Sommerweizen stets einen Rabatt. Dies ist ein Preisnachlass, der sofort zum Abzug berechtigt.

Hier braucht Sommerweizen keine Korrektur in der Buchführung vornehmen, da auf der Rechnung bereits im Endpreis der Rabatt berücksichtigt wurde.

▶ Der Rabatt ist ein sofort abzugsfähiger Preisnachlass, welcher aus einer Vielzahl an Gründen vom Lieferanten gewährt werden kann.

Sommerweizen denkt an den Kauf seines Aktenschranks im Büro:

Beispiel 8.2.4.3.1 – Rabatt
Carlo kauft sich am 13.03.02 einen Aktenschrank für brutto 2380,00 EUR, welchen er seinem Betriebsvermögen zuordnet. Als treuer Kunde des Möbelhauses räumt man ihm einen Rabatt in Höhe von 119,00 EUR ein, welcher auch auf der Rechnung vermerkt wurde.

---

[1]Nickenig, Karin (2018); Buchführung: Schneller Einstieg in die Grundlagen. 2. Auflage. Wiesbaden: Springer Gabler.

Der von Sommerweizen zu aktivierende Anschaffungswert des Aktenschrankes beträgt somit 2000,00 EUR ./. 100,00 EUR = 1900,00 EUR. Die endgültige (reduzierte) Vorsteuer beläuft sich auf 361,00 EUR (19 % von 1900,00 EUR). Eine Korrekturbuchung ist nicht notwendig, da der Rabatt bereits sofort bei Kauf in Abzug gebracht wurde.

Skonto

Sommerweizen hat im Tagesgeschäft sehr oft mit dem Thema Skontoabzug zu tun. Er weiß, dass dies ein Preisnachlass ist, der für den Fall der fristgemäßen Zahlung gewährt wird.

Skonto gehört ebenfalls zu den Nachlässen, die bei Kauf von Anlagegütern auf der Habenseite des Aktivkontos erfasst werden müssen und die Anschaffungskosten verringern. Dies wirkt sich auch auf die Höhe der Abschreibung aus, wie sich Carlo später ansehen wird (siehe Abschn. 8.2.6.1)

Carlo nimmt sich sein Lehrbuch zur Hand und sucht ein Beispiel zum Skontoabzug:

Beispiel 8.2.4.3.2 – Skonto

Unternehmer Fleißig kauft sich eine Maschine zu einem Kaufpreis von 100.000,00 EUR netto zzgl. 19 % USt. Der Händler räumt ihm 2 % Skonto ein, wenn er fristgerecht zahlt.

Fleißig überweist den Betrag von 116.620,00 EUR (119.000,00 EUR × 0,98) pünktlich an den Lieferanten.

Er korrigiert den Wert der Anschaffungskosten seiner Maschine sowie die hierfür vom Finanzamt bereits zurückgeforderte Vorsteuer.

Hätte Fleißig die Zahlungsfrist überschritten, wäre ein Skontoabzug nicht gerechtfertigt gewesen. Der Händler hätte den einbehaltenen Betrag zurückfordern können.

Am Ende dieses Abschnitts zum Thema Preisnachlässe schaut sich der motivierte Autohändler noch einmal den Bonus an.

Bonus

Der Bonus ist ein nachträglich gewährter Preisnachlass, der im Nachhinein gewährt wird. Auch hierzu sieht sich Carlo ein aussagekräftiges Beispiel in seinem Lehrbuch an:

Beispiel 8.2.4.3.3 – Bonus

Unternehmer Lustig (bilanzierender Einzelunternehmer, Verkauf von Modeschmuck) erhält vom Lieferanten Goldig am Ende des Geschäftsjahres 02 einen

Bonus in Höhe von 119,00 EUR (brutto, inkl. 19 % USt) für das Erreichen eines im Vorfeld gesetzten Umsatzzieles.

Das Reinigungsgerät, welches er für 1500,00 EUR netto im abgelaufenen Geschäftsjahr gekauft hat, aktiviert er in seiner Bilanz für nunmehr 1400,00 EUR. Die anfallenden Abschreibungsbeträge orientieren sich also am geminderten Anschaffungswert.

Die Vorsteuer korrigiert Lustig nach Erhalt der Bonusgutschrift.

Carlo verlässt nun das Gebiet der Anschaffungskosten und widmet sich den Herstellungskosten, mit denen er im Tagesgeschäft nur theoretisch konfrontiert wird.

8.2.5 Herstellungskosten

Nach seiner Recherche zur Buchführung weiß Sommerweizen, dass sich die Definition des Begriffs *Herstellungskosten* ebenfalls im HGB zu finden ist:

§ 255 HGB – Bewertungsmaßstäbe

[…] (2) Herstellungskosten sind die Aufwendungen, die durch den Verbrauch von Gütern und die Inanspruchnahme von Diensten für die Herstellung eines Vermögensgegenstands, seine Erweiterung oder für eine über seinen ursprünglichen Zustand hinausgehende wesentliche Verbesserung entstehen. Dazu gehören die Materialkosten, die Fertigungskosten und die Sonderkosten der Fertigung sowie angemessene Teile der Materialgemeinkosten, der Fertigungsgemeinkosten und des Werteverzehrs des Anlagevermögens, soweit dieser durch die Fertigung veranlasst ist. Bei der Berechnung der Herstellungskosten dürfen angemessene Teile der Kosten der allgemeinen Verwaltung sowie angemessene Aufwendungen für soziale Einrichtungen des Betriebs, für freiwillige soziale Leistungen und für die betriebliche Altersversorgung einbezogen werden, soweit diese auf den Zeitraum der Herstellung entfallen. Forschungs- und Vertriebskosten dürfen nicht einbezogen werden […] [2].

Er erinnert sich an das Kapitel zur Zugangs- bzw. Erstbewertung (Abschn. 6.2.1 *Zugangsbewertung*). Hier hatte sich der motivierte Autohändler bereits einen Überblick über die Herstellungskosten verschafft.

Zur Berechnung (stark vereinfachte Darstellung) nimmt Sommerweizen das Schema in Tab. 8.2 zur Hilfe.

Tab. 8.2 Definition der Herstellungskosten nach Handelsrecht (Abschn. 6.2.1 *Zugangsbewertung*)

	Materialeinzelkosten (z. B. Rohstoffkosten)	Pflichtbestandteil
+	Materialgemeinkosten (z. B. Kosten für Verpackung)	Pflichtbestandteil
+	Fertigungseinzelkosten (z. B. Fertigungslöhne)	Pflichtbestandteil
+	Fertigungsgemeinkosten (z. B. Energiekosten)	Pflichtbestandteil
+	Sondereinzelkosten der Fertigung (z. B. Spezialwerkzeug)	Pflichtbestandteil
+	Werteverzehr des Anlagevermögens, sofern auf Herstellungszeitraum entfallend	Pflichtbestandteil
	Herstellungskosten-Untergrenze (Mindestansatz)	
(+)	Allgemeine Verwaltungskosten	Wahlrecht
(+)	Aufwendungen für soziale Einrichtungen des Betriebs	Wahlrecht
(+)	Aufwendungen für freiwillige soziale Leistungen	Wahlrecht
(+)	Aufwendungen für die betriebliche Altersversorgung	Wahlrecht
XX	Forschungskosten	Verbot
XX	Vertriebskosten	Verbot
	Herstellungskosten-Obergrenze (Höchstansatz)	

Sommerweizen schaut sich ein Beispiel zum Thema *Herstellungskosten* bei einem materiellen und anschließend einem immateriellen Anlagegut an.

8.2.5.1 Immaterielle Vermögensgegenstände

Sommerweizen hat noch immer die Aktivierungswahlrechte und -verbote gemäß des § 248 HGB im Sinn. Insbesondere die Vorschrift, in der dem Unternehmer für die Erstellung eines immateriellen Gutes handelsrechtlich ein Wahlrecht eingeräumt wird:

§ 248 HGB – Bilanzierungsverbote und -wahlrechte

[…] (2) Selbst geschaffene immaterielle Vermögensgegenstände des Anlagevermögens können als Aktivposten in die Bilanz aufgenommen werden […][4].

Er denkt an seine Definition der Herstellungskosten und erinnert sich an die Entwicklung einer Software innerhalb seines Unternehmens:

8.2 Bewertung und Bilanzierung ausgewählter Positionen ...

> **Beispiel 8.2.5.1.1 – Immaterielle Vermögensgegenstände (Herstellung)**
> Für sein Unternehmen ließ Carlo bereits im Jahr 01 einen ehemaligen Mitarbeiter eine Software entwickeln. Die damals entstandenen Entwicklungskosten (z. B. Gehalt seines Mitarbeiters) beliefen sich seinerzeit auf 10.000,00 EUR netto.
> Aufgrund des *handelsrechtlichen Aktivierungswahlrechts* aktivierte der wissbegierige Autohändler diese Kosten, um einen handelsrechtlich höheren Gewinn auszuweisen. Das kommt sicherlich gut bei der Bank an, wenn ich mal wieder ein betriebliches Darlehen benötige, denkt sich der clevere Sommerweizen. Hätte er die Entwicklungskosten im Aufwand erfasst, wäre das unternehmerische Ergebnis 01 schlechter ausgefallen.
> *Steuerlich* ist ihm diese Aktivierung nach § 5 (2) EStG leider aufgrund eines expliziten Verbotes nicht möglich, wie ihm Freund Uwe Meister erklärte.

Nun schaut er sich noch abschließend zum Thema Herstellungskosten ein Beispiel zu den materiellen Vermögensgegenständen an:

8.2.5.2 Materielle Vermögensgegenstände

Die Definition der Herstellungskosten hat Carlo Sommerweizen noch vor Augen. Er schaut im Internet nach einem passenden Beispiel, da in seinem Autohandel keine materiellen Güter produziert werden.

Er wird sehr schnell fündig und wiederholt in einem auch noch einmal den Begriff der anderen aktivierten Eigenleistung.

> **Beispiel 8.2.5.2.1 – Materielle Vermögensgegenstände (Herstellung)**
> Schreiner Holzmann stellt einen Büroschrank für seinen eigenen Betrieb her. Für die Produktion sind ihm 1000,00 EUR (netto) für Holz (Materialeinzelkosten) angefallen; sein Mitarbeiter erhält Fertigungslohn von insgesamt 300,00 EUR und die Fertigungsgemeinkosten (u. a. Energiekosten) belaufen sich auf 100,00 EUR.
> Da Holzmann den Schrank nicht veräußern, sondern in seinem Betrieb behalten möchte, muss er die Herstellungskosten (netto) nach § 255 (2) HGB ermitteln und diese auf das Aktivkonto „Betriebs- und Geschäftsausstattung" buchen.
> Der zu aktivierende Betrag beläuft sich auf 1400,00 EUR (1000,00 EUR Materialeinzelkosten + 300,00 EUR Fertigungslohn + 100,00 EUR Fertigungsgemeinkosten).

Die Gegenbuchung erfolgt auf dem Konto „andere aktivierte Eigenleistungen". Dieses Konto stellt ein Ertragskonto dar, welches den zuvor erfassten Aufwand neutralisiert. Somit werden Käufer und Hersteller eines Produktes bilanztechnisch „gleichgestellt". Beide müssen, sobald sie das Anlagegut seiner Funktion nach nutzen können, vom Anschaffungs- bzw. Herstellungswert abschreiben. Das heißt, sie verteilen die Anschaffungskosten (Käufer) bzw. die Herstellungskosten (Hersteller, hier: Schreiner Holzmann) über die Laufzeit der Nutzungsdauer des Anlagegutes.

Damit hat sich der lernfreudige Unternehmer nun erfolgreich durch das spannende Thema Anschaffungs- und Herstellungskosten von immateriellen und materiellen Vermögensgegenständen gekämpft.

Im folgenden Kapitel beschäftigt er sich mit den Restbuchwerten, die auch als fortgeführte Anschaffungs-/Herstellungskosten bezeichnet werden.

8.2.6 Abschreibungen

Abschreibungen stellen ein wichtiges Instrument im Rahmen der Bewertung dar. Sie können unterschieden werden in *planmäßige Abschreibungen* und *außerplanmäßige Abschreibungen*.

Bevor sich Carlo Sommerweizen beides anschaut, denkt er an eines seiner Gespräche mit dem Steuerberater. Dieser erklärte ihm, dass sowohl Güter des Anlagevermögens als auch Güter des Umlaufvermögens abgeschrieben werden können, sofern bestimmte Voraussetzungen gegeben sind, die sich der Autohändler in den folgenden Abschnitten ansieht.

Er hat bereits von degressiver und linearer Abschreibung gehört. Auch erzählte ihm sein Freund Uwe etwas von den GWG-Abschreibungen. Diese Dinge möchte sich Sommerweizen auf jeden Fall ansehen.

Zunächst widmet sich der Unternehmer den planmäßigen Wertminderungen.

8.2.6.1 Planmäßige Abschreibungen

Wie der Begriff *planmäßig* schon aussagt, handelt es sich, so hat es der Autohändler bereits mehrfach gelesen, bei den *planmäßigen Abschreibungen* um gesetzlich vorgegebene Wertminderungen, an die sich der Unternehmer zu halten hat. Sie erfolgen im Rahmen eines *Abschreibungsplans,* also einer geregelten Übersicht, in welchem Zeitraum das Gut eine entsprechende Wertminderung erfährt. Die betriebsgewöhnliche Nutzungsdauer ist der sogenannten AfA-Tabelle zu entnehmen. AfA ist eine steuerliche Abkürzung, wie Sommerweizen recherchiert

8.2 Bewertung und Bilanzierung ausgewählter Positionen ...

und steht für *Absetzung für Abnutzung*. Was steuerlich als AfA bezeichnet wird, ist handelsrechtlich die Abschreibung. Das kann sich der Autohändler gut merken. Planmäßig abgeschrieben werden grundsätzlich *abnutzbare* Güter des Anlagevermögens. Wie Sommerweizen gelesen hat, gehören hierzu z. B. Pkw, Gebäude, Maschinen und andere Vermögensgegenstände, die dem Anlagevermögen bei Zugang zugeordnet wurden.

Eine gesetzliche Regelung findet er im § 253 (3) HGB:

§ 253 HGB – Zugangs- und Folgebewertung

[…] (3) Bei Vermögensgegenständen des Anlagevermögens, deren Nutzung zeitlich begrenzt ist, sind die Anschaffungs- oder die Herstellungskosten um planmäßige Abschreibungen zu vermindern. Der Plan muss die Anschaffungs- oder Herstellungskosten auf die Geschäftsjahre verteilen, in denen der Vermögensgegenstand voraussichtlich genutzt werden kann […] [5].

Steuerberater Glaube erläuterte ihm vor einiger Zeit die zwei gängigen Abschreibungsmethoden, die lineare und degressive Abschreibung.

Degressive Abschreibung
Während die degressive Abschreibung steuerlich seit dem 01.01.2011 für Neuinvestitionen nicht mehr anwendbar ist, kann sie handelsrechtlich noch berücksichtigt werden. Für Altinvestitionen kann sie noch berücksichtigt werden, bis die entsprechenden Voraussetzungen wegfallen.

Sie ist eine Abschreibungsmethode, welche zunächst (also bei Kauf oder Herstellung eines abnutzbaren Anlagegutes) einen hohen Abschreibungsbetrag zulässt, der dann im Laufe der Jahre immer weiter abnimmt. Dies kommt dadurch zustande, dass der gleichbleibende Abschreibungssatz immer auf den jeweiligen Restwert angewendet wird. Da dieser durch die Wertminderung regelmäßig sinkt, reduziert sich auch automatisch die Höhe des Abschreibungsbetrages.

Der letzte gültige Multiplikator für den degressiven Abschreibungssatz (für Neuanschaffungen bis zum 31.12.2010) beträgt 2,5. Die maximale Obergrenze beläuft sich auf 25 %.

Reiner Glaube erklärt seinem Mandanten, welcher mittlerweile nicht mehr so recht folgen kann, diesen Vorgang anhand eines Beispiels:

Beispiel 8.2.6.1.1 – Degressive Abschreibung bei einem materiellen Anlagegut
Unternehmer XY kauft am 02.01.02 eine Maschine, welche er im Betriebsvermögen halten möchte, für 100.000,00 EUR (netto). Die Nutzungsdauer soll

8 Jahre betragen. Der degressive Abschreibungssatz beläuft sich auf 25 %. Zur Ermittlung des Steuersatzes dient folgende Berechnung: 100 % (Abschreibungsvolumen)/8 Jahre (Nutzungsdauer) × 2,5 (Multiplikator) = 31,25 %. Da 31,25 % > 25 % lt. Gesetz sind, können maximal 25 % als Abschreibungssatz berücksichtigt werden.

Unternehmer XY erstellt aufgrund der vorliegenden Daten einen Abschreibungsplan. Es wird kein Wechsel von degressiver zur linearen Methode vorgenommen (Tab. 8.3).

Tab. 8.3 Folgebewertung Maschine nach Beispiel 8.2.6.1.1/Degressive Abschreibung

Zugang Maschine am 02.01.02	100.000,00 EUR (Kaufpreis, netto)
./. Abschreibung 02 (1. Jahr)	25.000,00 EUR (25 % von 100.000,00 EUR)
= Restwert per 31.12.02	75.000,00 EUR
./. Abschreibung 03 (2. Jahr)	18.750,00 EUR (25 % von 75.000,00 EUR)
= Restwert per 31.12.03	56.250,00 EUR
./. Abschreibung 04 (3. Jahr)	14.063,00 EUR (25 % von 56.250,00 EUR, gerundet auf volle EUR)
= Restwert per 31.12.04	42.187,00 EUR
./. Abschreibung 05 (4. Jahr)	10.547,00 EUR (25 % von 42.187,00 EUR, gerundet auf volle EUR)
= Restwert per 31.12.05	31.640,00 EUR
./. Abschreibung 06 (5. Jahr)	7910,00 EUR (25 % von 31.640,00 EUR)
= Restwert per 31.12.06	23.730,00 EUR
./. Abschreibung 07 (6. Jahr)	5933,00 EUR (25 % von 31.640,00 EUR, gerundet auf voll EUR)
= Restwert per 31.12.07	17.797,00 EUR
./. Abschreibung 08 (7. Jahr)	4450,00 EUR (25 % von 17.797,00 EUR, gerundet auf voll EUR)
= Restwert per 31.12.08	13.347,00 EUR
./. Abschreibung 09 (8. Jahr)	13.347,00 EUR (25 % von 13.347,00 EUR = 3337, gerundet auf voll EUR, aber(!) voller Abzug des Restbuchwertes, da die Nutzungsdauer 8 Jahre beträgt)
= Restwert per 31.12.09	0,00 EUR

8.2 Bewertung und Bilanzierung ausgewählter Positionen ...

Es ist auch möglich, auf 1,00 EUR Erinnerungswert abzuschreiben, sodass im Jahr 8. Jahr dann lediglich 13.346,00 EUR als Abschreibung in den Aufwand zu buchen wären.

Lineare Abschreibung

Die lineare (konstante) Abschreibung ist für Carlo Sommerweizen kein Problem. Diese Methode kennt er bereits, während die degressive Abschreibung für ihn bisher noch nie in Frage kam. Zur Vervollständigung seines Wissens, lässt er sich von seinem Steuerberater erklären, wie sich der lineare Abschreibungssatz und der lineare Abschreibungsbetrag allgemein ermitteln lassen:

Linearer Abschreibungssatz = Abschreibungsvolumen (100 %)/Nutzungsdauer lt. AfA-Tabelle

Abschreibungsbetrag = Anschaffungs- oder Herstellungskosten/Nutzungsdauer lt. AfA-Tabelle

Dies merkt sich der hoch motivierte Unternehmer (Tab. 8.4).

Tab. 8.4 Folgebewertung Maschine nach Beispiel 8.2.6.1.1/Lineare Abschreibung

Zugang Maschine am 02.01.02	100.000,00 EUR (Kaufpreis, netto)
./. Abschreibung 02 (1. Jahr)	12.500,00 EUR (12,5 % von 100.000,00 EUR)
= Restwert per 31.12.02	87.500,00 EUR
./. Abschreibung 03 (2. Jahr)	12.500,00 EUR (12,5 % von 100.000,00 EUR)
= Restwert per 31.12.03	75.000,00 EUR
./. Abschreibung 04 (3. Jahr)	12.500,00 EUR (12,5 % von 100.000,00 EUR)
= Restwert per 31.12.04	62.500,00 EUR
./. Abschreibung 05 (4. Jahr)	12.500,00 EUR (12,5 % von 100.000,00 EUR)
= Restwert per 31.12.05	50.000,00 EUR
./. Abschreibung 06 (5. Jahr)	12.500,00 EUR (12,5 % von 100.000,00 EUR)

(Fortsetzung)

Tab. 8.4 (Fortsetzung)

= Restwert per 31.12.06	37.500,00 EUR
./. Abschreibung 07 (6. Jahr)	12.500,00 EUR (12,5 % von 100.000,00 EUR)
= Restwert per 31.12.07	25.000,00 EUR
./. Abschreibung 08 (7. Jahr)	12.500,00 EUR (12,5 % von 100.000,00 EUR)
= Restwert per 31.12.08	12.500,00 EUR (12,5 % von 100.000,00 EUR)
./. Abschreibung 09 (8. Jahr)	12.500,00 EUR (12,5 % von 100.000,00 EUR)
= Restwert per 31.12.09	0,00 EUR

Beispiel 8.2.6.1.1 – Lineare Abschreibung bei einem materiellen Anlagegut
Carlo Sommerweizen greift zur Übung das Beispiel von eben auf und erstellt den Abschreibungsplan für die gekaufte Maschine unter Beachtung der nachfolgenden Daten: Zugang am 02.01.02, Anschaffungskosten 100.000,00 EUR (netto) und Nutzungsdauer lt. AfA-Tabelle 8 Jahre.

Es ist auch hier möglich, auf 1,00 EUR Erinnerungswert abzuschreiben, sodass im Jahr 8. Jahr dann lediglich 12.499,00 EUR als Abschreibung in den Aufwand zu buchen wären.

Sommerweizen hat das System verstanden. Er schreibt sich einen wichtigen Satz auf:

Die planmäßige Abschreibung ist eine Verteilung der Anschaffungs- oder Herstellungskosten über die Laufzeit der Nutzungsdauer eines abnutzbaren Anlagegutes.

Er erinnert sich abschließend nochmals an das Thema Preisnachlässe (siehe Abschn. 8.2.4.3 *Preisnachlässe*). Sommerweizen versteht nun an dieser Stelle, warum die Skonti, Boni oder auch Rabatte bei Anlagegütern direkt von den Anschaffungskosten abgezogen werden müssen. Dadurch verringert sich die abschreibungstechnische Bemessungsgrundlage.

Würde man diesen Abzug nicht vornehmen, würden Abschreibungsbeträge zu hoch ausfallen. Man ginge dann von überhöhten Anschaffungswerten aus.

Nun widmet er sich der außerplanmäßigen Abschreibung.

8.2.6.2 Außerplanmäßige Abschreibungen

Bei den außerplanmäßigen Abschreibungen handelt es sich um Wertminderungen, die im Voraus nicht absehbar sind und aufgrund eines ungeplanten Ereignisses zusätzlich zu den planmäßigen Wertminderungen eintreten und den Wert des Gutes verringern.

Zu den unvorhergesehenen Ereignissen zählen z. B. Brand, Explosion, Diebstahl, Erdbeben u.v.m.

Die außerplanmäßige Abschreibung kann sowohl bei Anlagegütern als auch bei Gütern des Umlaufvermögens unter bestimmten Voraussetzungen vorgenommen werden.

Anlagevermögen
Neben den planmäßigen Abschreibungen sind außerplanmäßige Abschreibungen für technische oder wirtschaftliche Abnutzung zulässig, wenn im Rahmen des Anlagevermögens eine dauerhafte Wertminderung vorliegt (gemildertes Niederstwertprinzip):

§ 253 HGB – Zugangs- und Folgebewertung

(3) [...] Ohne Rücksicht darauf, ob ihre Nutzung zeitlich begrenzt ist, sind bei Vermögensgegenständen des Anlagevermögens bei voraussichtlich dauernder Wertminderung außerplanmäßige Abschreibungen vorzunehmen, um diese mit dem niedrigeren Wert anzusetzen, der ihnen am Abschlussstichtag beizulegen ist. Bei Finanzanlagen können außerplanmäßige Abschreibungen auch bei voraussichtlich nicht dauernder Wertminderung vorgenommen werden [...][5].

Da Sommerweizen die steuerliche Seite aktuell weniger interessiert, lässt er die genaue Betrachtung des § 7 (1) S. 7 EStG [7] an dieser Stelle außen vor. Sobald er Informationen hierzu benötigt, weiß er, wo er nachschauen kann.

Der unermüdliche Unternehmer schaut sich ein Beispiel zum Thema außerplanmäßige Abschreibung an:

Beispiel 8.2.6.2.1 – Außerplanmäßige Abschreibung bei einem materiellen Anlagegut
Unternehmer Holzmann ließ am Silvesterabend einen seiner betrieblichen Pkw genau dort stehen, wo Silvesterraketen von begeisterten Jugendlichen abgefeuert wurden. Der Buchwert vor dem Schaden betrug 20.000,00 EUR. Die planmäßige (lineare) Abschreibung pro Jahr beläuft sich auf 7000,00 EUR, die Minderung durch den entstandenen Schaden, der zur langandauernden Wertminderung des Gutes führt, 5000,00 EUR.

Holzmann muss zunächst die planmäßige Abschreibung in Höhe von 7000,00 EUR in Abzug bringen, hiernach die außerplanmäßige Abschreibung in Höhe von 5000,00 EUR.
Der Restbuchwert in Höhe von 8000,00 EUR (20.000,00 EUR (vorheriger Restbuchwert) ./. 7000,00 EUR (planmäßige Abschreibung) ./. 5000,00 EUR (außerplanmäßige Abschreibung) = 8000,00 EUR) wird in der nachfolgenden Bilanz ausgewiesen.

Fällt der Grund für eine außerplanmäßige Abschreibung fort, muss eine Zuschreibung (Wertaufholung) bis maximal zur Höhe der fortgeführten Anschaffungs- oder Herstellungskosten erfolgen.
Es gilt § 253 (5) HGB:

§ 253 HGB – Zugangs- und Folgebewertung

[...] (5) Ein niedrigerer Wertansatz [...] darf nicht beibehalten werden, wenn die Gründe dafür nicht mehr bestehen [...] [5].

Für den Fall, dass Unternehmer Holzmann im vorgenannten Beispiel 8.2.6.2.1 den betrieblichen Pkw wieder durch eine versierte Werkstatt instand setzen lassen kann, ist bis maximal zur Höhe des Restbuchwertes eine Wertaufholung durchzuführen.
Für den Geschäfts-/ oder Firmenwert ist der niedrige Wertansatz beizubehalten (§ 253 (5) S. 2 HGB).
Nun schaut sich der interessierte Unternehmer noch die außerplanmäßige Abschreibung im Umlaufvermögen an.

Umlaufvermögen
Hinsichtlich der außerplanmäßigen Abschreibung beim Umlaufvermögen hat Sommerweizen sofort ein Beispiel zur Hand:

Beispiel 8.2.6.2.1 – Außerplanmäßige Abschreibung beim Umlaufvermögen
Er denkt an die Wertpapiere eines Geschäftskunden Friedrich Brändle. Dieser hatte am 01.11.02 eine Aktie zu einem Kurs von 200,00 EUR erworben. Bis zum Bilanzstichtag am 31.12.02 fiel der Wert des Papiers auf 160,00 EUR.
Da hinsichtlich der Bewertung das strenge Niederstwertprinzip anzusetzen ist, muss Brändle eine außerplanmäßige Abschreibung in Höhe von 40,00 EUR vornehmen.
Fällt der Grund für die Wertminderung fort, muss das Wertaufholungsgebot nach § 253 (5) HGB beachtet werden.

Sommerweizen liest sich diese Vorschrift nochmals durch:

§ 253 HGB – Zugangs- und Folgebewertung

[...] (5) Ein niedrigerer Wertansatz [...] darf nicht beibehalten werden, wenn die Gründe dafür nicht mehr bestehen [...] [5].

Er ist sich ziemlich sicher, dass er alles verstanden hat und sich vieles hiervon gut merken kann.

Sommerweizen beendet seine Recherchen für den heutigen Tag und schwingt sich auf die Autobahn Richtung Tennisplatz.

8.2.7 Veräußerung von Anlagegütern

Am nächsten Tag hat ihn der Lernalltag wieder. Heute wird er sich noch den Rest zum Thema Anlagevermögen ansehen, bevor er im Anschluss mit der Bewertung des Umlaufvermögens fortfährt.

Er schaut sich nochmals zur Vervollständigung seines Wissens den Vorgang der Veräußerung von Anlagegütern an. Hier muss auch zum Anlagenabgangszeitpunkt die angefallene Abschreibung berücksichtigt werden.

Der Autohändler schaut in die Buchführung seines Mitarbeiters und findet sofort ein Beispiel:

Beispiel 8.2.7.1 – Veräußerung eines Anlagegutes

Carlo erinnert sich an seine Maschine aus der Werkstatt, welche er im Jahr 03 (am 23.03.) für 10.000,00 EUR (netto) zzgl. 19 % USt verkauft hat. Die Maschine stand zum 01.01.03 mit 9800,00 EUR zu Buche. Der jährliche lineare Abschreibungsbetrag betrug 1200,00 EUR. Zu Übungszwecken ermittelt Sommerweizen den Restbuchwert unter Berücksichtigung der Abschreibung (Tab. 8.5 *Veräußerungsvorgang Maschine*).

Tab. 8.5 Veräußerungsvorgang Maschine nach Beispiel 8.2.7.1

Anfangsbestand Maschine am 01.01.03	9800,00 EUR
./. Abschreibung 03 (1200,00 EUR/12×2)	200,00 EUR
= **Anlagenabgangswert**	**9600,00 EUR**

Sommerweizen hat an dieser Stelle eine sogenannte *zeitanteilige Abschreibung* vorzunehmen, da das Anlagegut im Jahr 03 keine 12 Monate im Betriebsvermögen vorhanden war. Man nennt diese zeitanteilige Abschreibung auch *pro-rata-temporis*. Diese Aufteilung erfolgt nicht nur bei Entnahme bzw. Veräußerung eines Anlagengutes, sondern auch bei Herstellung oder Kauf. Voraussetzung hierfür ist, dass es sich um ein abnutzbares Anlagegut handelt, welches zum Betriebsvermögen gehört und kein Geringwertiges Wirtschaftsgut repräsentiert.

Ist ein abnutzbares Anlagegut nicht 12 Monate des betreffenden Geschäftsjahres im Betriebsvermögen muss zeitanteilig abgeschrieben werden.

Laut Aussage des Steuerberaters Glaube genügt die Abschreibung auf volle Monate. Der Monat des Erwerbs bzw. der Herstellung wird in der Praxis üblicherweise in den Abschreibungszeitraum mit eingerechnet, der Monat der Veräußerung bleibt – wie im vorherigen Beispiel 8.2.7.1 – außen vor. Eine tagesgenaue Berechnung der Wertminderung ist nicht erforderlich.

Nun schaut sich Carlo noch die schon lang erwarteten GWGs an. Er möchte nun endlich wissen, was es mit dieser Abkürzung auf sich hat.

8.2.8 Geringwertige Wirtschaftsgüter

Nun widmet sich Carlo Sommerweizen dem Bereich der selbstständig nutzbaren Gütern, den sogenannten *Geringwertigen Wirtschaftsgütern (kurz: GWG)*.

Er recherchiert in seinen Lehrbüchern und im Internet und fasst die wesentlichen Aspekte zusammen.

Wie immer wagt er auch einen Blick ins Gesetz, um sicher zu gehen, dass er auf dem aktuellen Stand ist.

Wie sein Steuerberater Glaube ihn lehrte, sind GWGs durch folgende Merkmale geprägt:

- selbstständig nutzbare Güter
- beweglich
- zum Anlagevermögen gehörend
- bestimmte Grenze der Anschaffungs-/Herstellungskosten werden nicht überschritten
- steuerliche Abschreibung nach § 6 (2) bzw. (2a) EStG

Zu den klassischen Geringwertigen Wirtschaftsgütern gehören z. B. Tischrechner, Kaffeemaschinen, Werkzeuge, Bestecke, Handys, Laptops.

8.2 Bewertung und Bilanzierung ausgewählter Positionen ...

Nicht hierzu zählen z. B. Nadeldrucker, Beamer, Peripheriegeräte (Monitor, Tastatur etc.) der EDV-Anlage, da sie nicht selbstständig nutzbar sind. Diese müssen wie alle „normalen" Anlagegüter, die keine GWGs darstellen, klassisch aktiviert und nach AfA-Tabelle abgeschrieben werden. Sie unterliegen der Einzelbewertung (siehe auch Abschn. 4.5 *Grundsätze der ordnungsgemäßen Bilanzierung*).

Sommerweizen hat gelesen, dass es mittlerweile zwei (steuerlich relevante) Methoden gibt, aus denen er eine pro Wirtschaftsjahr auswählen kann. Diese schaut er sich im Folgenden an.

8.2.8.1 Sammelpostenmethode

Aufgrund des Wachstumsbeschleunigungsgesetzes (verabschiedet in 12/2009) kann ab 2010 pro Wirtschaftsjahr ein Wahlrecht wahrgenommen werden: die *Sammelpostenmethode* oder die *Sofortabschreibungsmethode*.

Sommerweizen liest sich die geltende Vorschrift des § 6 (2a) EStG durch:

§ 6 EStG – Bewertung

[…] (2a) […] kann für die abnutzbaren beweglichen Wirtschaftsgüter des Anlagevermögens, die einer selbständigen Nutzung fähig sind, im Wirtschaftsjahr der Anschaffung, Herstellung oder Einlage des Wirtschaftsguts oder der Eröffnung des Betriebs ein Sammelposten gebildet werden, wenn die Anschaffungs- oder Herstellungskosten, vermindert um einen darin enthaltenen Vorsteuerbetrag […] den Wert für das einzelne Wirtschaftsgut 250 Euro, aber nicht 1000 Euro übersteigen. 2Der Sammelposten ist im Wirtschaftsjahr der Bildung und den folgenden vier Wirtschaftsjahren mit jeweils einem Fünftel gewinnmindernd aufzulösen. 3Scheidet ein Wirtschaftsgut im Sinne des Satzes 1 aus dem Betriebsvermögen aus, wird der Sammelposten nicht vermindert. 4Die Anschaffungs- oder Herstellungskosten […] von abnutzbaren beweglichen Wirtschaftsgütern des Anlagevermögens, die einer selbständigen Nutzung fähig sind, können im Wirtschaftsjahr der Anschaffung, Herstellung oder Einlage des Wirtschaftsguts oder der Eröffnung des Betriebs in voller Höhe als Betriebsausgaben abgezogen werden, wenn die Anschaffungs- oder Herstellungskosten, vermindert um einen darin enthaltenen Vorsteuerbetrag […] für das einzelne Wirtschaftsgut 250,00 Euro nicht übersteigen. 5Die Sätze 1 bis 3 sind für alle in einem Wirtschaftsjahr angeschafften, hergestellten oder eingelegten Wirtschaftsgüter einheitlich anzuwenden […] [6].

Soviel Juristerei... da fasst er doch einmal die wichtigsten Punkte für sich zusammen.

Das GWG nach der Sammelpostenmethode ist durch folgende Merkmale geprägt:

- abnutzbares Gut
- bewegliches Gut
- zum Anlagevermögen gehörend
- selbstständige Nutzbarkeit
- Bildung eines Sammelpostens (aktives Bestandskonto)
- Auflösung (lineare Abschreibung) des Sammelposten-Kontos über fünf Jahre zu je 1/5 (= 20 %)
- GWG bis 250,00 EUR netto = Betriebsausgabe
- GWG von 250,00 EUR bis 1000,00 EUR Zugangswert = Zuführung zum Sammelposten und Abschreibung über linear fünf Jahre
- Keine Einzelbewertung, da ein früheres Ausscheiden eines GWGs auf dem Sammelposten-Konto keinen Einfluss auf die Abschreibung nimmt.

Güter, die die Eigenschaft eines GWG haben und deren Zugangswert höher als 1000,00 EUR netto sind, werden klassisch auf einem Anlagekonto erfasst und nach AfA-Tabelle abgeschrieben.

Carlo Sommerweizen ist etwas verwirrt und lässt sich von Steuerberater Glaube anhand eines Beispiels die gesetzliche Grundlage erklären.

Beispiel 8.2.8.1.1 – Sammelpostenmethode

Unternehmer Fleißig kauft im Jahr 01 ein Laptop (Kaufpreis 700,00 EUR netto) und ein Multifunktionsgerät (Drucker, Scanner, Fax) zu einem Preis von 800,00 EUR (netto).

Für das Jahr 01 ist ein Sammelposten zu bilden. Auf diesem Aktivkonto sind 700,00 EUR für das Laptop sowie das Multifunktionsgerät in Höhe von 800,00 EUR. Hierbei ist es gleichgültig, an welchem Tag die Güter käuflich erworben wurden. Es gibt bei der Sammelpostenmetode keine zeitanteilige Abschreibung.

Der Sammelposten weist zum 31.12.01 einen Gesamtwert in Höhe von 1500,00 EUR aus. Dieser Wert wird jährlich um 20 % (=1/5) abgeschrieben. Im Jahr 01 werden demnach 300,00 EUR in den Aufwand gebucht.

Eine Einzelbewertung gibt es bei dieser Methode nicht. Diese steuerliche Vorschrift durchbricht somit das handelsrechtliche Prinzip der Einzelbewertung.

Nun schaut sich der wissbegierige Autohändler noch die klassische GWG-Sofortabschreibung an, die als Alternative zur Sammelposten-Methode dem Unternehmer zur Verfügung steht.

8.2.8.2 Sofortabschreibungs-Methode bis 800,00 EUR

Sommerweizen schaut sich sofort wieder das Gesetz an und stellt fest, dass die dort zu findende Definition auch sehr komplex ist. Tapfer kämpft er sich durch den § 6 (2) EStG:

§ 6 EStG – Bewertung

[…] (2) [1]Die Anschaffungs- oder Herstellungskosten […] von abnutzbaren beweglichen Wirtschaftsgütern des Anlagevermögens, die einer selbständigen Nutzung fähig sind, können im Wirtschaftsjahr der Anschaffung, Herstellung oder Einlage des Wirtschaftsguts oder der Eröffnung des Betriebs in voller Höhe als Betriebsausgaben abgezogen werden, wenn die Anschaffungs- oder Herstellungskosten, vermindert um einen darin enthaltenen Vorsteuerbetrag […] für das einzelne Wirtschaftsgut 800,00 Euro nicht übersteigen. [2]Ein Wirtschaftsgut ist einer selbständigen Nutzung nicht fähig, wenn es nach seiner betrieblichen Zweckbestimmung nur zusammen mit anderen Wirtschaftsgütern des Anlagevermögens genutzt werden kann und die in den Nutzungszusammenhang eingefügten Wirtschaftsgüter technisch aufeinander abgestimmt sind. […] [4]Wirtschaftsgüter […], deren Wert 250,00 Euro übersteigt, sind unter Angabe des Tages der Anschaffung, Herstellung oder Einlage des Wirtschaftsguts oder der Eröffnung des Betriebs und der Anschaffungs- oder Herstellungskosten […] in ein besonderes, laufend zu führendes Verzeichnis aufzunehmen. [5]Das Verzeichnis braucht nicht geführt zu werden, wenn diese Angaben aus der Buchführung ersichtlich sind […] [6].

Auch hier fasst Sommerweizen die wichtigsten Punkte zusammen:

- abnutzbares Gut
- bewegliches Gut
- zum Anlagevermögen gehörend
- selbständige Nutzbarkeit
- Sofortabzug der Anschaffungs- oder Herstellungskosten bis zu einem Nettowert von 800,00 EUR
- GWG über 250,00 EUR bis 800,00 EUR müssen gesondert aufgezeichnet oder gebucht werden.

Hierzu sieht sich Sommerweizen ein abschließendes Beispiel an:

Beispiel 8.2.8.2.1 – Sofortabschreibung GWG bis 800,00 EUR

Carlo Sommerweizen kauft sich ein betriebliches Handy zu einem Nettowert in Höhe von 320,00 EUR. Er kann dieses sofort als Aufwand in seiner

Gewinn- und Verlustrechnung erfassen, da es sich hierbei um ein selbstständig nutzbares Gut i.S.d. § 6 (2) EStG handelt. Das GWG muss gesondert aufgezeichnet werden, da die Betragsgrenze 250,00 EUR übersteigt.

So, endlich geschafft, denkt sich Carlo. Er schaut sich nun noch die Lernkontrolle zu diesem umfangreichen Themengebiet und bricht anschließend ins wohlverdiente Wochenende auf.

8.2.9 Zusammenfassende Lernkontrolle

Im Folgenden werden zunächst mit Hilfe von Kontrollfragen die Inhalte des bisherigen Kapitels wiederholt. Die Lösungen hierzu dienen als Vorschläge zur Lösung dieser Fragen.

Hieran schließen sich Übungsaufgaben an, die das erworbene oder aufgefrischte Wissen vertiefen sollen.

8.2.9.1 Kontrollfragen
1. Wie ist der Begriff *Anlagevermögen* definiert?
2. Wie ist das Anlagevermögen gemäß § 266 (2) HGB zusammengesetzt?
3. Nennen Sie bitte drei Beispiele für abnutzbare Anlagegüter.
4. Wie nennt man den Restwert bei Veräußerung eines Anlagegutes noch?
5. Nennen Sie bitte die gesetzliche Vorschrift, die die *Herstellungskosten* definiert.
6. Was sind *außerplanmäßige Abschreibungen*?
7. Wofür steht die Abkürzung *GWG*?
8. Nennen Sie bitte drei Merkmale, die einen GWG-Sammelposten ausmachen.
9. Nennen Sie bitte drei Preisnachlässe.
10. Besteht handelsrechtlich für die selbst erstellte Verwaltungssoftware, welche im eigenen Unternehmen eingesetzt werden soll, ein *Aktivierungsverbot*? Bitte begründen Sie mit der gesetzlichen Vorschrift.

8.2.9.2 Lösungen zu den Kontrollfragen
1. Anlagevermögen ist Teil des gesamten Vermögens auf der Aktivseite der Bilanz. Es beinhaltet Güter, die dazu bestimmt sind, dem Betrieb langfristig (länger als ein Jahr) zu dienen.
2. Das Anlagevermögen besteht aus den immateriellen Vermögensgegenständen, den Sachanlagen und den Finanzanlagen.
3. Z. B. Fuhrpark, Betriebsgebäude, Maschinen
4. Anlagenabgangswert

5. § 255 (2) HGB
6. Außerplanmäßige Abschreibungen werden durchgeführt, wenn ein unvorhergesehenes Ereignis z. B. bei einem Anlagegut eine dauerhafte Wertminderung hervorruft.
7. GWG steht für Geringwertiges Wirtschaftsgut
8. z. B. lineare Abschreibung über 5 Jahre (=20 %), keine zeitanteilige Abschreibung, steuerliche Vorschrift (§ 6 (2a) EStG)
9. Rabatt, Bonus, Skonto
10. Nein, für die Software besteht ein Aktivierungswahlrecht (§ 248 (2) HGB).

8.2.9.3 Übungen

1. Wie hoch sind im nachfolgenden Sachverhalt
   a) die Anschaffungskosten (netto) vor Abzug des Preisnachlasses?
   b) die Anschaffungskosten (netto) nach Abzug des Preisnachlasses?
   c) der Vorsteuer-Korrekturbetrag?
   Sachverhalt:
   Carlo Sommerweizen (bilanzierender Autohändler) hat am 02.07.02 eine Automesse besucht und Autos im Gesamtwert von 100.000,00 EUR (netto) + 19.000,00 EUR (Vorsteuer) auf Ziel eingekauft. Der Lieferant gewährt ihm 3 % Skonto, wenn er die Rechnung innerhalb von 10 Tagen überweist. Da der kaufmännisch vernünftig denkende Autohändler stets bemüht ist, Kosten einzusparen, übergibt er seiner Buchhalterin am 03.07.02 die Rechnung (Datum 02.07.02) und erteilt ihr den Auftrag, diese noch am gleichen Tag durch Banküberweisung zu begleichen.
2. Ermitteln Sie den Bilanzansatz von Grundstück und Gebäude im nachfolgenden Sachverhalt. Errechnen Sie bitte nachvollziehbar die Zuteilung der Kosten.
   Sachverhalt:
   Carlo Sommerweizen entschließt sich, am 15.08.01 ein Gebäude zu erwerben, welches er nur für betriebliche Zwecke nutzen möchte. Für das bebaute Grundstück (in einem noblen Viertel von Neustadt) fallen Anschaffungskosten in Höhe von 1.100.000,00 EUR an. Hiervon entfallen auf das Gebäude 700.000,00 EUR. Für Notarkosten und Grunderwerbsteuer wurde ein Betrag in Höhe von 35.500,00 EUR entrichtet.
3. Welche Aussage ist korrekt?
   a) Die Umsatzsteuer muss bei Inanspruchnahme eines gewährten Preisnachlasses vom leistenden Unternehmer korrigiert werden.
   b) Die Vorsteuer muss bei Inanspruchnahme eines gewährten Preisnachlasses vom leistenden Unternehmer korrigiert werden.
   c) Die Umsatzsteuer muss nicht korrigiert werden.
   d) Die Vorsteuer muss nicht korrigiert werden.

4. Welche Aussagen sind falsch?
   a) Skonto ist ein Preisnachlass, welcher erst bei fristgemäßer Zahlung vom Leistungsempfänger abgezogen werden darf.
   b) Bonus ist ein Preisnachlass, welcher erst bei fristgemäßer Auftragserteilung vom Leistungsempfänger abgezogen werden darf.
   c) Rabatte können nur in Zusammenhang mit Skonto gewährt werden.
5. Ermitteln Sie rechnerisch nachvollziehbar die Anschaffungskosten (netto) für den Pkw im nachfolgenden Sachverhalt.
   Sachverhalt:
   Für den Vorstandsvorsitzenden der XY AG wurde ein neuer Pkw bei Carlo Sommerweizen gekauft. Die voraussichtliche Nutzungsdauer des betrieblichen Pkw beträgt 6 Jahre. Es liegen Ihnen noch folgende Daten vor: Kaufpreis (brutto, inkl. 19 % USt) 95.200,00 EUR Zulassungsgebühren 40,00 EUR, Überführungskosten (netto) 600,00 EUR, Einbau einer Panzerung (netto) 50.000,00 EUR, Nummernschilder (brutto, inkl. 19 % USt) 35,70 EUR, Tankfüllung (netto) 100,00 EUR, Kfz-Versicherung (inkl. Versicherungssteuer) 1400,00 EUR
6. Ermitteln Sie rechnerisch nachvollziehbar die andere aktivierte Eigenleistung für das Anlagegut, welches durch den Unternehmer selbst produziert wurde.
   Sachverhalt:
   Paul Hartmann ist Schreiner. In seiner Werkstatt wurde ein hochwertiger Tisch für sein Unternehmen hergestellt.
   Hierfür sind folgende Kosten angefallen:
   Materialeinzelkosten: 3000,00 EUR
   Gemeinkostenzuschlag: 20 %
   Fertigungseinzelkosten: 1000,00 EUR
   Gemeinkostenzuschlag: 25 %
7. Bitte ermitteln Sie die Anschaffungskosten der Maschine für nachfolgenden Sachverhalt:
   Sachverhalt:
   Unternehmer Fleißig kauft für seinen Betrieb eine Maschine, die er mindestens ein Jahr im Betriebsvermögen halten möchte. Der ursprüngliche Händlerpreis hierfür beträgt 90.000,00 EUR netto. Hinzu kommen noch ein Zusatzmodul zur Produktionssteigerung in Höhe von 100,00 EUR (netto, ohne USt). Außerdem wird noch ein Sockel für diese Maschine durch einen Fremdunternehmer gegossen. Kosten hierfür: 1000,00 EUR zzgl. 19 %. Als treuer Kunde gewährt ihm der Händler noch 238,00 EUR Rabatt.
8. Bitte bestimmen Sie den Zahlungsbetrag für nachfolgenden Sachverhalt:

8.2 Bewertung und Bilanzierung ausgewählter Positionen ...

Sachverhalt:
Unternehmer Fleißig kauft sich eine Maschine zu einem Kaufpreis von 100.000,00 EUR netto zzgl. 19 % USt. Der Händler räumt ihm 3 % Skonto ein, wenn er fristgerecht zahlt. Fleißig zahlt fristgerecht.
9. Wie hoch ist der zu aktivierende Betrag? Wie heißt das Konto, welches als neutralisierendes Konto eingesetzt wird?
Schreiner Holzmann stellt einen Büroschrank für seinen eigenen Betrieb her. Für die Produktion sind ihm 2000,00 EUR (netto) für Holz (Materialeinzelkosten) angefallen; sein Mitarbeiter erhält Fertigungslohn von insgesamt 500,00 EUR und die Fertigungsgemeinkosten (u. a. Energiekosten) belaufen sich auf 200,00 EUR.
10. Bitte erstellen Sie den Abschreibungsplan für nachfolgenden Sachverhalt:
Sachverhalt:
Unternehmer Fleißig erstellt den Abschreibungsplan für die neue gekaufte Maschine unter Beachtung der nachfolgenden Daten: Zugang am 31.01.02, Anschaffungskosten 200.000,00 EUR (netto) und lt. AfA-Tabelle 8 Jahre, Abschreibungsart: linear (Tab. 8.6).
11. Bitte erstellen Sie den Abschreibungsplan für nachfolgenden Sachverhalt:
Sachverhalt:
Unternehmer XY kauft am 31.01.02 eine Maschine, welche er im Betriebsvermögen halten möchte, für 100.000,00 EUR (netto). Die Nutzungsdauer soll 8 Jahre betragen. Der degressive Abschreibungssatz beläuft sich auf 25 %. Zur Ermittlung des Steuersatzes dient folgende Berechnung: 100 % (Abschreibungsvolumen)/7 Jahre (Nutzungsdauer) × 2,5 (Multiplikator) = 31,25 %. Da 35,71 % > 25 % lt. Gesetz sind, können maximal 25 % als Abschreibungssatz berücksichtigt werden. Unternehmer XY erstellt aufgrund der vorliegenden Daten einen Abschreibungsplan. Es wird kein Wechsel von degressiver zur linearen Methode vorgenommen (Tab. 8.7). Es ist auch möglich, auf 1,00 EUR Erinnerungswert abzuschreiben, sodass im Jahr 8. Jahr dann lediglich 13.346,00 EUR als Abschreibung in den Aufwand zu buchen wären.
12. Wie hoch ist der Restbuchwert des Pkw für nachfolgenden Sachverhalt?
Sachverhalt:
Unternehmer Überall ließ am Silvesterabend einen seiner betrieblichen Pkw genau dort stehen, wo Silvesterraketen von begeisterten Jugendlichen abgefeuert wurden. Der Buchwert vor dem Schaden betrug 30.000,00 EUR. Die planmäßige (lineare) Abschreibung pro Jahr beläuft sich auf 6000,00 EUR, die Minderung durch den entstandenen Schaden, der zur langandauernden Wertminderung des Gutes führt, 3000,00 EUR.

Tab. 8.6 Folgebewertung Maschine

Tab. 8.7 Folgebewertung Maschine

13. Mit welchem Wert wird die Aktie zum Bilanzstichtag im nachfolgenden Sachverhalt bilanziert?
    Sachverhalt:
    Unternehmer Brändle hatte am 11.11.02 eine Aktie zu einem Kurs von 300,00 EUR erworben. Bis zum Bilanzstichtag am 31.12.02 stieg der Wert des Papiers auf 360,00 EUR.
14. Wie hoch ist der Anlagenabgangswert bei nachfolgendem Sachverhalt?
    Sachverhalt:
    Sommerweizen hat im Jahr 03 (am 31.03.) eine Maschine für 10.000,00 EUR (netto) zzgl. 19 % USt verkauft. Die Maschine stand zum 01.01.03 mit 8800,00 EUR zu Buche. Der jährliche lineare Abschreibungsbetrag betrug 2400,00 EUR.
15. Wie hoch ist der GWG-Abschreibungsbetrag bei Anwendung der Sammelpostenmethode für nachfolgenden Sachverhalt?
    Sachverhalt:
    Unternehmer Fleißig kauft im Jahr 01 ein Laptop (Kaufpreis 800,00 EUR netto) und ein Handy zu einem Preis von 500,00 EUR (netto). Für das Jahr 01 ist ein Sammelposten zu bilden.
16. Kreuzen Sie bitte die korrekte Antwort an (Tab. 8.8 *Multiple Choice zu Kap. 8*):

Tab. 8.8 Multiple Choice zu Kap. 8

Nr.	Aussage	Richtig	Falsch
1.	Materielle Vermögensgegenstände müssen immer über fünf Jahre abgeschrieben werden		
2.	Die Anschaffungskosten sind bei vorsteuerabzugsberechtigten Unternehmern stets netto zu aktivieren		
3.	Herstellungskosten sind immer brutto zu aktivieren		
4.	Die Abschreibungsdauer (Nutzungsdauer) kann man stets selbst bestimmen. Es gibt keinerlei Vorgaben		
5.	Der Firmenwert (Verkaufspreis ./. Zeitwert des Eigenkapitals) ist ein immaterieller Wert		

8.2.9.4 Lösungen zu den Übungen

1. Folgende Antworten sind korrekt
   a) 100.000,00 EUR
   b) 97.000,00 EUR (97 % von 100.000,00 EUR)
   c) 570,00 EUR (3 % von 19.000,00 EUR)

2. Die Anschaffungskosten für Grundstück und Gebäude müssen getrennt ermittelt und aktiviert werden. Grund: nur das Gebäude ist abnutzbares Anlagegut und wird abgeschrieben.

	Kaufpreis / EUR	Anschaff.NK / EUR	Anschaffungskosten / EUR
Grund und Boden (36,36%)	400.000,00	12.907,80	412.907,80
Gebäude (63,64%)	700.000,00	22.592,20	722.592,20
Gesamt	1.100.000,00	35.500,00	1.135.500,00

3. Aussage a) ist korrekt.
4. Die Aussagen b) und c) sind falsch.
5. Die Anschaffungskosten des Pkw ermitteln sich wie folgt:

Kosten	Brutto/EUR	Vorsteuer/EUR	Netto/EUR
Kaufpreis	95.200,00	15.200,00	80.000,00
Zulassungsgebühren	40,00	0,00	40,00
Überführungsgebühren	714,00	114,00	600,00
Panzerung	59.500,00	9.500,00	50.000,00
Nummernschilder	35,70	5,70	30,00
Tankfüllung	Betriebsausgabe	--	Betriebsausgabe
Kfz-Versicherung	Betriebsausgabe	--	Betriebsausgabe
Gesamt	155.489,70	24.819,70	130.670,00

6. Ermittlung der Herstellungskosten:
Materialeinzelkosten 3000,00 EUR + Materialgemeinkosten 600,00 EUR (20 % v. 3000,00 EUR) + Fertigungseinzelkosten 1000,00 EUR + Fertigungsgemeinkosten 250,00 EUR (25 % v. 1000,00 EUR) = Herstellungskosten 4850,00 EUR
Im vorgenannten Beispiel wurde also ein Erzeugnis produziert, welches im eigenen Betrieb verbleibt und hier genutzt wird. Dieses selbst hergestellte Gut wird mit den Herstellungskosten auf dem entsprechenden Anlagekonto aktiviert.
7. Die für die Maschine anfallenden Anschaffungskosten sind in Tab. 8.9 dargestellt.

Tab. 8.9 Ermittlung Anschaffungskosten

Kaufpreis		90.000,00 EUR
./. Rabatt (238,00 EUR/1,19)		200,00 EUR
+ *Anschaffungsnebenkosten*		
Zusatzmodul	100,00 EUR	
Sockel	1000,00 EUR	1100,00 EUR
Anschaffungskosten gesamt		**90.900,00 EUR**

8. Fleißig überweist den Betrag von 115.430,00 EUR (119.000,00 EUR × 0,97) pünktlich an den Lieferanten. Er korrigiert den Wert der Anschaffungskosten seiner Maschine sowie die hierfür vom Finanzamt bereits zurückgeforderte Vorsteuer. Hätte Fleißig die Zahlungsfrist überschritten, wäre ein Skontoabzug nicht gerechtfertigt gewesen. Der Händler hätte den einbehaltenen Betrag zurückfordern können.

9. Der zu aktivierende Betrag beläuft sich auf 2700,00 EUR (2000,00 EUR Materialeinzelkosten + 500,00 EUR Fertigungslohn + 200,00 EUR Fertigungsgemeinkosten).

Die Gegenbuchung erfolgt auf dem Konto „andere aktivierte Eigenleistungen". Dieses Konto stellt ein Ertragskonto dar, welches den zuvor erfassten Aufwand neutralisiert. Somit werden Käufer und Hersteller eines Produktes bilanztechnisch „gleichgestellt". Beide müssen, sobald sie das Anlagegut seiner Funktion nach nutzen können, vom Anschaffungs- bzw. Herstellungswert abschreiben. Das heißt, sie verteilen die Anschaffungskosten (Käufer) bzw. die Herstellungskosten (Hersteller, hier: Schreiner Holzmann) über die Laufzeit der Nutzungsdauer des Anlagegutes.

10. Der Abschreibungsplan ist in Tab. 8.10 dargestellt.

Tab. 8.10 Folgebewertung Maschine

Zugang Maschine am 31.01.02	200.000,00 EUR (Kaufpreis, netto)
./. Abschreibung 02 (1. Jahr)	25.000,00 EUR (12,5 % von 200.000,00 EUR)
= Restwert per 31.12.02	175.000,00 EUR
./. Abschreibung 03 (2. Jahr)	25.000,00 EUR (12,5 % von 200.000,00 EUR)
= Restwert per 31.12.03	150.000,00 EUR

(Fortsetzung)

8.2 Bewertung und Bilanzierung ausgewählter Positionen ...

Tab. 8.10 (Fortsetzung)

./. Abschreibung 04 (3. Jahr)	25.000,00 EUR (12,5 % von 200.000,00 EUR)
= Restwert per 31.12.04	125.000,00 EUR
./. Abschreibung 05 (4. Jahr)	25.000,00 EUR (12,5 % von 200.000,00 EUR)
= Restwert per 31.12.05	100.000,00 EUR
./. Abschreibung 06 (5. Jahr)	25.000,00 EUR (12,5 % von 200.000,00 EUR)
= Restwert per 31.12.06	75.000,00 EUR
./. Abschreibung 07 (6. Jahr)	25.000,00 EUR (12,5 % von 200.000,00 EUR)
= Restwert per 31.12.07	50.000,00 EUR
./. Abschreibung 08 (7. Jahr)	25.000,00 EUR (12,5 % von 200.000,00 EUR)
= Restwert per 31.12.08	25.000,00 EUR
./. Abschreibung 09 (8. Jahr)	25.000,00 EUR
= Restwert per 31.12.09	0,00 EUR

11. Zur Ermittlung des Steuersatzes dient folgende Berechnung: 100 % (Abschreibungsvolumen)/7 Jahre (Nutzungsdauer) × 2,5 (Multiplikator) = 31,25 %. Da 35,71 % > 25 % lt. Gesetz sind, können maximal 25 % als Abschreibungssatz berücksichtigt werden. Unternehmer XY erstellt

Tab. 8.11 Folgebewertung Maschine

Zugang Maschine am 31.01.02	100.000,00 EUR (Kaufpreis, netto)
./. Abschreibung 02 (1. Jahr)	25.000,00 EUR (25 % von 100.000,00 EUR)
= Restwert per 31.12.02	75.000,00 EUR
./. Abschreibung 03 (2. Jahr)	18.750,00 EUR (25 % von 75.000,00 EUR)
= Restwert per 31.12.03	56.250,00 EUR

(Fortsetzung)

Tab. 8.11 (Fortsetzung)

./. Abschreibung 04 (3. Jahr)	14.063,00 EUR (25 % von 56.250,00 EUR, gerundet auf volle EUR)
= Restwert per 31.12.04	42.187,00 EUR
./. Abschreibung 05 (4. Jahr)	10.547,00 EUR (25 % von 42.187,00 EUR, gerundet auf volle EUR)
= Restwert per 31.12.05	31.640,00 EUR
./. Abschreibung 06 (5. Jahr)	7910,00 EUR (25 % von 31.640,00 EUR)
= Restwert per 31.12.06	23.730,00 EUR
./. Abschreibung 07 (6. Jahr)	5933,00 EUR (25 % von 31.640,00 EUR, gerundet auf voll EUR)
= Restwert per 31.12.07	17.797,00 EUR
./. Abschreibung 08 (7. Jahr)	4450,00 EUR (25 % von 17.797,00 EUR, gerundet auf voll EUR)
= Restwert per 31.12.08	13.347,00 EUR
./. Abschreibung 09 (8. Jahr)	13.347,00 EUR (25 % von 13.347,00 EUR = 3337, gerundet auf voll EUR, aber(!) voller Abzug des Restbuchwertes, da die Nutzungsdauer 8 Jahre beträgt)
= Restwert per 31.12.09	0,00 EUR

aufgrund der vorliegenden Daten einen Abschreibungsplan. Es wird kein Wechsel von degressiver zur linearen Methode vorgenommen (Tab. 8.11). Es ist auch möglich, auf 1,00 EUR Erinnerungswert abzuschreiben, sodass im Jahr 8. Jahr dann lediglich 13.346,00 EUR als Abschreibung in den Aufwand zu buchen wären.

12. Folgender Restbuchwert wird ermittelt:
Unternehmer Überall muss zunächst die planmäßige Abschreibung in Höhe von 6000,00 EUR in Abzug bringen, hiernach die außerplanmäßige Abschreibung in Höhe von 3000,00 EUR.
Der Restbuchwert in Höhe von 21.000,00 EUR (30.000,00 EUR (vorheriger Restbuchwert) ./. 6000,00 EUR (planmäßige Abschreibung) ./. 3000,00 EUR (außerplanmäßige Abschreibung) = 8000,00 EUR) wird in der nachfolgenden Bilanz ausgewiesen.
13. Da hinsichtlich der Bewertung das strenge Niederstwertprinzip zu beachten ist, darf keine außerplanmäßige Abschreibung vorgenommen werden.
14. Der in Tab. 8.12 aufgeführte Anlagenabgangswert kann ermittelt werden.

8.2 Bewertung und Bilanzierung ausgewählter Positionen ...

Tab. 8.12 Veräußerungsvorgang Maschine

Anfangsbestand Maschine am 01.01.03	8800,00 EUR
./. Abschreibung 03 (2400,00 EUR/12 × 2)	400,00 EUR
= **Anlagenabgangswert**	**8400,00 EUR**

15. Folgende GWG-Abschreibung (Sammelposten) kann ermittelt werden: Auf diesem Aktivkonto sind 800,00 EUR für das Laptop sowie das Handy in Höhe von 500,00 EUR. Hierbei ist es gleichgültig, an welchem Tag die Güter käuflich erworben wurden. Es gibt bei der Sammelpostenmetode keine zeitanteilige Abschreibung. Der Sammelposten weist zum 31.12.01 einen Gesamtwert in Höhe von 1300,00 EUR aus. Dieser Wert wird jährlich um 20 % (=1/5) abgeschrieben. Im Jahr 01 werden demnach 260,00 EUR in den Aufwand gebucht. Eine Einzelbewertung gibt es bei dieser Methode nicht. Diese steuerliche Vorschrift durchbricht somit das handelsrechtliche Prinzip der Einzelbewertung.
16. Die Antworten in Tab. 8.13 *Multiple Choice zu Kap. 8* sind korrekt.

Tab. 8.13 Multiple Choice zu Kap. 8

Nr.	Aussage	Richtig	Falsch
1.	Materielle Vermögensgegenstände müssen immer über fünf Jahre abgeschrieben werden		×
2.	Die Anschaffungskosten sind bei vorsteuerabzugsberechtigten Unternehmern stets netto zu aktivieren	×	
3.	Herstellungskosten sind immer brutto zu aktivieren		×
4.	Die Abschreibungsdauer (Nutzungsdauer) kann man stets selbst bestimmen. Es gibt keinerlei Vorgaben		×
5.	Der Firmenwert (Verkaufspreis ./. Zeitwert des Eigenkapitals) ist ein immaterieller Wert	×	

Literatur

Homepage des Bundesjustizministeriums

1. https://www.gesetze-im-internet.de/estg/__5.html. Zugegriffen: 18. Apr. 2016
2. https://www.gesetze-im-internet.de/hgb/__255.html. Zugegriffen: 2. Mai 2016
3. https://www.gesetze-im-internet.de/hgb/__266.html. Zugegriffen: 2. Mai 2016
4. https://www.gesetze-im-internet.de/hgb/__248.html. Zugegriffen: 2. Mai 2016
5. https://www.gesetze-im-internet.de/hgb/__253.html. Zugegriffen: 6. Mai 2016
6. https://www.gesetze-im-internet.de/estg/__6.html. Zugegriffen: 18. Juli 2018
7. https://www.gesetze-im-internet.de/estg/__7.html. Zugegriffen: 6. Mai 2016

Bilanzierung ausgewählter Positionen des Umlaufvermögens

9

> **Zusammenfassung**
>
> Carlo Sommerweizen widmet sich in diesem Kapitel ausgewählten Sachverhalten zur Bewertung des Vorratsvermögens und der Forderungen. Er geht bei seiner Recherche auch auf mögliche Bewertungsmethoden wie Verbrauchsfolgeverfahren (LiFo- und FiFo-Verfahren) sowie dem Durchschnittswertverfahren ein.
>
> Alle behandelten Themen werden anhand von Kontrollfragen und Übungen vertieft und gefestigt.

Carlo Sommerweizen widmet sich in diesem Kapitel ausgewählten Sachverhalten zur Bewertung des Vorratsvermögens und der Forderungen. Er geht bei seiner Recherche auch auf mögliche Bewertungsmethoden wie Verbrauchsfolgeverfahren (LiFo- und FiFo-Verfahren) sowie dem Durchschnittswertverfahren ein.

Alle behandelten Themen werden anhand von Kontrollfragen und Übungen vertieft und gefestigt.

Sommerweizen startet wie immer mit den wichtigsten Definitionen, die im nachfolgenden Kapitel eine Rolle spielen.

9.1 Wichtige Definitionen

Abschlag = Teilzahlung für eine bereits in Anspruch genommene Teilleistung

Anzahlung = auch Vorkasse, empfangene Geldzahlung vor Ausführung der Leistung (erhaltene Anzahlung) oder geleistete Geldzahlung vor Inanspruchnahme einer Leistung (geleistete Anzahlung)

Erzeugnis = selbst erstelltes, produziertes Gut

First in First out (kurz: FiFo) Verbrauchsfolgeverfahren, bei dem davon ausgegangen wird, dass z. B. Handelsware, die zuerst dem Lager zugeführt wurden, auch als erstes für Zwecke der Veräußerung entnommen werden.

Last in First out (kurz: LiFo) Verbrauchsfolgeverfahren, bei dem davon ausgegangen wird, dass z. B. Handelsware, die zum Schluss dem Lager zugeführt wurden zuerst für Zwecke der Veräußerung entnommen werden.

Ware = auch Handelsware, entgeltlich erworbene Güter zum Zwecke der Weiterveräußerung.

Nun widmet sich der motivierte Unternehmer der Bewertung seines Vorratsvermögens und schaut sich zunächst mögliche Bewertungsmethoden an, bevor er sich mit ausgewählten Positionen des Vorratsvermögens und den Forderungen beschäftigt.

9.2 Vorratsvermögen

Carlo Sommerweizen hat sich nun mehrfach die Vorschrift zur Gliederung einer Bilanz im § 266 HGB [2] angeschaut.

Er weiß, dass das Vorratsvermögen, welches zum Umlaufvermögen gehört, aus folgenden Positionen bestehen kann:

- Handelswaren
- Fertige Erzeugnisse
- Teilfertige Erzeugnisse
- Rohstoffe
- Hilfsstoffe
- Betriebsstoffe

Diese können nach unterschiedlichen Bewertungsmethoden bewertet und in der Bilanz aktiviert werden.

Carlo Sommerweizen schaut sich einige ausgewählte Bewertungsmethoden an. Er weiß, dass das Studium aller Bewertungsmöglichkeiten den Rahmen seiner Recherchen sprengen würde.

9.2.1 Unterschiedliche Bewertungsmethoden

Zunächst schaut sich Carlo Sommerweizen einige ausgewählte Bewertungsmethoden an, die bei der Bilanzierung insbesondere des Vorratsvermögens zum Einsatz kommen können. Er beginnt mit der Gruppenbewertung.

9.2.1.1 Gruppenbewertung

Die Gruppenbewertung gehört zu den Bewertungsmethoden, die im Rahmen der Bewertungsvereinfachungsverfahren im Sinne des § 240 (4) HGB zugelassen werden:

§ 240 HGB – Inventar

[…](4) Gleichartige Vermögensgegenstände des Vorratsvermögens sowie andere gleichartige oder annähernd gleichwertige bewegliche Vermögensgegenstände und Schulden können jeweils zu einer Gruppe zusammengefaßt und mit dem gewogenen Durchschnittswert angesetzt werden [1].

Hinsichtlich der Gruppenbewertung schaut sich der motivierte Autohändler ein Beispiel an, um den Gesetzestext besser verstehen zu können.

Beispiel 9.2.1.1 – Gruppenbewertung

Sommerweizen weiß von Unternehmer Fleißig, dass er regelmäßig seinen Vorratsbestand der Gruppenbewertung unterwirft, da es sich hierbei um gleichartige Güter des Vorratsvermögens handelt, wie es die Vereinfachungsregel im Sinne des § 240 (4) HGB vorsieht.

Er lässt sich von Fleißig diese Methode anhand eines kleinen Zahlenbeispiels erläutern (Tab. 9.1 *Gruppenbewertung*).

Tab. 9.1 Beispiel 9.2.1.1 – Gruppenbewertung

Anfangsbestand 01.01.03	130 kg	5,00 EUR	650,00 EUR
Zugang am 15.03.03	80 kg	6,00 EUR	480,00 EUR
Abgang am 20.03.03	50 kg		
Zugang 20.11.03	110 kg	7,00 EUR	770,00 EUR
Abgang am 21.12.03	200 kg		
Endbestand 130 kg (AB) + 190 kg (Zug.)./. 250 kg (Abg.) = 70 kg	70 kg		

Beispiel 9.2.1.1 – Gruppenbewertung (Fortsetzung)
Zur Ermittlung des Bilanzansatzes müssen zunächst die Werte des Anfangsbestandes und der Zugänge aufsummiert werden: 650,00 EUR + 480,00 EUR + 770,00 EUR = 1900,00 EUR.

Dieser Betrag muss durch die Menge der Zugänge und des Anfangsbestandes (in kg) dividiert werden, um den Preis pro kg zu erhalten: 1900,00 EUR/320 kg = 5,9375 EUR = 5,94 EUR (gerundet).

Den Endbestand in Höhe von 70 kg multipliziert der Unternehmer mit dem Durchschnittspreis in Höhe von 5,94 EUR. Das Ergebnis ist in der Bilanz mit einem Wert von 415,80 EUR auszuweisen.

Das hat Carlo nun verstanden. Er sieht ein, dass es nicht um jeden Preis Sinn macht, jede einzelne Einheit zu bewerten. Von daher kann er dieses Vereinfachungsverfahren sehr gut nachvollziehen.

Er schaut sich nun die Verbrauchsfolgebewertung an.

9.2.1.2 Verbrauchsfolgebewertung

Bei der Verbrauchsfolgebewertung geht man ebenfalls nicht davon aus, dass jede einzelne Einheit bewertet wird bzw. werden kann. Häufig wäre eine Einzelbewertung zu unwirtschaftlich. Deshalb lässt der Gesetzgeber in unterschiedlichen Fällen Vereinfachungsverfahren, wie auch die Verbrauchsfolgebewertung zu.

Bei dieser Vereinfachungsmethode unterstellt man den Verbrauch z. B. des Vorratsvermögens in einer bestimmten Reihenfolge. Diese beiden aktuell möglichen Verfahren des LiFo (Last in First out) und FiFo (First in First out) schaut sich Sommerweizen im Folgenden an.

Last in First Out (kurz: LiFo)
Bei dieser Methode des LiFo-Verfahrens geht man davon aus, dass die Güter, die zuletzt dem Vorratsvermögen zugeführt wurden, zuerst wieder entnommen werden.

Die LiFo-Methode muss nicht zwangsläufig mit der tatsächlichen Verbrauchsfolge genau übereinstimmen. Die Methode stellt eine Annahme dar, die eine erhebliche Erleichterung für die Bewertung des Vorratsvermögens darstellen kann, wenn eine genaue Zuordnung der Güter hinsichtlich Zugang und Abgang zum Lager nicht möglich ist oder eine detaillierte Beurteilung unwirtschaftlich wäre.

▶ Bei verderblichen Waren ist die LiFo-Methode nicht zulässig!

Nun schaut sich Sommerweizen ein Beispiel hierzu an:

9.2 Vorratsvermögen

Beispiel 9.2.1.2a – Last in First out
Carlo Sommerweizen schaut sich ein Beispiel in seinem Lehrbuch des Unternehmens XY an. Der Endbestand per 31.12.02 (Bilanzstichtag) beträgt gemäß durchgeführter Inventur 15.000 kg.
Das in Tab. 9.2 (Beispiel 9.2.2.1 – Last in First out) dargestellte Zahlenmaterial wird vorgegeben.

Tab. 9.2 Beispiel 9.2.2.1 – Last in First out

Anfangsbestand 01.01.03	0 kg		0,00 EUR
Zugang am 15.03.03	23.000 kg	27,80 EUR	639.400,00 EUR
Zugang am 20.03.03	24.000 kg	26,40 EUR	633.600,00 EUR
Zugang am 20.11.03	10.000 kg	28,20 EUR	282.000,00 EUR
Zugang am 21.12.03	12.000 kg	29,00 EUR	348.000,00 EUR
Summe	**69.000 kg**		**1.903.000,00 EUR**

Beispiel 9.2.1.2a – Last in First out (Fortsetzung)
Bei der Anwendung dieses Verfahrens wird davon ausgegangen, dass die zuletzt angeschafften Güter als erstes zum Zwecke des Verbrauches oder Verkaufs entnommen werden. Da lt. Inventur ein Endbestand von 15.000 kg am 31.12.03 existiert, kann sich dieser nur aus dem Zugang des 15.03.03 zusammensetzen.

Für die Ermittlung des Bilanzwertes multipliziert der Unternehmer die vorhandenen 15.000 kg mit dem Preis pro kg am 15.03.03 (27,80 EUR). Der Bilanzausweis beläuft sich auf 417.000,00 EUR.

Des Weiteren liest der interessierte Autohändler:

▶ Die LiFo-Methode ist eine steuerlich anerkannte Methode.

Sommerweizen freut sich sehr, dass er alles sofort versteht. Schnell widmet sich er noch der FiFo-Methode, bevor er in den wohlverdienten Feierabend aufbricht.

First in First out
Bei dieser Methode des FiFo-Verfahrens geht man davon aus, dass die Güter, die zuerst dem Vorratsvermögen zugeführt wurden, zuletzt wieder entnommen werden.

Die FiFo-Methode muss nicht zwangsläufig mit der tatsächlichen Verbrauchsfolge genau übereinstimmen. Die Methode stellt eine Annahme dar, die eine erhebliche Erleichterung für die Bewertung des Vorratsvermögens darstellen kann, wenn eine genaue Zuordnung der Güter hinsichtlich Zugang und Abgang zum Lager nicht möglich ist oder eine detaillierte Beurteilung unwirtschaftlich wäre.

Dieses Verfahren wird in der Praxis häufig bei verderblichen Handelswaren angewandt.

Nun schaut sich Sommerweizen ein Beispiel an.

Beispiel 9.2.1.2b – First in First out
Sommerweizen schaut sich das nachfolgende Zahlenmaterial an. Nun sollen 20.000 kg am Ende des Geschäftsjahres nach durchgeführter Inventur vorhanden sein.

Er schaut sich die vorgegebenen Zahlenwerte nochmals an (siehe Tab. 9.3 *Beispiel 9.2.1.2b – First in First out*).

Tab. 9.3 Beispiel 9.2.1.2b – First in First out

Anfangsbestand 01.01.03	0 kg		0,00 EUR
Zugang am 15.03.03	23.000 kg	27,80 EUR	639.400,00 EUR
Zugang am 20.03.03	24.000 kg	26,40 EUR	633.600,00 EUR
Zugang am 20.11.03	10.000 kg	28,20 EUR	282.000,00 EUR
Zugang am 21.12.03	12.000 kg	29,00 EUR	348.000,00 EUR
Summe	**69.000 kg**		**1.903.000,00 EUR**

Beispiel 9.2.1.2b – First in First out (Fortsetzung)
Bei der Anwendung dieses Verfahrens wird davon ausgegangen, dass die zuerst angeschafften Güter auch als erstes zum Zwecke des Verbrauches oder Verkaufs dem Lager wieder entnommen werden. Da lt. Inventur ein Endbestand von 15.000 kg am 31.12.03 existiert, kann sich dieser nur aus dem Zugang am 21.12.03 (12.000 kg × 29,00 EUR = 348.000,00 EUR) und zum Teil aus dem Zugang am 20.11.03 (3000 kg × 28,20 = 84.600,00 EUR) zusammensetzen.

Zur Ermittlung des Bilanzwertes addiert der Unternehmer die vorgenannten Werte in Höhe von 348.000,00 EUR + 84.600,00 EUR und erhält einen Bilanzwert in Höhe von 432.600,00 EUR. Dieser ist zum Bilanzstichtag im Jahresabschluss auszuweisen.

Sommerweizen liest noch abschließend folgenden Hinweis:

▶ Die FiFo-Methode ist zwar handelsrechtlich aber nicht nach Steuerrecht zulässig.

Nachdem er sich nun einige ausgewählte Methoden zur Bewertung angeschaut hat, widmet er sich nun den Geleisteten Anzahlungen.

9.2.2 Geleistete Anzahlungen

Auch hier schaut sich Sommerweizen die Position der geleisteten Anzahlung an, da dieses Thema unbedingt zu seinem Tagesgeschäft zählt. Häufig hat er mit Lieferanten geschäftliche Beziehungen, die eine Anzahlung vor Auslieferung der Fahrzeuge wünschen, um eine monetäre Sicherheit im Vorfeld zu erhalten bzw. den Kunden Carlo Sommerweizen an ihr Unternehmen zu binden.

Sobald Carlo Sommerweizen als Kunde bei seinem Lieferanten auftritt, der auf eine Warenlieferung (also Autos) eine Anzahlung geleistet hat, besitzt er gegenüber diesem eine Forderung auf Rückzahlung des geleisteten Vorauszahlungsbetrages. Dieser Anspruch besteht so lange, bis das der Lieferant seine Waren vollständig geliefert hat.

Sommerweizen darf bei Vorlage einer umsatzsteuerlich korrekten Eingangsrechnung (siehe auch § 14 (4) UStG) die Vorsteuer vom Finanzamt zurückfordern, sobald er gezahlt hat. Auf die Lieferung muss er nicht warten. Sie ist für den Vorsteuerabzug unerheblich.

Die geleistete Anzahlung, die in der Praxis auch häufig als Vorauskasse bezeichnet wird, muss auf einem gesonderten Konto „*Geleistete Anzahlungen auf Vorräte*" erfasst werden. Erst wenn die z. B. Handelsware eintrifft, ist die Forderung auf Rückzahlung der Vorauskasse erloschen und eine Korrektur der bisher durchgeführten Buchungen notwendig.

Sommerweizen erinnert sich an einen Bekannten, Unternehmer Fleißig...

Beispiel 9.2.2 – Geleistete Anzahlungen auf Vorräte

Unternehmer Fleißig bestellt im Jahr 03 neue Handelswaren im Gesamtwert von 23.800,00 EUR (brutto, inkl. 19 % USt).

Er erhält daraufhin von seinem Lieferanten eine im Sinne des Umsatzsteuerrechts ordnungsgemäße Anzahlungsrechnung in Höhe von 11.900,00 EUR. Da er die Ware noch nicht erhalten hat, aber die Anzahlungsrechnung umgehend begleicht, bucht er den Nettobetrag der Anzahlung in

Höhe von 10.000,00 EUR auf das Konto „*Geleistete Anzahlungen auf Vorräte*", 1900,00 EUR erfasst er auf dem Konto „*Vorsteuer 19 %*" und den Gesamtbetrag der Vorauskasse bucht er gegen „*Bank*".

Sobald Fleißig die Lieferung und zeitgleich die Endabrechnung vom Händler erhält korrigiert er die Anzahlung und erfasst den Rest der Rechnung ordnungsgemäß auf dem Warenkonto, dem Vorsteuerkonto und die verbleibende Verbindlichkeit auf dem Kreditorenkonto Fleißig.

Mit der Buchung von geleisteten Anzahlungen setzt sich Sommerweizen an dieser Stelle seines Studiums nicht mehr auseinander. Er hat sich nun schon mehrfach mit dieser Thematik auseinandergesetzt und weiß, dass er bei Bedarf in seinen Lehrbüchern Beispiele hierzu finden kann.

Als nächstes setzt sich Sommerweizen noch mit den Forderungen auseinander.

9.3 Forderungen

Sommerweizen hat bereits im Rahmen seines Selbststudiums der Buchführung gelernt, dass eine Forderung gegenüber dem Kunden (Debitor) einen Anspruch auf Zahlung des Rechnungsbetrages darstellt. Sie ist aktivierungspflichtig. Forderungen entstehen aus dem Vorgang der Lieferung (Verschaffung der Verfügungsmacht an einem Gegenstand) und oder einer Leistung (z. B. Dienstleistung). Daher spricht man in der Regel auch von *Forderungen aus Lieferungen und Leistungen:*

§ 240 HGB – Inventar

(1) Jeder Kaufmann hat zu Beginn seines Handelsgewerbes seine Grundstücke, seine Forderungen und Schulden, den Betrag seines baren Geldes sowie seine sonstigen Vermögensgegenstände genau zu verzeichnen und dabei den Wert der einzelnen Vermögensgegenstände und Schulden anzugeben […].

Forderungen gehören ebenso wie die Position Warenvorräte zum Bereich des *Umlaufvermögens.*

Sommerweizen weiß mittlerweile, dass er aus Gründen des Vorsichtsprinzips die Forderungen spätestens zum Zeitpunkt der Bilanzerstellung bewerten muss. Dabei ist eine Aufteilung des Forderungsbestandes notwendig.

Unterteilt wird wie folgt:

- Gesunde Forderungen = einbringliche Forderungen
- Zweifelhafte (dubiose) Forderungen = Forderungen, die evtl. zum Teil oder insgesamt ausfallen
- Forderungsausfälle = uneinbringliche Forderungen mit Umsatzsteuerkorrektor

Auf diese Punkte geht Sommerweizen im Folgenden anhand einfacher Beispiele ein. Er beginnt zunächst mit den einbringlichen Ansprüchen gegenüber dem Kunden.

9.3.1 Gesunde (einwandfreie) Forderungen

Die gesunden Forderungen sind zu 100 % einbringlich und werden mit dem sog. Nennwert (= Bruttorechnungsbetrag) angesetzt. Man spricht auch von *Anschaffungskosten der Forderung* wie Sommerweizen im Internet recherchiert. Eine Abschreibung ist bei einbringlichen Forderungen nicht notwendig. Der Unternehmer geht im vorliegenden Fall davon aus, dass der Kunde seine offene Rechnung begleichen kann. Eine Umsatzsteuerkorrektur ist hier ebenfalls nicht erforderlich.

9.3.2 Zweifelhafte (Dubiose) Forderungen

Bei dubiosen Forderungen kann nicht unbedingt davon ausgegangen werden, dass der Kunde die Rechnung ohne weiteres zum Teil oder insgesamt begleicht. Häufig erfährt der leistende Unternehmer von Zahlungsschwierigkeiten auf Seiten des Kunden. Auch die Anmeldung der Insolvenz oder erfolglose Mahnschreiben bringen den leistenden Unternehme dazu, eine Forderungskorrektur durchzuführen.

▶ Bei zweifelhaften Forderungen droht ein Ausfall; dieser ist jedoch am Bilanzstichtag noch nicht realisiert. Die Korrektur der Umsatzsteuer ist zu diesem Zeitpunkt noch nicht erlaubt!

Der Wert, zu dem eine Forderung in der Bilanz berücksichtigt wird, kann zwischen 0,00 EUR und dem Gesamtbetrag der Forderung (Nennwert) liegen. Die Bewertung orientiert sich an der subjektiven Einschätzung des Ausgleichs von bestehenden offenen Posten.

Eine Korrektur der Umsatzsteuer wird bei zweifelhaften Forderungen noch nicht vorgenommen. Der endgültige Ausfall hat schließlich noch nicht stattgefunden.

Zweifelhafte Forderungen unterliegen oft der *Einzelwertberichtigung,* wie Sommerweizen liest. Diese Themen schaut er sich im Folgenden an:

Einzelwertberichtigung
Bei einer Einzelwertberichtigung schreibt der Unternehmer (Gläubiger) die Forderung außerplanmäßig auf den geschätzten, voraussichtlich einbringlichen, Forderungsbetrag ab. Eine Korrektur der Umsatzsteuer erfolgt auf dieser Stufe noch nicht.

Beispiel 9.3.2a – Einzelwertberichtigung

Carlo Sommerweizen schickt seinem Kunden Geizig am 23.11.03 eine Rechnung in Höhe von 1190,00 EUR (brutto, inkl. 19 % USt). Am Ende des Geschäftsjahres teilt ihm der Kunde mit, dass er voraussichtlich nur 30 % des Rechnungsbetrages zahlen kann. Also muss Sommerweizen bzw. sein Buchhalter davon ausgehen, dass 70 % der Forderung ausfallen können.

Der Autohändler korrigiert die Nettoforderung; die Umsatzsteuer bleibt hiervon unberührt, da ein tatsächlicher Ausfall ja noch nicht stattgefunden hat.

Folgende Buchungssätze werden im Rahmen der Einzelwertberichtigung gebildet, nachdem Sommerweizen von den Zahlungsschwierigkeiten erfahren hat:

Nr.	Soll	Haben	Betrag/EUR	Text
1.	Zweifelhafte Forderungen	Debitor Geizig	1.190,00	Umbuchung
2.	Einstellung in die Einzelwertberichtigung zu Forderungen (Aufwandskonto)	Einzelwertberichtigung auf Forderungen (Passivkonto)	700,00	Abschreibung evtl. Forderungsausfall 70% von 1.000,00 EUR

Die zweifelhafte Forderung ist unbedingt von der einbringlichen Forderung zu trennen, daher auch Buchungssatz Nr. 1. Der nachfolgende Buchungssatz Nr. 2 beinhaltet die indirekte Abschreibung des angenommenen Forderungsausfalls in Höhe von 70 %. Es wird nur der Nettobetrag korrigiert.

9.3 Forderungen

▶ Bei zweifelhaften Forderungen wird noch keine Umsatzsteuer korrigiert, da noch kein endgültiger Ausfall eingetreten ist!

Sobald der Kunde zahlt, wird die *Zweifelhafte Forderung* aufgelöst und die Einzelwertberichtigung korrigiert.

Beispiel 9.3.2a – Einzelwertberichtigung (Fortsetzung)
Kunde Geizig kann wider Erwarten den gesamten Rechnungsbetrag im Februar 04 zahlen. Er überweist 1190,00 EUR per Bank.
Folgender Buchungssatz ist nun von Autohaus Sommerweizen zu bilden:

Nr.	Soll	Haben	Betrag/EUR	Text
3.	Bank	Zweifelhafte Forderungen	1.190,00	Einnahmen

Beispiel 9.3.2a – Einzelwertberichtigung (Fortsetzung)
Carlo Sommerweizen korrigiert am Jahresende das Passivkonto *Einzelwertberichtigung auf Forderungen* wie folgt:

Nr.	Soll	Haben	Betrag/EUR	Text
4.	Einzelwertberichtigung auf Forderungen (Passivkonto)	Außerordentlicher Ertrag	700,00	Auflösung Einzelwertber.

Jetzt versteht Carlo Sommerweizen auch, warum der Steuerberater ihn immer nach den möglichen Forderungsausfällen fragt. Nachdem er sich dieses Kapitel angesehen hat, kann er vieles besser nachvollziehen.

Nun möchte er auch gerne wissen, was es mit der *Pauschalwertberichtigung* auf sich hat.

Pauschalwertberichtigung
Bisher hat sich Sommerweizen der Einzelbewertung von Forderungen gewidmet. Da dies jedoch in der Praxis nicht immer möglich ist, hat er auch im Internet recherchiert, dass eine Pauschalwertberichtigung denkbar ist.

Bevor eine solche Bewertung durchgeführt werden kann, muss zunächst der gesamte Forderungsbestand reduziert werden um die zweifelhaften und uneinbringlichen Forderungen. Die Pauschalwertberichtigung erfolgt stets vom Nettobetrag.

Der anzuwendende Prozentsatz entstammt häufig den Erfahrungswerten des betreffenden Unternehmens innerhalb der letzten 5–8 Jahre.

Carlo Sommerweizen schaut sich hierzu nun ein einfaches Zahlenbeispiel aus seinem Lehrbuch an.

Beispiel 9.3.2b – Pauschalwertberichtigung

Die gesamten Forderungen der Strunz GmbH belaufen sich auf 100.000,00 EUR (netto). Der Anteil der einzelwertberichtigten Forderungen beläuft sich auf 2000,00 EUR (netto); die abgeschriebenen Forderungen machen 4000,00 EUR (netto) aus. Es ist eine Pauschalwertberichtigung zu bilden in Höhe von 1 %.

Sommerweizen überlegt, wie die Lösung aussehen könnte, bevor er sich diese im Lehrbuch ansieht:

Beispiel 9.3.2b – Pauschalwertberichtigung (Fortsetzung)

Der Wert der Pauschalwertberichtigung ermittelt sich wie folgt:

100.000,00 EUR (Forderungen, netto)./. 2000,00 EUR (einzelwertberechtigte Forderungen, netto)./. 4000,00 EUR (Forderungsausfall, netto) = 94.000,00 EUR (verbleibender gesunder Forderungsbestand)

Ermittlung der Pauschalwertberichtigung: 1 % von 94.000,00 EUR = **940,00 EUR**

Buchungssatz: *Einstellung Pauschalwertberichtigung* (Aufwandskonto) an *Pauschalwertberichtigung* 940,00 EUR

Sommerweizen schaut interessiert im Lehrbuch nach, um welche Konten es sich bei der Einstellung Pauschalwertberichtigung und dem Pauschalwertberichtigungskonto handelt. Das erste Konto, welches im Soll gebucht wird, ist ein Aufwandskonto, das zweite ein Passivkonto, welches jährlich angepasst wird.

Zufrieden mit seinem Lernergebnis wendet sich Sommerweizen nun den Forderungsausfällen zu.

9.3.3 Forderungsausfälle und Umsatzsteuerkorrektur

Sommerweizen hat bereits in seinem Betrieb die Erfahrung sammeln müssen, dass es auch Kunden gibt, die zahlungsunfähig werden. Hier bedarf es dann einer Forderungsabschreibung in Verbindung mit einer Umsatzsteuerkorrektur. Diese Forderungsabschreibung führt nicht zu einer Stornierung des Umsatzes, sondern zu einem Abschreibungsaufwand. Im Ergebnis mag das gleich aussehen, so die Aussage von Carlos Freund Uwe. Die Umsätze wurden schließlich erzielt, nur die Zahlung ist nicht einbringlich. Dies führt schlussendlich zu einer Ergebnisminderung, wie das nachfolgende Beispiel aus dem Lehrbuch zeigt.

Beispiel 9.3.3 – Forderungsausfall
Die Forderung der Kerner-GmbH in Höhe von 20.000,00 EUR zzgl. 19 % USt ist am Bilanzstichtag uneinbringlich, da bei der Kapitalgesellschaft das Insolvenzverfahren mangels Masse nicht eröffnet wurde.

Für Carlo steht fest, da ist keine Forderung mehr zweifelhaft, sondern uneinbringlich. Deshalb würde er diese Forderung abschreiben und die Umsatzsteuer auf den Erlös korrigieren. Er schaut im Lehrbuch nach, ob sein Gedankengang richtig ist und wird aufgrund der dort zu findenden Lösung bestätigt:

Beispiel 9.3.3 – Forderungsausfall (Fortsetzung)
Die Buchungssätze, welche im Forderungsausfall zu erfassen sind, sehen wie folgt aus:

1. *Abschreibung auf Forderungen* an *Debitor Kerner GmbH* 20.000,00 EUR
2. *USt 19 %* an *Kreditor Kerner GmbH* 3800,00 EUR

9.3.4 Sonstige Forderungen

Sommerweizen hat auch schon einmal etwas über das Thema „Sonstige Forderungen" gehört und möchte sich auch kurz hiermit auseinandersetzen. Er nimmt wieder ein Lehrbuch zur Hand. Hier liest er im Kapitel „Sonstige Forderungen", dass es sich hierbei um einen antizipativen Posten handelt. Antizipativ kommt aus der lateinischen Sprache und bedeutet „vorwegnehmen". Sommerweizen liest weiter und versteht anhand der Erläuterungen, was hiermit gemeint ist.

Entsteht im Betrachtungszeitraum (z. B. 03) ein Ertrag und wird dieser Anspruch erst im Folgejahr beglichen, entsteht eine sonstige Forderung.

▶ Ertrag im alten Jahr und Einnahme im neuen Jahr = Sonstige Forderung

Sommerweizen schaut sich nun ein Beispiel hierzu an:

Sonstige Forderung

Beispiel 9.3.4 – Sonstige Vermögensgegenstände
Unternehmer A wurde aufgrund einer durchgeführten Lohnsteuer-Prüfung im Jahr 03 mitgeteilt, dass er sich über ein Guthaben für das Jahr 01 in Höhe von 500,00 EUR freuen dürfe.
Folgende Buchungssätze sind zum 31.12.03 zu bilden:

Datum	Soll	Haben	Betrag/EUR	Text
31.12.03	Sonstige Vermögensgegenstände	Periodenfremde Erträge	500,00	Guthaben Lohnsteuer 01

Beispiel 9.3.4 – Sonstige Vermögensgegenstände (Fortsetzung)
Unternehmer A erhält am 10.02.04 den Betrag in Höhe von 500,00 EUR per Banküberweisung.
Folgender Buchungssatz ist zum 10.02.04 zu bilden:

Datum	Soll	Haben	Betrag/EUR	Text
10.02.04	Bank	Sonstige Vermögensgegenstände	500,00	Gutschrift Lohnsteuer-Guthaben

Diese Informationen genügen Carlo Sommerweizen. Er schaut sich nun zum Abschluss dieses Kapitels noch die Zusammenfassende Lernkontrolle an und beschließt hiermit eine weitere Lernstunde.

9.4 Zusammenfassende Lernkontrolle

Im Folgenden werden zunächst mit Hilfe von Kontrollfragen die Inhalte des bisherigen Kapitels wiederholt. Die Lösungen hierzu dienen als Vorschläge zur Lösung dieser Fragen.
Hieran schließen sich Übungsaufgaben an, die das erworbene oder aufgefrischte Wissen vertiefen sollen.

9.4.1 Kontrollfragen

1. Wofür steht der Begriff des *Umlaufvermögens?*
2. Wird beim Umlaufvermögen planmäßig abgeschrieben?
3. Was unterscheidet die *Ware* vom *Erzeugnis?*
4. Wofür steht *LiFo?*
5. Wofür steht *FiFo?*
6. In welche drei Kategorien kann man *Forderungen* unterteilen?

9.4.2 Lösungen zu den Kontrollfragen

1. Zum Umlaufvermögen gehören Güter, die dazu bestimmt sind, dem Betrieb nur vorübergehend zu dienen.
2. Nein, da die Güter nur bis zu einem Jahr dem Betrieb zur Verfügung stehen sollen.
3. Die *Ware* ist ein entgeltlich erworbenes (gekauftes) Produkt, während das *Erzeugnis* ein selbst hergestelltes Produkt darstellt.
4. LiFo = Last in First out; die z. B. (datumsgemäß) *zuletzt* gekaufte Ware, wird als erstes verkauft.
5. FiFo = First in First out; die z. B. (datumsgemäß) *zuerst* gekaufte Ware, wird als erstes verkauft.
6. Gesunde Forderungen, Zweifelhafte Forderungen, Uneinbringliche Forderungen.

9.4.3 Übungen

1. Ermitteln Sie bitte zum 31.12.02 rechnerisch nachvollziehbar den bilanziellen Wertansatz nach der LiFo- und nach dem FiFo-Verfahren. Es liegen Ihnen die in Tab. 9.4 (Daten FiFo- und LiFo-Verfahren) aufgeführten Daten vor.

Tab. 9.4 Daten FiFo- und LiFo-Verfahren

Anfangsbestand 01.01.02	0 kg	0,00 EUR
Zugang am 15.02.02	23.000 kg x 27,80 EUR	750.600,00 EUR
Zugang am 13.05.02	24.000 kg x 26,40 EUR	633.600,00 EUR
Zugang am 18.09.02	10.000 kg x 28,20 EUR	282.000,00 EUR
Zugang am 15.10.02	12.000 kg x 29,00 EUR	348.000,00 EUR
	69.000 kg	**2.014.200,00 EUR**

Der Endbestand per 31.12.02 wurde per Inventur auf 15.000,00 kg festgestellt.

2. Richtig oder Falsch? Bitte beurteilen Sie nachfolgende Sachverhalte, ob diese korrekt/realistisch sind.
   a) Das Vorratsvermögen gehört zum Anlagevermögen, weil hier nur Güter enthalten sind, die dem Betrieb langfristig dienen.
   b) Der Unternehmer hat sein Vorratsvermögen stets nach dem FiFo-Verfahren zu erfassen, da die übrigen Methoden zu kostenintensiv sind.
   c) Wareneinsatz ist der Wert der zum Verkauf eingesetzten Ware.
   d) Bei uneinbringlichen Forderungen (Forderungsausfällen) wird die Umsatzsteuer korrigiert, bei zweifelhaften Forderungen noch nicht.
   e) Erhaltene Preisnachlässe müssen umsatzsteuerlich nicht berücksichtigt werden.

3. Berechnen Sie für den nachfolgenden Sachverhalt den Betrag der *Pauschalwertberichtigung* und bilden Sie den entsprechenden Buchungssatz.
   Sachverhalt: Die gesamten Forderungen der Strunz GmbH belaufen sich auf 100.000,00 EUR (netto, ohne Umsatzsteuer). Die einzelwertberichtigten Forderungen belaufen sich auf 2000,00 EUR (netto). Es ist eine *Pauschalwertberichtigung* in Höhe von 1 % zu bilden.

4. Mit welchem Wert wird der Vorratsbestand am Bilanzstichtag (31.12.02) angesetzt, wenn der Endbestand an diesem Tag 3000 kg beträgt? Bitte ermitteln Sie nach dem Durchschnittswert-Verfahren. (Hinweis: bitte auf zwei Nachkommastellen runden.)

9.4 Zusammenfassende Lernkontrolle

Die in Tab. 9.5 (Daten Durchschnittswert-Verfahren) aufgeführten Daten liegen Ihnen vor.

Tab. 9.5 Daten Durchschnittswert-Verfahren

Anfangsbestand 01.01.02	1000 kg zu je 8,00 EUR	8000,00 EUR
Zugang am 15.02.02	1500 kg zu je 7,00 EUR	10.500,00 EUR
Zugang am 18.09.02	1000 kg zu je 7,20 EUR	7200,00 EUR
Zugang am 15.10.02	2000 kg zu je 8,30 EUR	16.600,00 EUR
	5500 kg	**42.300,00 EUR**

5. Bezug nehmend auf vorherige Aufgabe Nr. 4: Wie hoch ist der Bilanzausweis für den Endbestand von 3000 kg zum 31.12.02, wenn der Marktpreis 6,00 EUR/kg beträgt? Bitte begründen Sie kurz Ihre Lösung.
6. Bezug nehmend auf vorherige Aufgabe Nr. 4: Wie hoch ist der Bilanzausweis für den Endbestand von 3000 kg zum 31.12.02, wenn der Marktpreis 10,00 EUR/kg beträgt? Bitte begründen Sie kurz Ihre Lösung.
7. Mit welchem Wert hat der Bilanzausweis im nachfolgenden Sachverhalt zu erfolgen (Tab. 9.6)?

Tab. 9.6 Gruppenbewertung

Anfangsbestand 01.01.03	110 kg	
Zugang am 17.03.03	100 kg	
Abgang am 21.03.03	70 kg	
Zugang 22.11.03	120 kg	
Abgang am 20.12.03	190 kg	
Endbestand	?	

8. Bitte kreuzen Sie die korrekte Antwort an (Tab. 9.7 *Multiple Choice zu Kap. 9*).

Tab. 9.7 Multiple Choice zu Kap. 9

Nr.	Aussage	Richtig	Falsch
1	LiFo steht für Last in First out		
2	FiFo steht für First in First out		
3	HiFo steht für Highest in First in		
4	Die Umsatzsteuer muss nicht korrigiert werden, wenn eine Forderung uneinbringlich wird		
5	Die Umsatzsteuer muss korrigiert werden, wenn eine Forderung ausfällt		

9.4.4 Lösungen zu den Übungen

1. Es ist folgende Vorgehensweise zu empfehlen:
   a) *LiFo* (*Last-in-First-out, siehe* Tab. 9.8)

Tab. 9.8 LiFo-Verfahren

Anfangsbestand 01.01.02	0 kg	0,00 EUR
Zugang am 15.02.02	15.000 kg x 27,80 EUR	417.000,00 EUR
	15.000 kg	**417.000,00 EUR**

   b) *FiFo* (*First-in-First-out, siehe* Tab. 9.9)

Tab. 9.9 FiFo-Verfahren

Anfangsbestand 01.01.02	0 kg	0,00 EUR
Zugang am 18.09.02	3000 kg x 28,20 EUR	84.600,00 EUR
Zugang am 15.10.02	*12.000 kg* x 29,00 EUR	348.000,00 EUR
	15.000 kg	**432.600,00 EUR**

2. Folgende Antworten sind korrekt:
   a) Falsch
   b) Falsch
   c) Richtig
   d) Richtig
   e) Falsch

9.4 Zusammenfassende Lernkontrolle

3. Zur Ermittlung der verbleibenden gesunden (einbringlichen) Forderungen) ist folgende Berechnung durchzuführen: 100.000,00 EUR (Gesamtforderung, netto)./. 2000,00 EUR (einzelwertberichtigte Forderung, netto) = 98.000,00 EUR (verbleibende gesunde Forderungen). Das pauschale Ausfallrisiko in Höhe von 1 % liefert den Pauschalwertberichtigungsbetrag in Höhe von 980,00 EUR (98.000,00 EUR x 1 %). Der Buchungssatz lautet: *Einstellung in die Pauschalwertberichtigung* (Aufwandskonto) an *Pauschalwertberichtigung* 980,00 EUR. Sollte bereits aus Vorjahren eine Pauschalwertberichtigung existieren, wird diese in der Regel durch eine Anpassungsbuchung aktualisiert.
4. Das gewogene Mittel ergibt sich nach folgender Berechnung: Vorrätewert 42.300,00 EUR/Vorrätemenge 5500 kg = 7,69 EUR/kg. Der Endbestand in Höhe von 3000 kg wird mit dem Durchschnittswert von 7,69 EUR multipliziert. In der Schlussbilanz auf den 31.12.02 wird das Vorratsvermögen 23.070,00 EUR ausgewiesen.
5. Der Endbestand wäre aufgrund des *strengen Niederstwertprinzips* mit 18.000,00 EUR (3000 kg x 6,00 EUR) auszuweisen.
6. Bei einem Marktpreis von 10 EUR/kg liegt der Bilanzausweis bei 23.070,00 EUR. Dieser Betrag entspricht dem Wert, der nach dem Durchschnittswertverfahren ermittelt wurde. Auch hier gilt das *strenge Niederstwertprinzip*.
7. Der Bilanzansatz ermittelt sich wie in Tab. 9.10 dargestellt. Zur Ermittlung des Bilanzansatzes müssen zunächst die Werte des Anfangsbestandes und der Zugänge aufsummiert werden: 550,00 EUR + 600,00 EUR + 840,00 EUR = 1990,00 EUR.

Tab. 9.10 Gruppenbewertung

Anfangsbestand 01.01.03	110 kg	5,00 EUR	550,00 EUR
Zugang am 17.03.03	100 kg	6,00 EUR	600,00 EUR
Abgang am 21.03.03	70 kg		
Zugang 22.11.03	120 kg	7,00 EUR	840,00 EUR
Abgang am 20.12.03	190 kg		
Endbestand 110 kg (AB) + 220 kg (Zug.)./. 260 kg (Abg.) = 70 kg	70 kg		

Dieser Betrag muss durch die Menge der Zugänge und des Anfangsbestandes (in kg) dividiert werden, um den Preis pro kg zu erhalten: 1990,00 EUR/330 kg = 6,0303 EUR = 6,03 EUR (gerundet).
Den Endbestand in Höhe von 70 kg multipliziert der Unternehmer mit dem Durchschnittspreis in Höhe von 6,03 EUR. Das Ergebnis ist in der Bilanz mit einem Wert von 422,10 EUR auszuweisen.
8. Die Antworten in Tab. 9.11 (*Multiple Choice zu Kap. 9*) sind korrekt.

Tab. 9.11 Multiple Choice zu Kap. 9

Nr.	Aussage	Richtig	Falsch
1	LiFo steht für Last in First out	×	
2	FiFo steht für First in First out	×	
3	HiFo steht für Highest in First in		×
4	Die Umsatzsteuer muss nicht korrigiert werden, wenn eine Forderung uneinbringlich wird		×
5	Die Umsatzsteuer muss korrigiert werden, wenn eine Forderung ausfällt	×	

Literatur

Homepage des Bundesjustizministeriums

1. https://www.gesetze-im-internet.de/hgb/__240.html. Zugegriffen: 06. Mai 2016
2. https://www.gesetze-im-internet.de/hgb/__266.html. Zugegriffen: 06. Mai 2016

Bilanzierung von Abgrenzungsposten 10

> **Zusammenfassung**
>
> Die Rechnungsabgrenzungsposten werden benötigt, um den Grundsatz der periodengerechten Abgrenzung anwenden zu können. Wie Carlo bereits gelesen hat, muss der bilanzierungspflichtige Unternehmer stets dafür Sorge tragen, dass er das Ergebnis nur der letzten 12 Monate (also des abgelaufenen Geschäftsjahres) ausweist. Die Erfassung aller hierüber hinausgehenden erfolgswirksamen Buchungen würde zu Ergebnisverzerrungen führen.

Die Rechnungsabgrenzungsposten werden benötigt, um den Grundsatz der periodengerechten Abgrenzung anwenden zu können. Wie Carlo bereits gelesen hat, muss der bilanzierungspflichtige Unternehmer stets dafür Sorge tragen, dass er das Ergebnis nur der letzten 12 Monate (also des abgelaufenen Geschäftsjahres) ausweist. Die Erfassung aller hierüber hinausgehenden erfolgswirksamen Buchungen würde zu Ergebnisverzerrungen führen.

Das heißt, es dürfen nur die Erträge und Aufwendungen im Abschluss berücksichtigt werden, die wirtschaftlich auch zum Berichtsjahr zählen.

Man unterscheidet bei den Rechnungsabgrenzungsposten, die man auch als transitorische Posten (lat. transire = hinübergehen) bezeichnet, zwischen Aktiven und Passiven Rechnungsabgrenzungsposten.

Rechnungsabgrenzungsposten sind dadurch geprägt, dass die Zahlung bzw. Einnahme im alten Jahr (Berichtsjahr) erfolgt, der Aufwand/Ertrag ins neue Jahr hinübergeht.

Beide Varianten schaut sich Carlo im Folgenden an. Zunächst gibt es wie immer die wichtigsten Definitionen:

10.1 Wichtige Definitionen

ARAP= Rechnungsabgrenzungsposten (aktiv); Zahlung im alten Jahr, Aufwand im neuen Jahr
Anzahlung = auch Vorkasse, empfangene Geldzahlung vor Ausführung der Leistung (erhaltene Anzahlung) oder geleistete Geldzahlung vor Inanspruchnahme einer Leistung (geleistete Anzahlung)
PRAP = Rechnungsabgrenzungsposten (passiv); Einnahme im alten Jahr, Ertrag im neuen Jahr

10.2 Aktive Rechnungsabgrenzung (kurz: ARAP)

Die Aktive Rechnungsabgrenzung (Aktivkonto) ist dadurch gekennzeichnet, dass die Zahlung im alten Jahr (Berichtsjahr) stattfindet, der Aufwand jedoch ins neue Jahr hinübergeht.

▶ Zahlung im alten Jahr, Aufwand im neuen Jahr.

Damit Carlo auch hier den Sachverhalt besser nachvollziehen kann, lässt er sich den ARAP von seinem Steuerberater anhand eines einfachen Beispiels erläutern.

Beispiel 10.1 – Aktive Rechnungsabgrenzung (ARAP)
Heinz Moser zahlt am 01.10.03 die betriebliche Haftpflicht-Versicherung für ein Jahr im Voraus. Der Betrag in Höhe von 1200,00 EUR wird per Banküberweisung (betriebliches Girokonto) gezahlt.
Lösung:
Es handelt sich somit um einen Aktiven Rechnungsabgrenzungsposten. Die Zahlung in Höhe von insgesamt 1200,00 EUR erfolgt im Jahr 03 (Berichtsjahr) und splittet sich in die Beträge 300,00 EUR (= Aufwand 03) und 900,00 EUR (Aufwand 04).
Folgende Buchungssätze sind im Jahr 03 zu bilden:

Nr.	Soll	Haben	Betrag/EUR	Text
9.	Versicherungsaufwand	Bank	300,00	10/03-12/03
10.	ARAP	Bank	900,00	01/04-09/04

Beispiel 10.1 – Aktive Rechnungsabgrenzung (ARAP) (Fortsetzung)
Carlo erkennt, dass nur der erste Buchungssatz für das Jahr 03 erfolgswirksam ist. Der zweite Buchungssatz muss im Jahr 04 erfolgswirksam umgebucht werden.
Die Buchungssätze in 04 sehen dann so aus (so sein Steuerberater Glaube):

Nr.	Soll	Haben	Betrag/EUR	Text
11.	Versicherungsaufwand	ARAP	900,00	01/04-09/04

Allerdings erklärt ihm Glaube, dass die Rechnungsabgrenzung in der Praxis stets monatlich aufgelöst wird, um die Monatsergebnisse der Betriebswirtschaftlichen Auswertungen (BWA) nicht zu verzerren.
Dies hat Sommerweizen verstanden.
Nun schaut er sich mit Reiner Glaube die Passive Rechnungsabgrenzung an:

10.3 Passive Rechnungsabgrenzung (kurz: PRAP)

Die Passive Rechnungsabgrenzung (Passivkonto) ist dadurch gekennzeichnet, dass die Einnahme im alten Jahr (Berichtsjahr) stattfindet, der Ertrag jedoch ins neue Jahr hinübergeht.

▶ Einnahme im alten Jahr, Ertrag im neuen Jahr.

Damit Carlo auch hier den Sachverhalt besser nachvollziehen kann, lässt er sich den PRAP von seinem Steuerberater anhand eines einfachen Beispiels erläutern.

Beispiel 10.2 – Passive Rechnungsabgrenzung (PRAP)
Heinz Moser erhält am 01.11.03 die Miete für ein Betriebsgebäude in Höhe von 6000,00 EUR für ein halbes Jahr im Voraus. Der Betrag wird auf dem Bankkonto (betriebliches Girokonto) gut geschrieben.
Lösung:
Es handelt sich somit um einen Passiven Rechnungsabgrenzungsposten. Die Einnahme in Höhe von insgesamt 6000,00 EUR erfolgt im Jahr 03 (Berichtsjahr) und splittet sich in die Beträge 2000,00 EUR (= Ertrag 03) und 4000,00 EUR (Ertrag 04).
Folgende Buchungssätze sind im Jahr 03 zu bilden:

Nr.	Soll	Haben	Betrag/EUR	Text
1.	Bank	Mieterträge	2.000,00	11/03-12/03
2.	Bank	PRAP	4.000,00	01/04-04/04

Beispiel 10.2 – Passive Rechnungsabgrenzung (PRAP) (Fortsetzung)
Carlo erkennt, dass nur der erste Buchungssatz für das Jahr 03 erfolgswirksam ist. Der zweite Buchungssatz muss im Jahr 04 erfolgswirksam umgebucht werden.
Die Buchungssätze in 04 sehen dann so aus (so sein Steuerberater Glaube):

Nr.	Soll	Haben	Betrag/EUR	Text
3.	PRAP	Mieterträge	4.000,00	01/04-04/04

Allerdings erklärt ihm Glaube, dass die Rechnungsabgrenzung in der Praxis stets monatlich aufgelöst wird, um die Monatsergebnisse der Betriebswirtschaftlichen Auswertungen (BWA) nicht zu verzerren.

Im Einkommensteuergesetz findet Sommerweizen auch noch eine Vorschrift hierzu:

§ 5 EStG – Gewinn bei Kaufleuten und bei bestimmten anderen Gewerbetreibenden

[…](5) [1]Als Rechnungsabgrenzungsposten sind nur anzusetzen

1. auf der Aktivseite Ausgaben vor dem Abschlussstichtag, soweit sie Aufwand für eine bestimmte Zeit nach diesem Tag darstellen;
2. auf der Passivseite Einnahmen vor dem Abschlussstichtag, soweit sie Ertrag für eine bestimmte Zeit nach diesem Tag darstellen […] [2].

Auch das hat Sommerweizen verstanden. Nun schaut er sich abschließend die Zusammenfassende Lernkontrolle an.

10.4 Zusammenfassende Lernkontrolle

Im Folgenden werden zunächst mit Hilfe von Kontrollfragen die Inhalte des bisherigen Kapitels wiederholt. Die Lösungen hierzu dienen als Vorschläge zur Lösung dieser Fragen.

Hieran schließen sich Übungsaufgaben an, die das erworbene oder aufgefrischte Wissen vertiefen sollen.

10.4.1 Kontrollfragen

1. Wofür werden Rechnungsabgrenzungsposten benötigt?
2. Wie werden Rechnungsabgrenzungsposten unterschieden?
3. Wie nennt man die Rechnungsabgrenzungsposten noch?
4. Wann erfolgt beim aktiven Rechnungsabgrenzungsposten die Zahlung?
5. Nennen Sie drei Beispiele für die Bildung eines *passiven Rechnungsabgrenzungspostens*.
6. Nennen Sie drei Beispiele für die Bildung eines *aktiven Rechnungsabgrenzungspostens*.

10.4.2 Lösungen zu den Kontrollfragen

1. Sie dienen der Umsetzung des Bilanzierungsgrundsatzes der periodengerechten Abgrenzung von Aufwendungen und Erträgen.
2. Aktive und passive Rechnungsabgrenzungsposten.
3. Transitorische (lat. transire = hinübergehen) Posten
4. Die Zahlung erfolgt im alten Jahr (Berichtsjahr), der Aufwand geht hinüber ins neue Jahr.
5. Mieterträge, Vorauszahlung für Wartungsvertrag durch Kunden, Versicherungsbeiträge von Kunden o. ä.
6. Kfz-Steuer, Mietaufwand, Versicherungen o. ä.

10.4.3 Übungen

1. Wie hoch ist der abzugrenzende Betrag? Bitte begründen Sie Ihre Lösung und bilden Sie die erforderlichen Buchungssätze bei Zahlung, bei Abgrenzung und Auflösung des Rechnungsabgrenzungspostens.
   Sachverhalt:
   Uwe Meister zahlt am 01.11.02 die betriebliche Haftpflicht-Versicherung für ein Jahr im Voraus. Der Betrag in Höhe von 1200,00 EUR wird vom betrieblichen Girokonto überwiesen.
2. Richtig oder Falsch? Bitte entscheiden Sie bei den nachfolgenden Aussagen, ob diese korrekt oder falsch sind.
   a) Rechnungsabgrenzungsposten dienen der periodengerechten Abgrenzung von Vermögen und Schulden.
   b) Rechnungsabgrenzungsposten dienen der periodengerechten Abgrenzung von Aufwendungen und Erträgen.
   c) Es wird immer brutto (inkl. Umsatzsteuer) abgegrenzt. Vorsteuerbeträge müssen im Falle einer aktiven Rechnungsabgrenzung immer auf ein Aufwandskonto gebucht werden, die Umsatzsteuer bei der passiven Rechnungsabgrenzung stets auf ein Erlöskonto.
   d) Die aktive Rechnungsabgrenzung muss nicht durchgeführt werden, wenn der Unternehmer dies nicht möchte.
   e) Die passive Rechnungsabgrenzung ist gleichzusetzen mit der sonstigen Forderung.
3. Wie hoch ist der abzugrenzende Betrag? Bitte begründen Sie Ihre Lösung und bilden Sie die erforderlichen Buchungssätze bei Einnahme, bei Abgrenzung und Auflösung des Rechnungsabgrenzungspostens.

10.4 Zusammenfassende Lernkontrolle

Sachverhalt:
Carlo Sommerweizen erhält am 01.12.02 Mieteinnahmen für eine von ihm vermietete Halle in Höhe von insgesamt 11.900,00 EUR (Zeitraum 12/02– 01/03). Der vorgenannte Betrag wird auf seinem Geschäftskonto gutgeschrieben. Die Umsatzsteuer beträgt 19 %.
4. Heinz Moser zahlt am 01.10.03 die betriebliche Haftpflicht-Versicherung für ein Jahr im Voraus. Der Betrag in Höhe von 2400,00 EUR wird per Banküberweisung (betriebliches Girokonto) gezahlt.
5. Bitte kreuzen Sie die korrekte Antwort in Tab. 10.1 *(Multiple Choice zu Kap. 10)* an.

Tab. 10.1 Multiple Choice zu Kap. 10

Nr.	Aussage	Richtig	Falsch
1	ARAP steht für Aktive Rechnungsabgrenzungsposten		
2	PRAP steht für Passive Rechnungsabgrenzungsposten		
3	Rechnungsabgrenzungsposten aktiver oder passiver Art sind antizipative Posten		
4	Sonstige Forderungen und sonstige Verbindlichkeiten sind transitorische Posten		
5	Beim ARAP findet die Zahlung im alten Jahr statt, der Aufwand ist dem neuen Jahr zuzurechnen		

10.4.4 Lösungen zu den Übungen

1. Es handelt sich um einen aktiven Rechnungsabgrenzungsposten (Zahlung im alten Jahr, Aufwand geht hinüber ins neue Jahr). Da pro Monat 100,00 EUR an Versicherungsprämie zu entrichten sind und vom überwiesenen Betrag 1000,00 EUR auf das neue Jahr (03) entfallen, sind diese auch aktiv abzugrenzen. Das bedeutet, dass im Jahr 02 der Aufwand in Höhe von 200,00 EUR (für November und Dezember 02) geltend gemacht werden kann und der Rest erfolgsneutral ins neue Jahr übernommen wird. Folgende Buchungssätze sind im Jahr 02 zu bilden:

Datum	Soll	Haben	Betrag/EUR	Text
01.11.02	Versicherungen (Aufwandskonto)	Bank	1.200,00	Zahlung Haftpflicht-Versicherung für den Zeitraum 11/02-10/03
31.12.02	ARAP	Versicherungen (Aufwandskonto)	1.000,00	Abgrenzung Aufwand für 01-10/03

Im neuen Jahr wird der aktive Rechnungsabgrenzungsposten aufgelöst und der Aufwand für 03 realisiert. Es ist nachfolgender Buchungssatz zu bilden:

Datum	Soll	Haben	Betrag/EUR	Text
02.01.03	Versicherungen (Aufwandskonto)	ARAP	1.000,00	Auflösung ARAP 01-10/03

In der Praxis löst man in der Regel diesen Posten monatlich auf, um die betriebswirtschaftlichen monatlichen Ergebnisse in der Betriebswirtschaftlichen Auswertung (BWA) nicht zu verzerren. Im Falle der monatlichen Auflösung würden folgende Buchungssätze erstellt:

Datum	Soll	Haben	Betrag/EUR	Text
02.01.03	Versicherungen (Aufwandskonto)	ARAP	100,00	Auflösung ARAP 01/03
01.02.03	Versicherungen (Aufwandskonto)	ARAP	100,00	Auflösung ARAP 02/03
01.03.03	Versicherungen (Aufwandskonto)	ARAP	100,00	Auflösung ARAP 03/03

usw.

2. Folgende Antworten sind korrekt:
   a) Falsch
   b) Richtig
   c) Falsch
   d) Falsch
   e) Falsch
3. Es handelt sich um einen passiven Rechnungsabgrenzungsposten (Einnahme im alten Jahr, Ertrag geht hinüber ins neue Jahr). Da pro Monat 5000,00 EUR (netto) an Mieterträgen anfallen und vom überwiesenen Betrag (11.900,00 EUR) 5000,00 EUR auf das neue Jahr (03) entfallen, sind diese auch passiv abzugrenzen. Das bedeutet, dass im Jahr 02 der Ertrag in Höhe von 5000,00 EUR (für Dezember 02) geltend gemacht werden muss und der Rest erfolgsneutral

10.4 Zusammenfassende Lernkontrolle

ins neue Jahr übernommen wird. Die Umsatzsteuer entsteht bereits im alten Jahr, da der gesamte Betrag bereits in den Machtbereich des Unternehmers gelangt. Die Umsatzsteuer entsteht mit Ablauf des Voranmeldungszeitraums, in dem die Zahlung vereinnahmt wurde (§ 13 (1) UStG) [1]. Fällig wird diese zum 10. des Folgemonats nach Ablauf des Voranmeldungszeitraums.
Folgende Buchungssätze sind im Jahr 02 zu bilden:

Datum	Soll	Haben	Betrag/EUR	Text
01.12.02	Bank	Mieterträge	10.000,00	Einnahme Miete Halle 12/02-01/03
31.12.02	Bank	USt 19%	1.900,00	USt auf Mieterträge 12/02-01/03
31.12.02	Mieterträge	PRAP	5.000,00	Abgrenzung Ertrag für 01/03

Im neuen Jahr wird der passive Rechnungsabgrenzungsposten aufgelöst und der Ertrag für 03 realisiert. Es ist nachfolgender Buchungssatz zu bilden:

Datum	Soll	Haben	Betrag/EUR	Text
02.01.03	PRAP	Mieterträge	5.000,00	Auflösung PRAP 01/03

Auf die Überweisung der Umsatzsteuer-Zahllast wird an dieser Stelle nicht eingegangen.
4. Es handelt sich somit um einen Aktiven Rechnungsabgrenzungsposten. Die Zahlung in Höhe von insgesamt 2400,00 EUR erfolgt im Jahr 03 (Berichtsjahr) und splittet sich in die Beträge 600,00 EUR (Aufwand 03) und 1800,00 EUR (Aufwand 04).
Folgende Buchungssätze sind im Jahr 03 zu bilden:

Nr.	Soll	Haben	Betrag/EUR	Text
1.	Versicherungsaufwand	Bank	600,00	10/03-12/03
2.	ARAP	Bank	1.800,00	01/04-09/04

Carlo erkennt, dass nur der erste Buchungssatz für das Jahr 03 erfolgswirksam ist. Der zweite Buchungssatz muss im Jahr 04 erfolgswirksam umgebucht werden.
Die Buchungssätze in 04 sehen dann so aus (so sein Steuerberater Glaube):

Nr.	Soll	Haben	Betrag/EUR	Text
3.	Versicherungsaufwand	ARAP	1.800,00	01/04-09/04

5. Die Antworten in Tab. 10.2 *(Multiple Choice zu Kap. 10)* sind korrekt.

Tab. 10.2 Multiple Choice zu Kap. 10

Nr.	Aussage	Richtig	Falsch
1	ARAP steht für Aktive Rechnungsabgrenzungsposten	×	
2	PRAP steht für Passive Rechnungsabgrenzungsposten	×	
3	Rechnungsabgrenzungsposten aktiver oder passiver Art sind antizipative Posten		×
4	Sonstige Forderungen und sonstige Verbindlichkeiten sind transitorische Posten		×
5	Beim ARAP findet die Zahlung im alten Jahr statt, der Aufwand ist dem neuen Jahr zuzurechnen	×	

Literatur

Homepage des Bundesjustizministeriums

1. https://www.gesetze-im-internet.de/ustg_1980/__13.html. Zugegriffen: 05. Mai 2016
2. https://www.gesetze-im-internet.de/estg/__5.html. Zugegriffen: 08. Mai 2016

11 Bewertung des Eigenkapitals

> **Zusammenfassung**
> Nun schaut sich Carlo die Passivseite an. Er beginnt mit dem Eigenkapital (Passivkonto). Bevor er sich die Gliederung dieser wichtigen Position innerhalb der Bilanz verinnerlicht, liest er sich zunächst die wichtigsten Definitionen durch.

Nun schaut sich Carlo die Passivseite an. Er beginnt mit dem Eigenkapital (Passivkonto). Bevor er sich die Gliederung dieser wichtigen Position innerhalb der Bilanz verinnerlicht, liest er sich zunächst die wichtigsten Definitionen durch.

11.1 Wichtige Definitionen

Eigenverbrauch Veralteter Begriff für die aktuell gültige „unentgeltliche Wertabgabe"; eine unentgeltliche Privatentnahme von Leistungen, Waren oder Geldern aus dem betrieblichen Bereich für die private Sphäre

Privateinlage Einlagen von Gütern oder Geld aus dem privaten in den betrieblichen Bereich

Privatentnahme Entnahme von Geld, Gütern oder Leistungen aus dem betrieblichen in den privaten Bereich

Unentgeltliche Wertabgabe Aktueller Begriff für den früheren „Eigenverbrauch"; es werden betriebliche Leistungen oder Gegenstände für den privaten Bereich unentgeltlich entnommen

11.2 Gliederung des Eigenkapitals bei Einzelunternehmen und Nichtkapitalgesellschaften

Carlo Sommerweizen ist ja nun seit einiger Zeit erfolgreicher bilanzierender Einzelunternehmer. Die Bilanzgliederungsvorschrift, welche für ihn gilt, ist § 247 HGB:

247 HGB – Inhalt der Bilanz

1. In der Bilanz sind das Anlage- und das Umlaufvermögen, das Eigenkapital, die Schulden sowie die Rechnungsabgrenzungsposten gesondert auszuweisen und hinreichend aufzugliedern.
2. Beim Anlagevermögen sind nur die Gegenstände auszuweisen, die bestimmt sind, dauernd dem Geschäftsbetrieb zu dienen [2, 3].

Carlo denkt sich: ich habe echt Glück gehabt. Als GmbH müsste die Gliederungsvorschrift nach § 266 HGB beachtet werden.

Sommerweizen zeichnet sich seine Bilanzgliederung aus dem Gedächtnis auf ein Blatt Papier:

Aktiva	Bilanz zum 31.12.xx	Passiva
A. Anlagevermögen		**A. Eigenkapital**
I. Immaterielle Vermögensgegenstände		
II. Sachanlagen		
III. Finanzanlagen		**B. Rückstellungen**
B. Umlaufvermögen		
I. Vorräte		
II. Forderungen und sonst. Vermögensgegenstände		**C. Verbindlichkeiten**
III. Wertpapiere		
IV. Kasse,Bankguthaben,Schecks		
C. Rechnungsabgrenzungsposten		**D. Rechnungsabgrenzungsposten**
Bilanzsumme		Bilanzsumme

Er weiß, dass das Eigenkapital, welches in der Regel ein Passivkonto ist, bei Einzelunternehmern ein variables Konto darstellt. Hiermit hat er sich bereits sehr ausführlich im Rahmen seines Selbststudiums auf dem Gebiet der Buchführung beschäftigt.

Carlo weiß, dass das Eigenkapital sich zusammensetzt aus Vermögen abzüglich Schulden. Es sollte stets auf der rechten Seite, der Passivseite der Bilanz, zu finden sein (und zwar mit einem positiven Wert). Dann geht es dem Unternehmen – aus wirtschaftlicher Sicht betrachtet – einigermaßen gut.

Im Falle der Überschuldung (Insolvenz) steht das Eigenkapital jedoch auf der Aktivseite. In einer solchen Situation ist das Fremdkapital höher als das Vermögen. In dieser Situation ist man häufig abhängig von Banken und sonstigen Gläubigern.

Zu Übungszwecken schaut sich Sommerweizen noch einmal ein Beispiel zur Ermittlung des Eigenkapitals an:

Beispiel 11.3 – Eigenkapital
Das Umlaufvermögen soll 11.000,00 EUR und das Anlagevermögen 70.000,00 EUR betragen. Die Summe des Fremdkapitals beläuft sich im vorliegenden Beispiel auf 50.000,00 EUR.

Carlo rechnet und kommt zu folgendem Ergebnis: 70.000,00 EUR (Anlagevermögen) + 11.000,00 EUR (Umlaufvermögen)./.50.000,00 EUR (Fremdkapital) = 31.000,00 EUR (Eigenkapital).

Carlo hat das System verstanden.

Auf das Eigenkapital der Kapitalgesellschaften geht er lediglich noch bei den späteren Übungsaufgaben ein. Da er sich ja noch weitere Themen ansehen möchte und seine Zeit als Unternehmer stets eingeschränkt ist, widmet er sich nun umgehend noch einmal den Privatkonten, bevor er den wohlverdienten Feierabend antritt.

11.3 Privatkonten

Carlo Sommerweizen weiß längst, dass die Privatkonten Unterkonten des Eigenkapitals darstellen. Sie sind nicht mit einem Bankkonto zu verwechseln, sondern beinhalten Vorgänge, die den außerunternehmerischen Bereich von Sommerweizen betreffen.

Solche Konten finden sich jedoch niemals bei den Kapitalgesellschaften wie der AG oder GmbH. Hier handelt es sich um juristische Personen, welche keine Privatsphäre kennen.

Mittlerweile weiß er auch, dass die Privatkonten aus den verschiedensten Gründen in Privatentnahmen und Privateinlagen unterschieden werden.

▶ Privatkonten sind Unterkonten des Eigenkapitals. Sie haben niemals einen Anfangsbestand.

Carlo wiederholt noch einmal die wichtigsten Punkte zum Thema Privatentnahmen bzw. unentgeltliche Wertabgaben.

11.3.1 Privatentnahmen

Die Privatentnahmen sind solche Substanzminderungen, in denen der Unternehmer sich Geld, Leistungen oder Waren aus dem Betriebsvermögen entnimmt, um sie außerunternehmerisch zu nutzen.

Früher nannte man diesen Vorgang der Entnahme von Waren oder Leistungen Eigenverbrauch. Heute ist er im Gesetz unter dem Begriff der unentgeltlichen Wertabgabe zu finden.

Während die reine Privatentnahme in Form von Geld keine erfolgswirksame Buchung und auch keine Umsatzsteuer auslöst, ist jedoch beispielsweise die Nutzung von betrieblichen Gütern, wie z. B. den Firmenwagen, ein umsatzsteuerpflichtiger Vorgang, der auch ertragsteuerliche Konsequenzen hat.

Sommerweizen hatte sich früher schon einmal mit diesem Thema auseinandergesetzt, möchte dieses aber gerne noch einmal anhand eines Beispiels wiederholen.

Freund Uwe Meister liefert daraufhin folgendes Beispiel:

Beispiel 11.4.1 – Privatnutzung Pkw (betrieblich) durch Unternehmer

Unternehmer XY fährt seinen betrieblichen Pkw (Bruttolistenpreis 56.320,00 EUR) zu mehr als 80 % aus betrieblichen Gründen. Gekauft hat ihn der Unternehmer vor zwei Jahren zu einem Preis in Höhe von 25.000,00 EUR (brutto, inkl. 19 % USt).

Wie hoch ist der Privatanteil pro Monat?

Nach § 6 (1) Nr. 4 S. 2 EStG [4] kann die 1 %-Methode angewendet werden, wenn der Pkw zu mindestens 50 % betrieblich genutzt wird. Dies liegt im aktuellen Beispiel vor.

Die Berechnung des Privatanteils sieht wie in Tab. 11.1 *(Berechnung des Privatanteils)* dargestellt aus.

11.3 Privatkonten

Tab. 11.1 Berechnung des Privatanteils (betrieblicher Pkw, 1 %-Methode)

Bruttolistenpreis ursprünglich	56.320,00 EUR
Abrundung auf volle 100 EUR ergibt:	56.300,00 EUR
1 % vom Bruttolistenpreis ergibt	563,00 EUR
./. Abschlag 20 % (z. B. Steuern, Versicherungen ohne Vorsteuer)	112,60 EUR
Bemessungsgrundlage für Umsatzsteuer	450,40 EUR
× 19 %	85,58 EUR
Privatanteil pro Monat	535,98 EUR

Das hat Carlo – auch aufgrund der Wiederholung – gut verstanden.

Weitere Beispiele schaut sich Sommerweizen an dieser Stelle nicht an. Er weiß, dass er diese Dinge bereits schon im Rahmen seines Studiums der Buchführung durchgelesen hat und verzichtet auf die Wiederholung, da er sich auf diesem Gebiet sicher fühlt.

11.3.2 Privateinlagen

Der Vollständigkeit halber gibt es nun zum Abschluss des Themas Privatkonten noch einen Blick auf die Privateinlagen.

Sommerweizen kann sich erinnern, dass durch jede Form der Privateinlage das Eigenkapital erhöht und sich die Substanz des Unternehmens vermehrt.

Dinge, die er als Unternehmer üblicherweise einlegen kann, sind Geld oder sonstige Wirtschaftsgüter:

§ 4 EStG – Gewinnbegriff im Allgemeinen

1. [...] [8]Einlagen sind alle Wirtschaftsgüter (Bareinzahlungen und sonstige Wirtschaftsgüter), die der Steuerpflichtige dem Betrieb im Laufe des Wirtschaftsjahres zugeführt hat; einer Einlage steht die Begründung des Besteuerungsrechts der Bundesrepublik Deutschland hinsichtlich des Gewinns aus der Veräußerung eines Wirtschaftsguts gleich [...] [1].

Zum Abschluss dieses Kapitels schaut sich der fleißige Autohändler nochmals die Zusammenfassende Lernkontrolle an.

11.4 Zusammenfassende Lernkontrolle

Im Folgenden werden zunächst mit Hilfe von Kontrollfragen die Inhalte des bisherigen Kapitels wiederholt. Die Lösungen hierzu dienen als Vorschläge zur Lösung dieser Fragen.
Hieran schließen sich Übungsaufgaben an, die das erworbene oder aufgefrischte Wissen vertiefen sollen.

11.4.1 Kontrollfragen

1. Wie kann die Höhe des Eigenkapitals rechnerisch ermittelt werden, wenn in der Bilanz das Vermögen, Schulden und die Bilanzsumme ausgewiesen werden?
2. Wie nennt man die Gewinnermittlung bei Buch führenden Unternehmen noch?
3. Wo finden Sie die gesetzliche Vorschrift zur Frage Nr. 2?
4. Welche Unternehmer haben kein Eigenkapital im Abschluss auszuweisen?
5. Haben Unternehmen, welche in der Rechtsform einer GmbH betrieben werden, Privatkonten in der Position Eigenkapital ausweisen?
6. Nach welcher Vorschrift ist die Gliederung der Bilanz für eine Aktiengesellschaft zu erstellen?
7. Fällt Umsatzsteuer in den Fällen an, wo ein bilanzierender Einzelunternehmer sich Geld vom betrieblichen Konto auf sein privates Konto überweist?
8. Wo findet sich die Vorschrift zur Bilanzgliederung von Nichtkapitalgesellschaften?

11.4.2 Lösungen zu den Kontrollfragen

1. Eigenkapital = Vermögen abzüglich Schulden
2. Betriebsvermögensvergleich
3. § 4 (1) S. 1 UStG
4. Freiberufler und andere nicht buchführungspflichtige Unternehmer, welche eine Einnahmen-Überschussrechnung nach § 4 (3) EStG erstellen.
5. Nein, juristische Personen wie z. B. die GmbH haben keine Privatsphäre. Deshalb ist ein Ausweis von Privatkonten auch nicht möglich.
6. Die Aktiengesellschaft (AG) bilanziert nach der Vorschrift des § 266 HGB.
7. Nein, bei Geldentnahmen fällt keine Umsatzsteuer an.
8. § 247 HGB

11.4.3 Übungsaufgaben

1. Ermitteln Sie bitte den wirtschaftlichen Erfolg des Unternehmens von Christian Möller e. K. anhand folgender Daten:
   Eigenkapital am 31.12.02: 430.200,00 EUR
   Privateinlagen: 10.000,00 EUR
   Privatentnahmen: 20.500,00 EUR
   EK am Anfang des Jahres: 470.520,30 EUR
2. Richtig oder Falsch? Bitte bewerten Sie nachfolgende Aussagen.
   a) Jeder Unternehmer – buchführungspflichtig oder nicht – weist ein Eigenkapital in seinem Jahresabschluss aus.
   b) Mit Eigenkapital setzt man stets das Guthaben auf den betrieblichen Bankkonten gleich.
   c) Das Eigenkapital ist definiert als Vermögen abzüglich Schulden.
   d) Der Betriebsvermögensvergleich ist bei den buchführungspflichtigen Unternehmern zu finden.
   e) Der Steuerberater darf nur eine Einnahmen-Überschussrechnung erstellen.
   f) Die Gewinnrückstellung ist eine Position innerhalb des Eigenkapitals bei Kapitalgesellschaften.
   g) Die Kapitalrücklage ist eine Position innerhalb des Eigenkapitals bei Kapitalgesellschaften.
3. Bitte definieren Sie nachfolgende Begriffe. Recherchieren Sie hierzu ggf. im Internet.
   a) Gewinnthesaurierung
   b) Unentgeltliche Wertabgabe
   c) Agio
   d) Gewinnrücklage
4. Wie hoch ist die private Pkw-Nutzung pro Monat?

Unternehmer ABC fährt seinen betrieblichen Pkw (Bruttolistenpreis 56.560,00 EUR) zu mehr als 90 % aus betrieblichen Gründen. Gekauft hat ihn der Unternehmer vor zwei Jahren zu einem Preis in Höhe von 35.000,00 EUR (brutto, inkl. 19 % USt).
Wie hoch ist der Privatanteil pro Monat?
Nach § 6 (1) Nr. 4 S. 2 EStG [4] kann die 1 %-Methode angewendet werden, wenn der Pkw zu mindestens 50 % betrieblich genutzt wird. Dies liegt im aktuellen Beispiel vor.

Die Berechnung des Privatanteils sieht wie in Tab. 11.2 dargestellt *(Berechnung des Privatanteils (Pkw))* aus.

Tab. 11.2 Berechnung des Privatanteils (betrieblicher Pkw, 1 %-Methode)

Bruttolistenpreis ursprünglich	
Abrundung auf volle 100 EUR ergibt:	
1 % vom Bruttolistenpreis ergibt	
./. Abschlag 20 % (z. B. Steuern, Versicherungen ohne Vorsteuer)	
Bemessungsgrundlage für Umsatzsteuer	
× 19 %	
Privatanteil pro Monat	

5. Bitte kreuzen Sie die korrekte Antwort an (Tab. 11.3 *Multiple Choice zu Kap. 11*).

Tab. 11.3 Multiple Choice zu Kap. 11

Nr	Aussage	Richtig	Falsch
1	Das Eigenkapital ist die Differenz aus Vermögen und Schulden in der Bilanz		
2	Das Eigenkapital kann sowohl auf der Passivseite der Bilanz als auch auf der Aktivseite stehen		
3	Das Eigenkapital ist stets gleichzusetzen mit dem Bankguthaben		
4	Das Eigenkapital besteht nur aus Stillen Reserven		
5	Stille Reserven entstehen aus unterbewerteten Aktiva		
6	Bei bilanzierenden Unternehmern spricht man im Rahmen der Gewinnermittlung vom Betriebsvermögensvergleich		
7	Das Eigenkapital ist eine Position in der Gewinn- und Verlustrechnung		

11.4.4 Lösungen zu den Übungsaufgaben

1. Eigenkapital 31.12.02: 430.200 EUR ./. Eigenkapital am 01.01.02: 470.520,30 EUR + Privatentnahmen 20.500,00 EUR ./. Privateinlagen 10.000,00 EUR = Verlust 29.820,30 EUR
2. Folgende Antworten sind korrekt:
   a) Falsch
   b) Falsch
   c) Richtig
   d) Richtig
   e) Falsch
   f) Falsch
   g) Richtig
3. Folgende Antwortmöglichkeiten sind denkbar:
   a) Einbehaltung von Gewinnen zur Stabilisierung (Erhöhung) des Eigenkapitals.
   b) Früher: Eigenverbrauch; Beispiel: ein Einzelunternehmer entnimmt sich Waren aus dem Lager. Es muss ein Ertrag und auch die anfallende Umsatzsteuer erfasst werden, um den Gewinn korrekt auszuweisen.
   c) Agio (Einstellung in Kapitalrücklage); Aufgeld zum Beispiel bei Ausgabe (Emission) neuer Aktien bei Aktiengesellschaften.
   d) Die Gewinnrücklage ist ein Bestandteil des Eigenkapitals und wird gebildet durch Einbehaltung von realisierten Gewinnen (Gewinnthesaurierung).
4. Wie hoch ist die private Pkw-Nutzung pro Monat? Die Berechnung des Privatanteils sieht wie in Tab. 11.4 dargestellt aus.
5. Die Antworten in Tab. 11.5 *(Multiple Choice zu Kap. 11)* sind korrekt.

Tab. 11.4 Berechnung des Privatanteils (betrieblicher Pkw, 1 %-Methode)

Bruttolistenpreis ursprünglich	56.560,00 EUR
Abrundung auf volle 100 EUR ergibt:	56.500,00 EUR
1 % vom Bruttolistenpreis ergibt	565,00 EUR
./. Abschlag 20 % (z. B. Steuern, Versicherungen ohne Vorsteuer)	113,00 EUR
Bemessungsgrundlage für Umsatzsteuer	452,00 EUR
× 19 %	85,88 EUR
Privatanteil pro Monat	537,88 EUR

Tab. 11.5 Multiple Choice zu Kap. 11

Nr	Aussage	Richtig	Falsch
1	Das Eigenkapital ist die Differenz aus Vermögen und Schulden in der Bilanz	×	
2	Das Eigenkapital kann sowohl auf der Passivseite der Bilanz als auch auf der Aktivseite stehen	×	
3	Das Eigenkapital ist stets gleichzusetzen mit dem Bankguthaben		×
4	Das Eigenkapital besteht nur aus Stillen Reserven		×
5	Stille Reserven entstehen aus unterbewerteten Aktiva	×	
6	Bei bilanzierenden Unternehmern spricht man im Rahmen der Gewinnermittlung vom Betriebsvermögensvergleich	×	
7	Das Eigenkapital ist eine Position in der Gewinn- und Verlustrechnung		×

Literatur

Homepage des Bundesjustizministeriums

1. https://www.gesetze-im-internet.de/estg/__4.html. Zugegriffen: 5. Mai 2016
2. https://www.gesetze-im-internet.de/hgb/__266.html. Zugegriffen: 5. Mai 2016
3. https://www.gesetze-im-internet.de/hgb/__247.html. Zugegriffen: 5. Mai 2016
4. https://www.gesetze-im-internet.de/estg/__6.html. Zugegriffen: 7. Mai 2016

12 Bilanzierung von Rückstellungen und Verbindlichkeiten

> **Zusammenfassung**
>
> Im aktuellen Kapitel schaut sich Carlo Sommerweizen die Bilanzierung von Rückstellungen und Verbindlichkeiten an. Beide Positionen befinden sich auf der Passivseite der Bilanz. Diese schaut sich Carlo Sommerweizen gemeinsam mit seinem Steuerberater etwas genauer an.

12.1 Zusammenfassung

Im aktuellen Kapitel schaut sich Carlo Sommerweizen die Bilanzierung von Rückstellungen und Verbindlichkeiten an. Beide Positionen befinden sich auf der Passivseite der Bilanz. Diese schaut sich Carlo Sommerweizen gemeinsam mit seinem Steuerberater etwas genauer an.

Zunächst studiert er wieder die wichtigsten Definitionen.

12.2 Wichtige Definitionen

Rückstellung Zukünftige Verbindlichkeit, die am Bilanzstichtag nur dem Grunde und nicht nach Höhe und Fälligkeit bekannt ist.

Rücklage „Ansparung"; Teil des Eigenkapitals.

© Springer Fachmedien Wiesbaden GmbH, ein Teil von Springer Nature 2019
K. Nickenig, *Der Jahresabschluss – eine praxisorientierte Einführung*,
https://doi.org/10.1007/978-3-658-26830-5_12

12.3 Rückstellungen

Carlo Sommerweizen hat bereits gelesen, dass Rückstellungen zukünftige Verbindlichkeiten darstellen, die zum Bilanzstichtag in der Regel nur dem Grunde nach, aber nicht nach Höhe und Fälligkeit bekannt sind.

Deshalb wird in einzelnen Fällen, wo das Gesetz dieses erlaubt eine Rückstellung gebildet, damit im Rahmen des Vorsichtsprinzips, der Aufwand in dem Abschlusszeitraum berücksichtigt wird, zu dem der Aufwand auch wirtschaftlich gehört.

▶ Rückstellungen können nur für zukünftige Aufwendungen bestimmter Art gebildet werden, nicht für die geplante Neuanschaffung von Anlagegütern!

Carlo hat sich bereits bei Reiner Glaube informiert, der ihm erklärte, dass eine Rückstellung stets im Sinne der kaufmännischen Vorsicht zu bilden sei. Denn sie schmälert bei Bildung das betriebliche Ergebnis und somit auch die Steuerschuld. Andererseits müssen Rückstellungen, deren Verursachung weggefallen ist, wieder Gewinn erhöhend aufgelöst werden. Dieses führt dann zu einer evtl. höheren Steuerzahlung.

Der motivierte Autohändler versteht, was Reiner Glaube ihm erläutert. Carlo schaut sich als erstes die handelsrechtliche Definition des Begriffes Rückstellung an:

§ 249 HGB – Rückstellungen

1) Rückstellungen sind für ungewisse Verbindlichkeiten und für drohende Verluste aus schwebenden Geschäften zu bilden. Ferner sind Rückstellungen zu bilden für:

1. im Geschäftsjahr unterlassene Aufwendungen für Instandhaltung, die im folgenden Geschäftsjahr innerhalb von drei Monaten, oder für Abraumbeseitigung, die im folgenden Geschäftsjahr nachgeholt werden,

2. Gewährleistungen, die ohne rechtliche Verpflichtung erbracht werden.

(2) Für andere als die in Absatz 1 bezeichneten Zwecke dürfen Rückstellungen nicht gebildet werden. Rückstellungen dürfen nur aufgelöst werden, soweit der Grund hierfür entfallen ist [4].

Der motivierte Autohändler schreibt die wichtigsten Punkte aus diesem Gesetzestext heraus:

12.3 Rückstellungen

Folgende Rückstellungen sind (handelsrechtlich) möglich:

- Rückstellung für *ungewisse Verbindlichkeiten*
- Rückstellung für *drohende Verluste aus schwebenden Geschäften*
- Rückstellung für im Geschäftsjahr *unterlassene Instandhaltungsmaßnahmen*, die im Folgejahr in den ersten drei Monaten nachgeholt werden
- Rückstellung für *Abraumbeseitigung*
- Rückstellung für *Gewährleistung* ohne rechtliche Verpflichtung
- Rückstellung für andere Zwecke verboten

Da diese Rückstellungsbildung für ihn auch aus steuerlicher Sicht sehr interessant erscheint, schaut er sich auch hier die Vorschriften an, die sich mit diesem spannenden Thema beschäftigen:

§ 5 EStG – Gewinn bei Kaufleuten und bei bestimmten anderen Gewerbetreibenden

[…] (4) Rückstellungen für die Verpflichtung zu einer Zuwendung anlässlich eines Dienstjubiläums dürfen nur gebildet werden, wenn das Dienstverhältnis mindestens zehn Jahre bestanden hat, das Dienstjubiläum das Bestehen eines Dienstverhältnisses von mindestens 15 Jahren voraussetzt, die Zusage schriftlich erteilt ist und soweit der Zuwendungsberechtigte seine Anwartschaft nach dem 31. Dezember 1992 erwirbt.

(4a) [1]Rückstellungen für drohende Verluste aus schwebenden Geschäften dürfen nicht gebildet werden.[…]

(4b) [1]Rückstellungen für Aufwendungen, die in künftigen Wirtschaftsjahren als Anschaffungs- oder Herstellungskosten eines Wirtschaftsguts zu aktivieren sind, dürfen nicht gebildet werden. [2]Rückstellungen für die Verpflichtung zur schadlosen Verwertung radioaktiver Reststoffe sowie ausgebauter oder abgebauter radioaktiver Anlagenteile dürfen nicht gebildet werden, soweit Aufwendungen im Zusammenhang mit der Bearbeitung oder Verarbeitung von Kernbrennstoffen stehen, die aus der Aufarbeitung bestrahlter Kernbrennstoffe gewonnen worden sind und keine radioaktiven Abfälle darstellen.[…] [2]

Sommerweizen fällt nach Durchsicht dieser Vorschrift, die er nur auszugsweise überfliegt, sofort auf, dass die Drohverlustrückstellung steuerlich *nicht* gebildet werden darf.

▶ Drohverlustrückstellungen aus schwebenden Geschäften dürfen steuerlich nicht gebildet werden!

Sommerweizen fasst für sich an dieser Stelle noch einmal die wichtigsten Punkte zusammen:
Es handelt sich bei Rückstellungen um

- zukünftige Verbindlichkeiten,
- mit wirtschaftlicher Zugehörigkeit zum abgelaufenen Wirtschaftsjahr,
- mit wahrscheinlicher Inanspruchnahme nach dem Abschlussstichtag,
- deren Höhe und/oder Fälligkeit jedoch ungewiss ist.

Wichtig ist für den kaufmännisch vernünftig denkenden Unternehmer auch, dass eine Rückstellung immer netto, ohne Umsatzsteuer, gebildet werden muss und das diese Position aufzulösen ist, sobald der Grund für die Bildung wegfällt.

▶ Rückstellungen sind zum Bilanzstichtag stets netto zu bilden, ohne Umsatzsteuer!

Sommerweizen notiert sich einen weiteren wichtigen Punkt:

▶ Fällt der Grund für die Bildung einer Rückstellung weg, ist diese umgehend aufzulösen.

Carlo schaut sich einige Beispiele an, zunächst ohne Umsatzsteuer:

Rückstellung entspricht Rechnungsbetrag (ohne Umsatzsteuer)
Nun schaut sich Sommerweizen ein Beispiel in seinem Lehrbuch an, in dem die gebildete Rückstellung der zukünftigen Verbindlichkeit entspricht. Der später in Rechnung gestellte Betrag **entspricht** der zuvor gebildeten Rückstellung:

Beispiel 12.2a – Rückstellung
Am Bilanzstichtag ist ein Prozess mit dem Lieferanten A, der mangelhafte Ware geliefert hat, noch nicht abgeschlossen. Es ist denkbar, dass das Urteil zugunsten des A ausfällt und unserem Unternehmen hierdurch Kosten für den Prozess entstehen könnten. Man schätzt von unserer Seite am Abschlussstichtag mit einem Betrag von 2000,00 EUR.

12.3 Rückstellungen

Datum	Soll	Haben	Betrag/EUR	Text
31.12.03	Rechts- und Beratungskosten	Sonstige Rückstellung	2.000,00	Bildung Rückstellung

Beispiel 12.2a – Rückstellung (Fortsetzung)

Der Prozess wird im darauffolgenden Jahr tatsächlich verloren. Es entstehen Kosten in Höhe von 2000,00 EUR, die Sommerweizen am 15.04.04 per Bank überweist.

Datum	Soll	Haben	Betrag/EUR	Text
15.04.04	Sonstige Rückstellung	Bank	2.000,00	Auflösung Rückstellung

Da der in Rechnung gestellte Betrag dem Rückstellungsbetrag entspricht, ist keine zusätzliche Buchung außer der Auflösung der Rückstellung erforderlich.

Rückstellung niedriger als Rechnungsbetrag (ohne Umsatzsteuer)
Nun schaut sich Sommerweizen ein Beispiel in seinem Lehrbuch an, in dem die gebildete Rückstellung nicht der zukünftigen Verbindlichkeit entspricht. Der später in Rechnung gestellte Betrag ist höher als die zuvor gebildete Rückstellung:

Beispiel 12.2b – Rückstellung

Am Bilanzstichtag ist ein Prozess mit dem Lieferanten A, der mangelhafte Ware geliefert hat, noch nicht abgeschlossen. Es ist denkbar, dass das Urteil zugunsten des A ausfällt und unserem Unternehmen hierdurch Kosten für den Prozess entstehen könnten. Man schätzt von unserer Seite am Abschlussstichtag mit einem Betrag von 2000,00 EUR.

Datum	Soll	Haben	Betrag/EUR	Text
31.12.03	Rechts- und Beratungskosten	Sonstige Rückstellung	2.000,00	Bildung Rückstellung

Beispiel 12.2b – Rückstellung (Fortsetzung)

Der Prozess wird im darauffolgenden Jahr tatsächlich verloren. Es entstehen Kosten in Höhe von 2100,00 EUR, die Sommerweizen am 15.04.04 überweist. Folgende Buchungssätze sind am 15.04.04 zu bilden:

12 Bilanzierung von Rückstellungen und Verbindlichkeiten

Datum	Soll	Haben	Betrag/EUR	Text
15.04.04	Sonstige Rückstellung	Bank	2.000,00	Auflösung Rückstellung
15.04.04	periodenfremder Aufwand	Bank	100,00	Nachträglicher Aufwand

Da sich der zusätzlich in Rechnung gestellte Betrag auf ein anderes Geschäftsjahr als das Berichtsjahr bezieht, ist dieser auf das Konto „*periodenfremder Aufwand*" zu buchen.

Rückstellung höher als Rechnungsbetrag (ohne Umsatzsteuer)
Nun schaut sich Sommerweizen ein Beispiel in seinem Lehrbuch an, in dem die gebildete Rückstellung nicht der zukünftigen Verbindlichkeit entspricht. Der später in Rechnung gestellte Betrag ist niedriger als die zuvor gebildete Rückstellung:

Beispiel 12.2c – Rückstellung

Am Bilanzstichtag ist ein Prozess mit dem Lieferanten A, der mangelhafte Ware geliefert hat, noch nicht abgeschlossen. Es ist denkbar, dass das Urteil zugunsten des A ausfällt und unserem Unternehmen hierdurch Kosten für den Prozess entstehen könnten. Man schätzt von unserer Seite am Abschlussstichtag mit einem Betrag von 2000,00 EUR.

Datum	Soll	Haben	Betrag/EUR	Text
31.12.03	Rechts- und Beratungskosten	Sonstige Rückstellung	2.000,00	Bildung Rückstellung

Beispiel 12.2c – Rückstellung (Fortsetzung)

Der Prozess wird im darauffolgenden Jahr (15.04.04) tatsächlich verloren. Es entstehen Kosten in Höhe von 1900,00 EUR.

Datum	Soll	Haben	Betrag/EUR	Text
15.04.04	Sonstige Rückstellung	Bank	1.900,00	Auflösung Rückstellung
15.04.04	Sonstige Rückstellung	Periodenfremder Ertrag	100,00	Nachträglicher Ertrag

12.3 Rückstellungen

Da sich der auf die Rückstellung bezogene überschüssige Betrag auf ein anderes Geschäftsjahr als das Berichtsjahr bezieht, ist dieser auf das Konto „*periodenfremder Ertrag*" zu buchen.

Abschließend schaut sich Sommerweizen noch ein Beispiel mit Vorsteuerabzug an.

Rückstellung niedriger als Rechnungsbetrag (mit Umsatzsteuer)
Nun schaut sich Sommerweizen ein Beispiel in seinem Lehrbuch an, in dem die gebildete Rückstellung nicht der zukünftigen Verbindlichkeit entspricht. Der später in Rechnung gestellte Betrag ist höher als die zuvor gebildete Rückstellung:

Beispiel 12.2d – Rückstellung
Am Bilanzstichtag (31.12.03) weiß Sommerweizen, dass sein Steuerberater für das abgelaufene Geschäftsjahr einen Jahresabschluss erstellen wird. Er rechnet mit Kosten in Höhe von 900,00 EUR netto. Hierfür bildet er eine Rückstellung

Datum	Soll	Haben	Betrag/EUR	Text
31.12.03	Aufwand für Abschlusskosten	Sonstige Rückstellung	900,00	Bildung Rückstellung

Beispiel 12.2d – Rückstellung (Fortsetzung)
Die Rechnung des Steuerberaters (15.04.04) fällt jedoch um 100,00 EUR höher aus. Sie beläuft sich auf 1000,00 EUR zzgl. 19 % USt. Sommerweizen zahlt umgehend per Banküberweisung.
Folgende Buchungssätze sind zu bilden:

Datum	Soll	Haben	Betrag/EUR	Text
15.04.04	Sonstige Rückstellung	Bank	900,00	Auflösung Rückstellung
15.04.04	periodenfremder Aufwand	Bank	100,00	Nachträglicher Aufwand
15.04.04	Vorsteuer 19%	Bank	190,00	VoSt 19%

Da sich der zusätzlich in Rechnung gestellte Betrag auf ein anderes Geschäftsjahr als das Berichtsjahr bezieht, ist dieser auf das Konto „*periodenfremder Aufwand*" zu buchen.

▶ Die Vorsteuer darf erst zu dem Zeitpunkt im Rahmen der Umsatzsteuer-Voranmeldung in Abzug gebracht werden, wenn eine umsatzsteuerlich korrekte Rechnung vorliegt und die Leistung ausgeführt wurde.

Nun schaut sich Sommerweizen noch das Thema Verbindlichkeiten an.

12.4 Bewertung von Verbindlichkeiten

Hinsichtlich der Bewertung von Verbindlichkeiten schaut sich Sommerweizen ausgewählte Positionen an. Er beschränkt sich bei seinen Recherchen auf die Sonstigen Verbindlichkeiten und die Darlehensverbindlichkeiten mit Disagio.

12.4.1 Sonstige Verbindlichkeiten

Sommerweizen nimmt wieder ein Lehrbuch zur Hand. Hier liest er im Kapitel „Sonstige Verbindlichkeiten", dass es sich hierbei um einen antizipativen Posten handelt. Antizipativ kommt aus der lateinischen Sprache und bedeutet „vorwegnehmen". Sommerweizen liest weiter und versteht anhand der Erläuterungen, was hiermit gemeint ist.

Entsteht im Betrachtungszeitraum (z. B. 03) ein Aufwand und wird diese Verpflichtung erst im Folgejahr durch den Unternehmer bezahlt, entsteht eine sonstige Verbindlichkeit.

▶ Aufwand im alten Jahr und Ausgabe im neuen Jahr = Sonstige Verbindlichkeit

Sommerweizen schaut sich nun ein Beispiel zunächst ohne Berücksichtigung der Umsatzsteuer an:

Sonstige Verbindlichkeit (ohne Vorsteuer)
Folgendes Beispiel soll dies verdeutlichen:

Beispiel 12.3.1a – Sonstige Verbindlichkeit ohne Vorsteuer
Unternehmer A hat fünf Arbeitnehmer beschäftigt. Der Bilanzstichtag ist der 31.12.02. Für den Monat 12/02 fallen Lohn- und Kirchensteuer in Höhe von 2550,00 EUR an. Er zahlt erst am 10.01.03. Der Betrag in Höhe von 2550,00 EUR wird per Bank überwiesen.

12.4 Bewertung von Verbindlichkeiten

Folgende Buchungssätze sind zum 31.12.02 zu bilden:

Datum	Soll	Haben	Betrag/EUR	Text
31.12.02	Löhne und Gehälter (oder Aufwand Lohn-/Kirchensteuer)	Sonstige Verbindlichkeit	2.550,00	Verbindlichkeit Löhne und Gehälter für 12/02

Beispiel 12.3.1a – Sonstige Verbindlichkeit ohne Vorsteuer (Fortsetzung)

Unternehmer A zahlt erst am 10.01.03. Der Betrag in Höhe von 2550,00 EUR wird per Bank überwiesen.
Folgende Buchungssätze sind zum 10.01.03 zu bilden:

Datum	Soll	Haben	Betrag/EUR	Text
10.01.03	Sonstige Verbindlichkeit	Bank	2.550,00	Ausgleich Verbindlichkeit 12/02

Dies hat Sommerweizen verstanden, was aus seiner Sicht auch nicht schwer war. Nur, was passiert, wenn die Umsatzsteuer mit zu berücksichtigen ist.
Er schaut sich auch ein Beispiel hierzu an:

Sonstige Verbindlichkeit (mit Vorsteuer)

Beispiel 12.3.1b – Sonstige Verbindlichkeit mit Vorsteuer

Unternehmer A mietet eine betriebliche Maschine (bewegliches Gut), da ein Zusatzauftrag ansteht für den Zeitraum 12/03–01/04. Die Rechnung in Höhe von 1190,00 EUR geht am 10.01.04 ein.

Die Vorsteuer kann erst im Folgejahr in Abzug gebracht werden, da nach § 15 UStG ein Vorsteuerabzug erst dann möglich ist, wenn die Rechnung vorliegt und die Leistung erbracht ist. Da die Rechnung aber erst im Folgejahr zugeht, ist ein Vorsteuerabzug auch erst im Folgejahr möglich.

Folgende Buchungssätze sind zum 31.12.03 zu bilden, da A dem Vermieter der Maschine die Leistung aus 12/03 schuldet:

Datum	Soll	Haben	Betrag/EUR	Text
31.12.03	Aufwand Miete (bewegliche Güter)	Sonstige Verbindlichkeit	500,00	Mietaufwand 12/03
31.12.03	Vorsteuer 19% (noch nicht abziehbar)	Sonstige Verbindlichkeit	95,00	Vorsteuer noch nicht abziehbar

Beispiel 12.3.1b – Sonstige Verbindlichkeit mit Vorsteuer (Fortsetzung)
Bei Zahlung der Rechnung am 10.01.04 sind folgende Buchungen denkbar:

Datum	Soll	Haben	Betrag/EUR	Text
10.01.04	Sonstige Verbindlichkeit	Bank	595,00	Ausgleich Verbindlichkeit
10.01.04	Aufwand Miete (bewegliche Güter)	Bank	500,00	Mietaufwand 01/04
10.01.04	Vorsteuer 19%	Bank	95,00	Vorsteuer 01/04
10.04.04	Vorsteuer 19%	Vorsteuer 19% (noch nicht abziehbar)	95,00	Umb. Vorsteuer

Auch dieses ist für Sommerweizen gut nachvollziehbar.

12.4.2 Darlehensverbindlichkeiten

Nun schaut sich der hoch motivierte Unternehmer noch das Kapitel Darlehensverbindlichkeiten an. Hier interessiert ihn ganz besonders die Betrachtung der Darlehensaufnahme unter Berücksichtigung eines Disagios.

Das Disagio ist ein Vorabzins, der bei Darlehensaufnahme vereinbart und bei Darlehensauszahlung sofort einbehalten wird. Hiermit sollen in der Regel günstigere Zinskonditionen aus Sicht des Darlehensnehmers erwirkt werden.

Zunächst liest er sich hierzu wieder die gesetzlichen Vorgaben durch:

§ 253 HGB – Zugangs- und Folgebewertung

(1) […] Verbindlichkeiten sind zu ihrem Erfüllungsbetrag […] anzusetzen […] [5].

Das Darlehen muss also mit dem Erfüllungsbetrag in der Bilanz ausgewiesen (passiviert) werden.

Wie Carlo von seinem Freund Uwe Meister schon einmal gehört hat, **kann** das Damnum, wie man das Disagio auch bezeichnet, handelsrechtlich als aktiver Rechnungsabgrenzungsposten (ARAP) aktiviert und über die Laufzeit des Darlehens abgeschrieben werden.

12.4 Bewertung von Verbindlichkeiten

§ 250 HGB – Rechnungsabgrenzungsposten

[…](3) Ist der Erfüllungsbetrag einer Verbindlichkeit höher als der Ausgabebetrag, so darf der Unterschiedsbetrag in den Rechnungsabgrenzungsposten auf der Aktivseite aufgenommen werden. Der Unterschiedsbetrag ist durch planmäßige jährliche Abschreibungen zu tilgen, die auf die gesamte Laufzeit der Verbindlichkeit verteilt werden können [6].

Ein Sofortabzug als Aufwand wäre aus handelsrechtlicher Sicht in diesem Fall ebenso denkbar.

Steuerrechtlich besteht für das Disagio jedoch eine Aktivierungspflicht. Ein Gewinn mindernder Sofortabzug ist nicht möglich.

Carlo schaut sich ein Beispiel, bei dem der Unternehmer einen einheitlichen Ansatz in Handels- und Steuerbilanz wählt:

Beispiel 12.3.2. – Darlehen mit Disagio

Unternehmer Fleißig benötigt ein Darlehen in Höhe von 100.000,00 EUR. Da er möglichst günstige Zinskonditionen haben möchte, vereinbart er mit der Bank am 02.01.03 ein Disagio in Höhe von 2 %. Die Laufzeit des Darlehens soll 4 Jahre betragen. Das Kreditinstitut schreibt den Betrag in Höhe von 98.000,00 EUR am 03.01.03 gut.

In seiner Bilanz hat Fleißig den Erfüllungsbetrag in Höhe von 100.000,00 EUR auszuweisen. Die laufenden Zinsen, die neben dem Disagio für das Darlehen berechnet werden, überweist Fleißig monatlich. Diese werden nicht dem Darlehensbetrag hinzugerechnet und daher auch im Folgenden nicht weiter berücksichtigt.

Das Disagio hingegen aktiviert Fleißig als Aktiven Rechnungsabgrenzungsposten und schreibt ihn über die Laufzeit des Darlehens (5 Jahre) ab.

Folgende Buchungssätze bildet der Unternehmer bei Darlehensvalutierung am 03.01.03 und am Ende des Jahres bei Abschreibung des Rechnungsabgrenzungspostens:

Datum	Soll	Haben	Betrag/EUR	Text
03.01.03	Bank	Darlehen	98.000,00	Darlehensgutschrift
03.01.03	ARAP Disagio	Darlehen	2.000,00	ARAP Disagio
31.12.03	Auflösung ARAP Disagio (Aufwand)	ARAP Disagio	400,00	Auflösung ARAP für das Jahr 03

Wäre das Darlehen erst im 07/03 aufgenommen und gut geschrieben worden, wäre der Rechnungsabgrenzungsposten nach der pro-rata-temporis-Methode (zeitanteilige Abschreibung) aufzulösen.

▶ Bei der Auflösung eines aktivierten Disagios ist eine zeitanteilige Abschreibung vorzunehmen, wenn das Darlehen dem Unternehmen nicht ganzjährig zur Verfügung stand.

12.5 Zusammenfassende Lernkontrolle

12.5.1 Kontrollfragen

1. Was unterscheidet eine *Rückstellung* von einer *Rücklage?*
2. Aus welchem Grund bildet man z. B. eine Rückstellung für zukünftige Aufwendungen?
3. Sind Rückstellungen inklusive Vorsteuer oder ohne Vorsteuer zu erfassen?
4. Muss eine Rückstellung aufgelöst werden, wenn der Grund für die Bildung dieses Postens in der Zukunft wegfällt?
5. Kann für die geplante Anschaffung von Anlagegütern eine Rückstellung gebildet werden?
6. Was ist ein *Disagio?*
7. Wie nennt man das Disagio noch?

12.5.2 Lösungen zu den Kontrollfragen

1. Die *Rückstellung* ist eine zukünftige Verbindlichkeit, die am Bilanzstichtag meist nur dem Grunde nach, aber *nicht* nach Höhe und Fälligkeit bekannt ist. Die *Rücklage* gehört zum Eigenkapital und stellt eine „Sparmaßnahme" dar. Man kann eine Rücklage auch gleichsetzen mit dem Vorgang „etwas auf die hohe Kante legen" z. B. für die Stabilisierung des Eigenkapitals oder für zukünftig geplante Investitionen.
2. Es gilt das Vorsichtsprinzip (Höchstwertprinzip). Hiernach muss sich der Kaufmann nach außen in seiner Bilanz eher zu pessimistisch als zu optimistisch darstellen. Das heißt, dass zukünftige Verbindlichkeiten, welche am Bilanzstichtag noch nicht konkretisiert sind, im Rahmen einer Schätzung bereits ausgewiesen werden müssen. Der Buchungssatz allgemein lautet *„Aufwandskonto"* an *„Rückstellung"*.

3. Die Rückstellung ist stets ohne Vorsteuer (also netto) zu erfassen, da zum Bilanzstichtag noch keine Leistung erbracht wurde, keine Zahlung für die zukünftige Leistung erfolgt ist und keine ordnungsgemäße Rechnung im Sinne des Umsatzsteuerrechtes vorliegt.
4. Ja, sie muss erfolgswirksam aufgelöst werden.
5. Nein, sie kann nur für zukünftige Aufwendungen, die das betriebliche Ergebnis mindern, gebildet werden.
6. Das Disagio ist im Rahmen der Kreditvergabe durch die Bank ein Vorabzins, der nicht bei Darlehensvalutierung (Darlehensgutschrift auf dem Bankkonto) ausgezahlt, sondern von der Bank im Voraus einbehalten wird.
7. Damnum, Abgeld, Vorabzins

12.5.3 Übungen

1. Wo findet sich im HGB die Vorschrift zur Bilanzierung eines Disagios?
2. Wie ist das Disagio steuerlich zu behandeln?
3. Bitte lösen Sie nachfolgenden Fall. Es sind folgende Fragen zu klären
   1. Wie hoch ist der Bilanzansatz beider Darlehen zum 31.12.02 und 31.12.03?
   2. Wie wird das Damnum aus handelsrechtlicher Sicht bei Aufnahme des Darlehen I behandelt?
   3. Wie wird das Damnum aus steuerlicher Sicht bei Aufnahme des Darlehen I behandelt?

   Sachverhalt:
   Die Stefan Klamauk GmbH nimmt am 02.01.02 bei ihrer Hausbank in Neustadt zwei Darlehen auf. Die Tilgung soll jeweils am Ende eines Jahres (unter Beachtung der entsprechenden Laufzeit) in gleichen Beträgen erfolgen.
   Es werden Ihnen hierzu die nachfolgenden Angaben gemacht:
   a) Darlehen I:
      – Betrag: 500.000,00 EUR
      – Laufzeit: 5 Jahre
      – Auszahlung: 97 %
   b) Darlehen II:
      – Betrag: 700.000,00 EUR
      – Laufzeit: 8 Jahre
      – Auszahlung: 100 %
4. Bitte kreuzen Sie die korrekte Antwort in Tab. 12.1 *Multiple Choice zu Kap. 12* an.

Tab. 12.1 Multiple Choice zu Kap. 12

Nr.	Aussage	Richtig	Falsch
1.	Das Disagio ist ein Vorabzins, der vereinbart wird, um zinsgünstigere Konditionen zu erhalten		
2.	Das Agio ist das Aufgeld und hat nichts mit der Kreditaufnahme zu tun		
3.	Das Disagio muss sowohl handels- als auch steuerrechtlich aktiviert und abgeschrieben werden		
4.	Das Disagio darf steuerrechtlich sofort in den Aufwand gebucht werden		
5.	Das Disagio darf handelsrechtlich sofort in den Aufwand gebucht werden		
6.	Damnum ist ein Synonym für Disagio		
7.	Darlehensvalutierung ist ein anderer Begriff für Gutschrift des Darlehensbetrages auf dem Bankkonto		

12.5.4 Lösungen zu den Übungen

1. § 250 (3) HGB [1] und § 268 (6) HGB [3]
2. Das Disagio muss als aktiver Rechnungsabgrenzungsposten erfasst und über die Laufzeit des Darlehens abgeschrieben werden (siehe auch § 5 (5) S. 1 Nr. 1 EStG und H 6.10 [Damnum] EStH).
3. Folgende Antwortmöglichkeiten sind korrekt:
   a) Bilanzansätze
   – Bilanzansatz von Darlehen I am 31.12.02 = 400.000,00 EUR (500.000,00 EUR/5 Jahre = 100.000,00 EUR Tilgung; 500.000,00 ./. 100.000,00 EUR = 400.000,00 EUR)
   – Bilanzansatz von Darlehen I am 31.12.03 = 300.000,00 EUR (400.000,00 EUR ./. 100.000,00 EUR)
   b) Bilanzansatz von Darlehen II am 31.12.02 = 612.500,00 EUR (700.000,00 EUR/8 Jahre = 87.500,00 EUR Tilgung; 700.000,00 ./. 87.500,00 EUR = 612.500,00 EUR)
   – Bilanzansatz von Darlehen II am 31.12.03 = 525.000,00 EUR (612.500,00 EUR ./. 87.500,00 EUR = 525.000,00 EUR)
   Bei Darlehen I wurden nur 97 % von 500.000,00 EUR = 485.000,00 EUR ausbezahlt. Der Differenzbetrag in Höhe von 15.000,00 EUR kann handelsrechtlich als Aufwand gebucht

oder als aktiver Rechnungsabgrenzungsposten aktiviert und über die Laufzeit des Darlehens abgeschrieben werden (Wahlrecht)
Aus steuerlicher Sicht ist das Disagio (15.000,00 EUR) unbedingt als aktiver Rechnungsabgrenzungsposten zu erfassen und über die Laufzeit des Darlehens zu verteilen. Ein Sofortabzug als Aufwand ist nicht möglich.
4. Folgende Antworten sind korrekt (Tab. 12.2 *Multiple Choice zu Kap. 12*).

Tab. 12.2 Multiple Choice zu Kap. 12

Nr.	Aussage	Richtig	Falsch
1.	Das Disagio ist ein Vorabzins, der vereinbart wird, um zinsgünstigere Konditionen zu erhalten	x	
2.	Das Agio ist das Aufgeld und hat nichts mit der Kreditaufnahme zu tun	x	
3.	Das Disagio muss sowohl handels- als auch steuerrechtlich aktiviert und abgeschrieben werden		x
4.	Das Disagio darf steuerrechtlich sofort in den Aufwand gebucht werden		x
5.	Das Disagio darf handelsrechtlich sofort in den Aufwand gebucht werden	x	
6.	Damnum ist ein Synonym für Disagio	x	
7.	Darlehensvalutierung ist ein anderer Begriff für Gutschrift des Darlehensbetrages auf dem Bankkonto	x	

Literatur

Homepage des Bundesjustizministeriums

1. https://www.gesetze-im-internet.de/hgb/__250.html. Zugegriffen: 05. Mai 2016
2. https://www.gesetze-im-internet.de/estg/__5.html. Zugegriffen: 05. Mai 2016
3. https://www.gesetze-im-internet.de/hgb/__268.html. Zugegriffen: 05. Mai 2016
4. https://www.gesetze-im-internet.de/hgb/__249.html. Zugegriffen: 08. Mai 2016
5. https://www.gesetze-im-internet.de/hgb/__253.html. Zugegriffen: 08. Mai 2016
6. https://www.gesetze-im-internet.de/hgb/__250.html. Zugegriffen: 08. Mai 2016

Veröffentlichung von Jahresabschlüssen

Zusammenfassung

Die Offenlegung- oder Publizitätspflicht von Unternehmen ist geregelt im Publizitätsgesetz. Diese Verpflichtung gilt für bestimmte Rechtsformen und ist gesetzlich verankert.

13.1 Verpflichtung und Offenlegung

Die Offenlegung- oder Publizitätspflicht von Unternehmen ist geregelt im Publizitätsgesetz. Diese Verpflichtung gilt für bestimmte Rechtsformen und ist gesetzlich verankert.

Bevor ein Jahresabschluss veröffentlicht wird, erfolgt zunächst eine Prüfung durch den Wirtschaftsprüfer, der die ordnungsgemäße Darstellung des Zahlenmaterials testiert. Der Bestätigungsvermerk am Ende eines solchen Prüfungsvorganges bezeichnet man auch als Unbedenklichkeitsvermerk.

Die Veröffentlichungspflicht gilt insbesondere für Kapitalgesellschaften:

§ 325 HGB – Offenlegung

(1) Die gesetzlichen Vertreter von Kapitalgesellschaften haben für die Gesellschaft folgende Unterlagen in deutscher Sprache offenzulegen:

1. den festgestellten oder gebilligten Jahresabschluss, den Lagebericht und den Bestätigungsvermerk oder den Vermerk über dessen Versagung sowie
2. den Bericht des Aufsichtsrats und die […] vorgeschriebene Erklärung.

Die Unterlagen sind elektronisch beim Betreiber des Bundesanzeigers in einer Form einzureichen, die ihre Bekanntmachung ermöglicht [1].
Carlo Sommerweizen liest interessiert weiter. Er nimmt sich vor, sich einen solchen veröffentlichten Jahresabschluss einmal anzuschauen. Mit den Kenntnissen, die er bisher erworben hat, kann er sich sicherlich schon einige interessante Informationen herauslesen.
Der Autohändler liest weiter im HGB:

§ 325 HGB – Offenlegung

[...] (1a) Die Unterlagen [...] sind spätestens ein Jahr nach dem Abschlussstichtag des Geschäftsjahrs einzureichen, auf das sie sich beziehen. Liegen die Unterlagen [...] nicht innerhalb der Frist vor, sind sie unverzüglich nach ihrem Vorliegen [...] offenzulegen [1].

Dies war Carlo noch nicht bekannt. Er nimmt sich vor, sich diese Infos einzuprägen, da er sich irgendwann in naher Zukunft sicherlich auch einmal mit dem Gedanken tragen wird, sein Unternehmen in der Rechtsform einer GmbH zu führen.
Er sieht bei seinen Recherchen im Internet und zwar im Publizitätsgesetz (PublG), dass es auch noch andere Rechtsformen gibt, die ihre Zahlen offenlegen müssen. Hierzu zählen beispielsweise Unternehmen, welche bestimmte Größenordnungen an Umsätzen oder Bilanzsummen überschreiten.

§ 1 PublG – Zur Rechnungslegung verpflichtete Unternehmen

(1) Ein Unternehmen hat nach diesem Abschnitt Rechnung zu legen, wenn für den Tag des Ablaufs eines Geschäftsjahrs (Abschlußstichtag) und für die zwei darauf folgenden Abschlußstichtage jeweils mindestens zwei der drei nachstehenden Merkmale zutreffen:

1. Die Bilanzsumme einer auf den Abschlußstichtag aufgestellten Jahresbilanz übersteigt 65 Mio. EUR.
2. Die Umsatzerlöse des Unternehmens in den zwölf Monaten vor dem Abschlußstichtag übersteigen 130 Mio. EUR.
3. Das Unternehmen hat in den zwölf Monaten vor dem Abschlußstichtag durchschnittlich mehr als fünftausend Arbeitnehmer beschäftigt [...] [2].

Beruhigt schaut sich Carlo Sommerweizen die für ihn absolut neue Vorschrift an. Er ist deshalb tiefenentspannt, da sein Unternehmen zum aktuellen Zeitpunkt weder eine Bilanzsumme von 65 Mio. EUR hat, noch Erlöse von mehr als 130 Mio. EUR und mehr als 5000 Arbeitnehmer beschäftigt der interessierte Autohändler auch nicht. Aber für ihn ist es spannend, zu sehen, wer denn seine Zahlen der Öffentlichkeit preisgeben muss.

13.2 Zusammenfassende Lernkontrolle

Die nachfolgenden Kontrollfragen und Übungen sollen das bisherige Wissen vertiefen und die neuen Kenntnisse festigen.

13.2.1 Kontrollfragen

1. Welches Gesetz beschäftigt sich mit der Veröffentlichungspflicht von Unternehmen?
2. Wo ist geregelt, das Unternehmen mit einem Umsatz von mehr als 130 Mio. EUR und bei Realisierung einer weiteren Voraussetzung publizitätspflichtig wird?
3. Wo findet sich die gesetzliche Vorschrift, dass Kapitalgesellschaften ihren Jahresabschluss veröffentlichen müssen?

13.2.2 Lösungen zu den Kontrollfragen

1. Publizitätsgesetz (PublG)
2. § 1 PublG
3. § 325 HGB

13.2.3 Übung

1. Schauen Sie sich bitte einen Geschäftsbericht Ihrer Wahl im Internet an.
2. Bitte kreuzen Sie die korrekte Antwort an (Tab. 13.1 *Multiple Choice zu Kap.* 13).

Tab. 13.1 Multiple Choice zu Kap. 13

Nr.	Aussage	Richtig	Falsch
1	Der Unternehmer muss nicht veröffentlichen, wenn er dies nicht möchte		
2	Für die Veröffentlichung bedarf es keiner gesetzlichen Vorschrift. Das machen alle Unternehmer freiwillig		
3	Es müssen die kapitalmarktorientierten Unternehmen veröffentlichen		
4	Es müssen nur die steuerlichen Unterlagen veröffentlicht werden		
5	Die Publizitätspflicht ist auch abhängig von der Höhe des Umsatzes		
6	Die Publizitätspflicht ist auch abhängig von der Anzahl der Arbeitnehmer		
7	Die Bilanzsumme hat nie Auswirkungen auf die Publizitätspflicht		

13.2.4 Lösungen zur Übung

1. Kein Lösungsvorschlag, da zahlreiche Möglichkeiten existieren.
2. Die Antworten in Tab. 13.2 *(Mulitple Choice zu Kap. 13)* sind für die Multiple-Choice-Fragen korrekt.

Tab. 13.2 Multiple Choice zu Kap. 13

Nr.	Aussage	Richtig	Falsch
1	Der Unternehmer muss nicht veröffentlichen, wenn er dies nicht möchte		x
2	Für die Veröffentlichung bedarf es keiner gesetzlichen Vorschrift. Das machen alle Unternehmer freiwillig		x
3	Es müssen die kapitalmarktorientierten Unternehmen veröffentlichen	x	
4	Es müssen nur die steuerlichen Unterlagen veröffentlicht werden		x
5	Die Publizitätspflicht ist auch abhängig von der Höhe des Umsatzes	x	
6	Die Publizitätspflicht ist auch abhängig von der Anzahl der Arbeitnehmer	x	
7	Die Bilanzsumme hat nie Auswirkungen auf die Publizitätspflicht		x

Literatur

Homepage des Bundesjustizministeriums

1. https://www.gesetze-im-internet.de/hgb/__325.html. Zugegriffen: 07. Mai 2016
2. https://www.gesetze-im-internet.de/publg/__1.html. Zugegriffen: 07. Mai 2016

Grundlagen des Jahresabschlusses nach IFRS

14

> **Zusammenfassung**
>
> Carlo Sommerweizen möchte sich abschließend noch ein wenig mit dem spannenden Thema IFRS auseinandersetzen. Er hörte davon, dass es sich hierbei um internationale Jahresabschlüsse geht und er recherchiert ein wenig zu diesem Thema, um zumindest ein Grundlagenwissen zu erwerben.

Carlo Sommerweizen möchte sich abschließend noch ein wenig mit dem spannenden Thema IFRS auseinandersetzen. Er hörte davon, dass es sich hierbei um internationale Jahresabschlüsse geht und er recherchiert ein wenig zu diesem Thema, um zumindest ein Grundlagenwissen zu erwerben.

Zunächst schaut sich der motivierte Unternehmer wieder die wichtigsten Definitionen an.

14.1 Wichtige Definitionen

14.1.1 Allgemeine Anmerkungen zu IFRS

IFRS steht als Abkürzung für „International Financial Reporting Standards". Diese werden seit 2005 zusammen mit den „International Accounting Standards (IAS)" als internationale Rechnungslegungsvorschriften überwiegend von den kapitalmarktorientierten Unternehmen zwecks Erstellung ihrer Jahresabschlüsse, die international vergleichbar und verständlich sein sollen, angewendet. Diese internationalen Standards sind im Internet unter folgendem Link abrufbar: www.ifrs.org.

Sommerweizen fragt seinen Freund Uwe, was denn *kapitalmarktorientierte Unternehmen* seien. Dieser antwortet ihm, dass es sich hierbei um Unternehmen, insbesondere Kapitalgesellschaften handelt, deren eigene Wertpapiere (z. B. Aktien) am Kapitalmarkt gehandelt werden. Er verweist auf § 264d HGB:

§ 264d HGB – Kapitalmarktorientierte Kapitalgesellschaft

Eine Kapitalgesellschaft ist kapitalmarktorientiert, wenn sie einen organisierten Markt [...]durch von ihr ausgegebene Wertpapiere [...] in Anspruch nimmt oder die Zulassung solcher Wertpapiere zum Handel an einem organisierten Markt beantragt hat [1].

Bevor Carlo Sommerweizen nun in das Thema weiter einsteigt, möchte er im Vorfeld von Uwe Meister wissen, was denn überhaupt die Ziele einer solchen Bilanzierung sind. Schließlich macht das Autohaus Sommerweizen doch auch einen Jahresabschluss, nur nicht nach IFRS, sondern nach HGB und natürlich nach steuerlichen Vorgaben.

Uwe Meister hat sich vor kurzem selbst über dieses Thema informiert und erklärt ihm einige wichtige Punkte, die er als Unternehmer wissen sollte.

14.2 Ziele der Bilanzierung nach IFRS

Das grundlegende Ziel in der Bilanzierung nach den Vorgaben der IFRS besteht nach Aussage von Unternehmer Meister darin, dass die Abschlüsse kapitalmarktorientierter Unternehmen international vergleichbar gemacht werden sollen. Sie dienen dazu, mögliche neue Geldgeber zu finden, die bereit sind, in das nach IFRS bilanzierende Unternehmen zu investieren.

Weiterhin hat der internationale Abschluss einen informativen, betriebswirtschaftlichen Charakter, wo der Schutz des Anlegers besonders wichtig ist und gewährleistet werden soll.

Man erhofft sich darüber hinaus auch eine Förderung grenzüberschreitender Geschäfte.

Die IFRS-Bilanz soll ein möglichst realistisches, ein den tatsächlichen Verhältnissen entsprechendes Bild bzgl. Finanz-, Vermögens- und Ertragslage widerspiegeln, so die Aussage von Uwe Meister. Man nennt dies auch *True and fair view* bzw. *Fair presentation.*

Uwe Meist fasst zusammen:

▶ Dem potenziellen Investor sollen entscheidungsnützlich Informationen geliefert werden.

Carlo Sommerweizen erkennt, dass er als Autohändler, welcher nur im Inland tätig ist, mit dieser Art der Bilanzierung wenig gemein hat. Trotzdem hört er den weiteren Ausführungen seines Freundes Uwe gespannt zu. Dieser zeigt ihm im Folgenden, welche Unterschiede zwischen einer Bilanz nach HGB und einer nach IFRS mit sich bringt.

14.3 Bilanzierung nach HGB und IFRS – ein Vergleich

Uwe Meister zeigt seinem Freund Carlo eine kleine Gegenüberstellung der wichtigsten Unterschiede zwischen einer Handelsbilanz und einer Bilanz nach IFRS (siehe Tab. 14.1 *Bilanzierung nach HGB und IFRS – ein Vergleich*).

Tab. 14.1 Bilanzierung nach HGB und IFRS – ein Vergleich

HGB (national)	IFRS (international)
Gläubigerschutz	Interesse der Investoren
Umfangreiche Bewertungskriterien	Nur eingeschränkte Wahlrechte
Vorsichtsprinzip	Kein Vorsichtsprinzip nach HGB, andere Interpretation
Ausschüttungsbemessungsfunktion	Vermittlung entscheidungsrelevanter Informationen
Maßgeblichkeit für die Steuerbilanz	Keine steuerlichen Einflüsse, reine Informationsfunktion

Das findet Carlo sehr informativ. Nun möchte er gerne wissen, welche Komponenten denn der Jahresabschluss nach IFRS hat.

Auch das ist für seinen Freund Uwe kein Problem.

14.4 Komponenten des Abschlusses nach IFRS

Uwe Meister zeigt seinem Freund auf, welche Komponenten ein solch international ausgerichteter Abschluss hat:

- Bilanz (statement of financial position),
- [GuV (income statement), sofern diese nicht in der Gesamtergebnisrechnung enthalten ist]

- Gesamtergebnisrechnung (Statement of comprehensive income)
- Eigenkapitalveränderungsrechnung (statement of changes in equity)
- Anhang (notes), inklusive Segmentberichterstattung (segment report)
- Kapitalflussrechnung (statement of cash flows)

Carlo Sommerweizen ist doch recht beeindruckt über das umfangreiche Wissen seines Freundes. Er möchte nicht in jedes Detail einsteigen, jedoch interessieren ihn noch einige wesentliche Punkte, die er sich von seinem geduldigen Freund Uwe erklären lässt.

14.5 Bilanzgliederung nach IFRS

Uwe Meister zeichnet seinem Freund Carlo auf einem Papier auf, wie eine IFRS-Bilanz gegliedert ist.

Er weist zusätzlich darauf hin, dass im Rahmen der Bilanzierung auf das Unternehmensfortführungsprinzip (Going-Concern-Prinzip) zu beachten sei. Man geht also bei der Bewertung davon aus, dass das Unternehmen zukünftig fortgeführt und nicht kurzfristig zerschlagen wird. Auch der Grundsatz der periodengerechten Abgrenzung spielt bei der Bewertung eine wichtige Rolle. Auf Darstellung von Einzelheiten verzichtet Meister jedoch, um Carlo nicht zu überfordern.

Aktiva	Bilanz zum 31.12....	Passiva
Non Current Assets		Capital and Reserves
I. Intangible Assets		I. Issued Capital
II. Property, Plant and Equipment		II. Reserves
III. Non-Current Financial Assets		III. Accumulated Profits/Losses
IV. Deferred Tax Assets		
		Non-Current Liabilities
Current Assets		I. Non-current Financial Liabilities
I. Inventories		II. Deferred Tax Liabilities
II. Trade and other Receivables		III. Non Current Provisions
III. Current Financial Assets		
IV. Prepayments		Current Liabilities
V. Cash and Cash equivalents		I. Trade and other Payables
		II. Current Financial Liabilities
		III. Current Provisions
		IV. Deferred Income

Carlo ist mittlerweile total beeindruckt, möchte aber auch gerne die deutsche Übersetzung hierfür sehen. Diese liefert Freund Uwe prompt:

Aktiva	Bilanz zum 31.12....	Passiva
Anlagevermögen I. Immaterielle Anlagewerte II. Sachanlagen III. langfristige finanzielle Vermögenswerte IV. Latente Steuerforderungen Umlaufvermögen I. Vorräte II. Forderungen aus Lief. und Leistg. III. kurzfristige finanz. Vermögenswerte IV. Kundenanzahlungen V. Zahlungsmittel und -äquivalente	Kapital und Rücklagen I. Ausgegebene Aktien II. Rücklagen III. Kum. Gewinne/Verluste Langfristige Verbindlichkeiten I. Langfristige Finanzverbindlichkeiten II. Latente Steueransprüche III. Langfristige Rückstellungen Kurzfristige Verbindlichkeiten I. Verb. aus Lief. und Leistg. II. Kurzfristige Finanzschulden III. kurzfristige Rückstellungen IV. Rechnungsabgrenzungsposten	

14.6 Voraussetzung für die Aktivierung/Passivierung

14.6.1 Aktivierung von Vermögenswerten

Freund Uwe erklärt Carlo, dass im Gegensatz zum Handelsrecht die Positionen in der Bilanz auf der Aktivseite als *Vermögenswerte* bezeichnet werden. Für die Aktivierung gibt es bestimmte Voraussetzungen, die er kurz aufzeigt.

Hiernach ist die *Aktivierung von Vermögenswerten* nach IFRS geknüpft an folgende Voraussetzungen:

1. Es muss ein *Vermögenswert* mit entsprechenden Eigenschaften vorliegen. Man spricht von einer *Ressource*. Diese befindet sich in der *Verfügungsmacht des Unternehmers,* beruht auf einem *Ereignis in der Vergangenheit* und lässt einen *zukünftigen Nutzenzufluss* erwarten.
2. Die erforderlichen Ansatzvoraussetzungen müssen erfüllt sein. Der *zukünftige Nutzenzufluss* muss *wahrscheinlich* und die Anschaffungs- beziehungsweise Herstellungskosten müssen *verlässlich bestimmbar* sein.

Zur Erläuterung geht Uwe Meister auf die wesentlichen Aspekte in stark vereinfachter Darstellung ein:

a. *Verfügungsmacht des Unternehmers:*
   Der Unternehmer muss die Kontrolle über die Ressource innehaben.
b. *Ereignis in der Vergangenheit:*
   z. B. auf Basis eines Vertrages
c. *Zukünftiger Nutzenzufluss:*
   z. B. wirtschaftliche Vorteile (Erlöse)
d. *Wahrscheinlichkeit des zukünftigen Nutzenzuflusses*
   Eintrittswahrscheinlichkeit sollte höher als 50 % sein (also, mehr „ja" als mehr „nein")
e. *Verlässliche Bestimmbarkeit des Zugangswertes*
   z. B. durch Vorlage einer Rechnung

Soweit hat Carlo Sommerweizen die Thematik verstanden.

14.6.2 Passivierung von Schulden

Zum Abschluss erläutert Uwe Meister seinem Lehrling noch die Voraussetzungen für die Passivierung von Verbindlichkeiten:

1. Es muss eine *Schuld* mit entsprechenden Eigenschaften vorliegen. Voraussetzung ist, dass es sich um *eine gegenwärtige Verpflichtung des Unternehmens* handelt, welches auf einem *Ereignis in der Vergangenheit* beruht und *zukünftig einen Abfluss von wirtschaftlichem Nutzen* erwarten lässt.
2. Die erforderlichen Ansatzvoraussetzungen müssen insgesamt erfüllt sein. Zukünftiger *wirtschaftlicher Nutzenabfluss ist wahrscheinlich* und *Wert der Verbindlichkeit lässt sich verlässlich ermitteln*.

Auch hier gibt es die kurze Erläuterung durch Uwe Meister:

a) *Schuld*
   Verbindlichkeit gegenüber z. B. Lieferanten
b) *Gegenwärtige Verpflichtung*
   Aktuelle Schuld
c) *Ereignis in der Vergangenheit*
   z. B. vertragliche Verpflichtung bei Kauf
d) *Zukünftiger Abfluss von wirtschaftlichem Nutzen*
   Abfluss von z. B. Geldmitteln (Zahlung)
e) *Wahrscheinlichkeit des zukünftigen Nutzenabflusses*

Eintrittswahrscheinlichkeit sollte höher als 50 % sein (also, mehr „ja" als mehr „nein")
f) *Verlässliche Bestimmbarkeit des Abflusswertes*
z. B. durch Vorlage einer Rechnung oder eines Vertrages

14.7 Folgebewertung

Die Folgebewertung beinhaltet ein Wahlrecht hinsichtlich der materiellen und immateriellen Sachanlagenwerte. Hier kann entweder ein Neubewertung zum Marktwert (fair value) erfolgen oder die klassische Abschreibung, die Carlo bereits schon aus dem Handelsrecht kennt (IAS 16) [2].

Wichtig ist stets, dass ein möglichst realistischer Wert im Abschluss ausgewiesen wird.

14.8 Gesamtergebnisrechnung

Die Gesamtergebnisrechnung (Pflichtbestandteil eines IFRS-Abschlusses) soll nun das letzte Thema innerhalb Carlos Recherche sein. Er möchte nur eine übersichtliche Information bzgl. der Ergebnisrechnung von Uwe Meister haben.

Dieser erklärt, dass die Gesamtergebnisrechnung mehr sei als die bereits bekannte Gewinn- und Verlustrechnungen (GuV). Die Gesamtergebnisrechnung beinhaltet neben der GuV auch noch das sonstige Gesamtergebnis (z. B. inkl. Ergebnis aus den Neubewertungen von Vermögenswerten).

Die GuV kann – vergleichbar mit dem handelsrechtlichen Ausweis – nach dem Umsatzkosten- oder Gesamtkostenverfahren erstellt werden.

So, das reicht, meint nun Carlo Sommerweizen. Im folgenden Kapitel zieht er ein Fazit zu dem erlernten Lehrstoff. Zunächst gibt es wie gewohnt die zusammenfassende Lernkontrolle.

14.9 Zusammenfassende Lernkontrolle

Im Folgenden werden mit Hilfe von Kontrollfragen und Übungen das bisherige Wissen aufgefrischt bzw. neue Kenntnisse gefestigt.

14.9.1 Kontrollfragen

1. Wozu benötigt man einen IFRS-Abschluss?
2. Nennen Sie ein Prinzip, welches bei der Bilanzierung nach IFRS eine wichtige Rolle spielt.
3. Wie bezeichnet man einen Vermögenswert noch?
4. Wie nennt man den Marktwert im Rahmen des IFRS, auf den eine Neubewertung vorgenommen werden kann?
5. Wofür steht die Abkürzung IFRS?

14.9.2 Lösungen zu den Kontrollfragen

1. z. B. zur Vermittlung entscheidungsnützlicher Informationen.
2. Fair Presentation
3. Asset
4. Fair value
5. International Financial Reporting Standards

14.9.3 Übungen

1. Nennen Sie bitte drei Unterschiede zwischen einem handelsrechtlichen und einem Abschluss nach IFRS.
2. Bitte recherchieren Sie im Internet nach der Abkürzung IASB.
3. Bitte recherchieren Sie im Internet nach dem Begriff des Impairment Test.
4. Bitte kreuzen Sie die korrekte Antwort an (Tab. 14.2).

Tab. 14.2 Multiple Choice zu Kap. 14

Nr.	Aussage	Richtig	Falsch
1.	IRFS steht für International Financial Importing Standard		
2.	IRFS ist reine Erfindung		
3.	Der IFRS-Abschluss wird für den internationalen Vergleich benötigt		
4.	Der IFRS-Abschluss wird nur von kapitalmarktorientierten Unternehmen durchgeführt		

(Fortsetzung)

Tab. 14.2 (Fortsetzung)

Nr.	Aussage	Richtig	Falsch
5.	Der IFRS-Abschluss hat ebenso wie der handelsrechtliche Abschluss eine Bilanz und eine Gewinn- und Verlustrechnung		
6.	Der IFRS-Abschluss hat keine steuerliche Relevanz		
7.	Die Cash-Flow-Berechnung ist kein Bestandteil des IFRS-Abschlusses		
8.	Ein IFRS-Abschluss muss von jedem Freiberufler erstellt werden		
9.	Der IFRS-Abschluss muss nur am Ende der Unternehmereigenschaft erstellt werden		
10.	IASB steht für International Accounting Standard Board		

14.9.4 Lösungen zu den Übungen

1. Folgende Antwortmöglichkeiten sind denkbar:
   1. HGB: Gläubigerschutz; IFRS: Investorenschutz
   2. HGB: Vorsichtsprinzip; IFRS: kein strenges Vorsichtsprinzip, andere Auslegung
   3. HGB: Maßgeblichkeit für Steuerbilanz; IFRS: keine steuerliche Relevant
2. IASB steht für International Accounting Standard Board; Institution, welche mit der Entwicklung der Standards beschäftigt ist.
3. Der Impairment Test ist ein Werthaltigkeits-Test, welcher Auskunft darüber gibt, ob eine außerplanmäßige Abschreibung vorzunehmen ist oder nicht.
4. Die Lösungen zu den Multiple-Choice-Fragen befinden sich in Tab. 14.3.

Tab. 14.3 Multiple Choice zu Kap. 14

Nr.	Aussage	Richtig	Falsch
1.	IRFS steht für International Financial Importing Standard		x
2.	IRFS ist reine Erfindung		x
3.	Der IFRS-Abschluss wird für den internationalen Vergleich benötigt	x	
4.	Der IFRS-Abschluss wird nur von kapitalmarktorientierten Unternehmen durchgeführt	x	
5.	Der IFRS-Abschluss hat ebenso wie der handelsrechtliche Abschluss eine Bilanz und eine Gewinn- und Verlustrechnung	x	

(Fortsetzung)

Tab. 14.3 (Fortsetzung)

Nr.	Aussage	Richtig	Falsch
6.	Der IFRS-Abschluss hat keine steuerliche Relevanz	×	
7.	Die Cash-Flow-Berechnung ist kein Bestandteil des IFRS-Abschlusses		×
8.	Ein IFRS-Abschluss muss von jedem Freiberufler erstellt werden		×
9.	Der IFRS-Abschluss muss nur am Ende der Unternehmereigenschaft erstellt werden		×
10.	IASB steht für International Accounting Standard Board		×

Literatur

Homepage des Bundesjustizministeriums

1. https://www.gesetze-im-internet.de/hgb/__264d.html. Zugegriffen: 07. Mai 2016

Homepage IASPlus

2. http://www.iasplus.com/de/standards/ias/ias16. Zugegriffen: 07. Mai 2016

Aufgaben – Mix 15

> **Zusammenfassung**
> Im aktuellen Kapitel werden zahlreiche Übungsaufgaben (inkl. Lösung) zwecks Übung und Festigung der Kenntnisse dargestellt. Es gibt keine bestimmte Reihenfolge hinsichtlich der behandelten Thematik. Zur Lösung sollten Sie die Steuergesetze und das HGB zur Hand haben bzw. diese im Internet abrufen können. Taschenrechner und hohe Motivation sind auch sehr hilfreich. Gutes Gelingen und viel Erfolg!

Im aktuellen Kapitel werden zahlreiche Übungsaufgaben (inkl. Lösung) zwecks Übung und Festigung der Kenntnisse dargestellt. Es gibt keine bestimmte Reihenfolge hinsichtlich der behandelten Thematik. Zur Lösung sollten Sie die Steuergesetze und das HGB zur Hand haben bzw. diese im Internet abrufen können. Taschenrechner und hohe Motivation sind auch sehr hilfreich. Gutes Gelingen und viel Erfolg!

15.1 Aufgaben

1. Unternehmer, die nicht buchführungspflichtig sind, sind aufzeichnungspflichtig. Was bedeutet das?
2. Bitte ermitteln Sie den Gewinn bzw. Verlust aufgrund nachfolgender Daten mittels Betriebsvermögensvergleichs:
   Eigenkapital (EK) am Ende des Jahres: 121.000 EUR, Privateinlagen: 50.500 EUR Privatentnahmen: 30.000 EUR, Eigenkapital am Anfang des Jahres: 220.000 EUR

a) Welche zwei Gewinnermittlungsmethoden kennen Sie noch? Nennen Sie diese bitte.
b) Müssen Zahnärzte auch bilanzieren? Erläutern Sie bitte kurz.
3. Was ist eine Inventur und wofür benötigt man diese?
4. Erläutern Sie bitte die nachfolgenden Begriffe gerne auch anhand von Beispielen.
   - PRAP
   - Rückstellung
   - Anlagevermögen
   - Eigenkapital
5. Mit welchem Wert sind das Grundstück und das Gebäude in der Bilanz zu aktivieren?
Bitte ermitteln Sie den jeweiligen Bilanzansatz anhand der vorgegebenen Tabelle.
Sachverhalt:
Rainer Wahnsinn entschließt sich, am 11.12.02 ein Gebäude zu erwerben, welches er nur für betriebliche Zwecke nutzen möchte.
Für das bebaute Grundstück (in einem noblen Viertel der Stadt Heidenheim) fällt ein Kaufpreis in Höhe von 1.435.700,50 EUR an. Hiervon entfallen auf das Gebäude 720.000,00 EUR.
Für Notarkosten und Grunderwerbsteuer wurde ein Betrag in Höhe von 36.500,00 EUR entrichtet. Außerdem sind Wahnsinn Reisekosten in Höhe von 100,00 EUR (netto) angefallen. Finanzierungskosten für das bebaute Grundstück belaufen sich auf 12.600,00 EUR. (Hinweis: Die Umsatzsteuer ist hier nicht zu betrachten.)
Lösung:

	Kaufpreis / EUR	Anschaff.NK / EUR	Anschaffungskosten / EUR
Grund und Boden (? %)			
Gebäude (? %)			
Gesamt(100%)			

Alle übrigen Kosten sind Betriebsausgaben und nicht zu aktivieren.

15.1 Aufgaben

6. Bitte erläutern Sie das System der Umsatzsteuer unter Verwendung nachfolgender Begriffe
   - Traglast
   - Zahllast
   - Steuerpflichtiger
   - Finanzamt
   - ELSTER

   Die Erläuterung ist in maximal fünf Sätzen durchzuführen.

7. Ermitteln Sie bitte nachvollziehbar die Anschaffungskosten (nach Handelsrecht) für den Pkw (siehe nachfolgenden Sachverhalt).
   Sachverhalt:
   Für den Vorstandsvorsitzenden der XY AG wurde ein neuer Pkw gekauft. Die voraussichtliche Nutzungsdauer beträgt 6 Jahre. Es liegen Ihnen noch die Daten in Tab. 15.1 *(Kauf Pkw)* vor.

Tab. 15.1 Kauf Pkw – Vorgabe Daten

Kaufpreis (brutto, inkl. 19 % USt)	95.200,00 EUR
Zulassungsgebühren	40,00 EUR
Überführungskosten (netto)	600,00 EUR
Einbau einer Panzerung (netto)	30.000,00 EUR
Kfz-Kennzeichen (brutto, inkl. 19 % USt)	35,70 EUR
Erste Tankfüllung (netto)	100,00 EUR
Kfz-Versicherung	1200,00 EUR

Bitte nutzen Sie die Tab. 15.2 *(Ermittlung Anschaffungskosten)* für Ihre Lösung.

Tab. 15.2 Ermittlung Anschaffungskosten Pkw

Kosten	Brutto/EUR	Vorsteuer/EUR	Netto/EUR
Kaufpreis			
Zulassungsgebühren			
Überführungskosten			
Panzerung			
Kfz-Kennzeichen			
Erste Tankfüllung			
Kfz-Versicherung			
Gesamt			

Die Anschaffungskosten des Pkw belaufen sich auf 110.670,00 EUR.

8. Erläutern Sie die Begriffe Bilanz und Gewinn- und Verlustrechnung (GuV) und stellen Sie anhand wesentlicher Kriterien dar, welche Bedeutung diese im externen Rechnungswesen haben.
9. Nach welchen Kriterien ist die Bilanz auf der linken Seite (Aktiva) und auf der rechten Seite (Passiva) gegliedert?
10. Bilden Sie bitte die erforderlichen Buchungssätze zum 31.12.01 und zum Zeitpunkt des Rechnungseingangs am 16.06.02 in Höhe von 2500,00 EUR zzgl. 19 % USt sowie für die Zahlung am 13.07.02 per Banküberweisung.

Sachverhalt:
Manfred Mustermann rechnet damit, dass der Steuerberater für den Jahresabschluss 01, den er im Jahr 02 (voraussichtlich im Mai) erstellen wird, 2000,00 EUR (netto) in Rechnung stellen wird.

11. Manfred Mustermann hat am 13.05.02 ein bebautes Grundstück zu einem Kaufpreis von 200.000,00 EUR erworben, welches zukünftig Betriebsvermögen sein soll. Laut Vertrag gingen Besitz, Nutzen und Lasten am 04.06.02 auf Unternehmer Mustermann über. Es sind im Rahmen des Anschaffungsvorgangs noch folgende Kosten entstanden, für die Mustermann auch entsprechende Rechnungen erhalten hat:
Notarkosten: 2600,00 EUR (brutto, inkl. 19 % USt), Grunderwerbsteuer: 4,0 % des Kaufpreises,
Honorar für Finanzmakler: 1000,00 EUR (netto)
Der Anteil des Grund und Bodens beträgt 27 %. Der Abschreibungssatz für das Gebäude beträgt 3 % pro Jahr bei Anwendung der linearen Abschreibungsmethode.
Frage:
Wie hoch sind die Anschaffungskosten des Gebäudes und des Grundstücks? Ermitteln Sie rechnerisch nachvollziehbar die Aufteilung.
Hinweis: Bitte gehen Sie von einer handelsrechtlichen Bilanzierung aus.

15.2 Lösungen

1. Unternehmer, die nicht buchführungspflichtig sind, sind aufzeichnungspflichtig. Was bedeutet das?
Lösung:
Diese Unternehmer (z. B. Freiberufler) müssen zahlungsrelevante Einnahmen und zahlungsrelevante Ausgaben nach dem Zufluss-/Abflussprinzip in Staffelform

15.2 Lösungen

nach Ablauf einer Wirtschaftsperiode gegenüber stellen, d. h. aufzeichnen. Das Ergebnis ist die Einnahmen-Überschussrechnung i.S.d. § 4 Abs. 3 EStG.

2. Folgende Daten liegen Ihnen vor:
   Eigenkapital (EK) am Ende des Jahres: 121.000,00 EUR, Privateinlagen: 50.500,00 EUR Privatentnahmen: 30.000,00 EUR, Eigenkapital am Anfang des Jahres: 220.000,00 EUR
   a) Bitte ermitteln Sie den Gewinn oder den Verlust des Unternehmens nach dem Betriebsvermögensvergleich.
   b) Welche zwei Gewinnermittlungsmethoden kennen Sie noch? Nennen Sie diese bitte.
   c) Müssen Zahnärzte auch bilanzieren? Erläutern Sie bitte kurz.

Lösung:
a) Eigenkapital am 31.12. 121.000,00 EUR ./. Eigenkapital am 01.01. 220.000,00 EUR + Privatentnahmen 30.000,00 EUR ./. Privateinlagen ./. 50.500,00 EUR = Verlust 119.500,00 EUR
b) Schätzung, Einnahmen-Überschuss-Rechnung
c) Nein, da Freiberufler gemäß § 18 EStG

3. Was ist eine Inventur und wofür benötigt man diese?

Lösung:
Inventur ist die Methode zur Erfassung aller Vermögensgegenstände und Schulden zum Bilanzstichtag. Sie ist gesetzlich vorgeschrieben und dient der Verifizierung aller Positionen in der Bilanz.

4. Erläutern Sie bitte die nachfolgenden Begriffe gerne auch anhand von Beispielen.
   Lösung:

– PRAP

PRAP = Passiver Rechnungsabgrenzungsposten
Transitorischer Posten: Einnahme im alten Jahr, Erträge im neuen Jahr
– Rückstellung

Rückstellungen werden zum Bilanzstichtag gebildet für zukünftige Verbindlichkeiten, die zwar dem Grunde, aber nicht nach Höhe und/oder Fälligkeit bekannt sind.

- Anlagevermögen
  Teil des Gesamtvermögens; beinhaltet Güter, die dazu bestimmt sind, dem Betrieb dauerhaft (länger als 12 Monate) zu dienen.

- Eigenkapital
  Residualgröße (Überschussgröße); Das Eigenkapital steht dem Unternehmen langfristig bis unbefristet zur Verfügung.

5. Mit welchem Wert sind das Grundstück und das Gebäude in der Bilanz zu aktivieren?
Bitte ermitteln Sie den jeweiligen Bilanzansatz anhand der vorgegebenen Tabelle.

Sachverhalt:
Rainer Wahnsinn entschließt sich, am 11.12.02 ein Gebäude zu erwerben, welches er nur für betriebliche Zwecke nutzen möchte.
Für das bebaute Grundstück (in einem noblen Viertel der Stadt Heidenheim) fällt ein Kaufpreis in Höhe von 1.435.700,50 EUR an. Hiervon entfallen auf das Gebäude 720.000,00 EUR.
Für Notarkosten und Grunderwerbsteuer wurde ein Betrag in Höhe von 36.500,00 EUR entrichtet. Außerdem sind Wahnsinn Reisekosten in Höhe von 100,00 EUR (netto) angefallen. Finanzierungskosten für das bebaute Grundstück belaufen sich auf 12.600,00 EUR. (Hinweis: Die Umsatzsteuer ist hier nicht zu betrachten.)

Lösung:

	Kaufpreis / EUR	Anschaff.NK / EUR	Anschaffungskosten / EUR
Grund und Boden (49,85%)	715.700,00	18.245,10	733.945,10
Gebäude (50,15%)	720.000,00	18.354,90	738.354,90
Gesamt(100%)	1.435.000,00	36.600,00	1.472.300,00

Alle übrigen Kosten sind Betriebsausgaben und nicht zu aktivieren.

6. Bitte erläutern Sie das System der Umsatzsteuer unter Verwendung nachfolgender Begriffe
   - Traglast
   - Zahllast
   - Steuerpflichtiger
   - Finanzamt
   - ELSTER

15.2 Lösungen

Die Erläuterung ist in maximal fünf Sätzen durchzuführen.

Lösung: (Vorschlag)
Im Rahmen des inländischen Umsatzsteuersystems ermittelt der Steuerpflichtige seine Zahllast, indem er die Vorsteuer von der Traglast subtrahiert. Das Ergebnis wird im Anschluss (bis zum 10. des Folgemonats) dem Finanzamt per ELSTER übermittelt.

7. Ermitteln Sie bitte nachvollziehbar die Anschaffungskosten (nach Handelsrecht) für den Pkw (siehe nachfolgenden Sachverhalt).

Sachverhalt:
Für den Vorstandsvorsitzenden der XY AG wurde ein neuer Pkw gekauft. Die voraussichtliche Nutzungsdauer beträgt 6 Jahre. Es liegen Ihnen noch die Daten in Tab. 15.3 vor.

Tab. 15.3 Kauf Pkw – Vorgabe Daten

Kaufpreis (brutto, inkl. 19 % USt)	95.200,00 EUR
Zulassungsgebühren	40,00 EUR
Überführungskosten (netto)	600,00 EUR
Einbau einer Panzerung (netto)	30.000,00 EUR
Kfz-Kennzeichen (brutto, inkl. 19 % USt)	35,70 EUR
Erste Tankfüllung (netto)	100,00 EUR
Kfz-Versicherung	1200,00 EUR

Bitte nutzen Sie die Tab. 15.4 für Ihre Lösung.

Tab. 15.4 Ermittlung Anschaffungskosten Pkw

Kosten	Brutto/EUR	Vorsteuer/EUR	Netto/EUR
Kaufpreis	95.200,00	15.200,00	80.000,00
Zulassungsgebühren	40,00	0,00	40,00
Überführungskosten	714,00	114,00	600,00
Panzerung	35.700,00	5700,00	30.000,00
Kfz-Kennzeichen	35,70	5,70	30,00
Erste Tankfüllung	Aufwand	Aufwand	Aufwand
Kfz-Versicherung	Aufwand	Aufwand	Aufwand
Gesamt			110.670,00

Die Anschaffungskosten des Pkw belaufen sich auf 110.670,00 EUR.

8. Die *Bilanz* ist eine Gegenüberstellung von Vermögen und Kapital zum Bilanzstichtag. Sie ist eine Stichtagsbetrachtung und beinhaltet Bestandskonten (Aktiv- und Passivkonten). Sie ist Ergebnis der Buchführung und ein zentraler Bestandteil des handels- und steuerrechtlichen Jahresabschlusses.
Die *Gewinn- und Verlustrechnung* ist eine Gegenüberstellung von Aufwand und Ertrag für den Zeitraum einer Wirtschaftsperiode und stellt den betrieblichen Erfolg des Unternehmens dar. Sie ist eine Zeitraumbetrachtung und beinhaltet Erfolgskonten (Aufwands- und Ertragskonten). Sie ist Ergebnis der Buchführung und ein zentraler Bestandteil des handels- und steuerrechtlichen Jahresabschlusses.

9. Die linke Seite ist nach Liquidierbarkeit, die rechte Seite nach Fristigkeit gegliedert.

10. Folgende Buchungssätze bilden den Sachverhalt ab:

Datum	Soll	Haben	Betrag/EUR	Text
31.12.01	Steuerberatungsaufwand	Rückstellung	2.000,00	RSt f. Jahresabsch.
16.06.02	Rückstellung	Verb.aLuL	2.000,00	Aufl. RSt
	Periodenfremder Aufwand	Verb.aLuL	500,00	Aufwand wg. zu niedriger RSt
	Vorsteuer 19%	Verb.aLuL	475,00	Vorsteuer 19%
13.07.02	Verb.aLuL	Bank	2.975,00	Ausgleich Verb.

11. Manfred Mustermann hat am 13.05.02 ein bebautes Grundstück zu einem Kaufpreis von 200.000,00 EUR erworben, welches zukünftig Betriebsvermögen sein soll. Laut Vertrag gingen Besitz, Nutzen und Lasten am 04.06.02 auf Unternehmer Mustermann über. Es sind im Rahmen des Anschaffungsvorgangs noch folgende Kosten entstanden, für die Mustermann auch entsprechende Rechnungen erhalten hat:
Notarkosten: 2600,00 EUR (brutto, inkl. 19 % USt), Grunderwerbsteuer: 4,0 % des Kaufpreises,
Honorar für Finanzmakler: 1000,00 EUR (netto)
Der Anteil des Grund und Bodens beträgt 27 %. Der Abschreibungssatz für das Gebäude beträgt 3 % pro Jahr bei Anwendung der linearen Abschreibungsmethode.
Fragen:
Wie hoch sind die Anschaffungskosten des Gebäudes und des Grundstücks?
Ermitteln Sie rechnerisch nachvollziehbar die Aufteilung.

Hinweis: Bitte gehen Sie von einer handelsrechtlichen Bilanzierung aus.
Lösung:

	Kaufpreis / EUR	Anschaff.NK / EUR	Anschaffungskosten / EUR
Grund und Boden (27%)	54.000,00	2.749,92	56.749,92
Gebäude (73%)	146.000,00	7.434,95	153.434,95
Gesamt(100%)	200.000,00	10.184,87	210.184,87

Nebenrechnung:
2184,87 EUR (2600,00 EUR/1,19, Notarkosten) + 8000,00
(200.000,00 EUR × 4 %, Grunderwerbsteuer) = 10.184,87 EUR
Das Honorar für den Finanzmakler zählt zu den Finanzierungskosten und ist somit als Betriebsausgabe abzugsfähig.

15.3 Übungsklausuren (Aufgaben)

Im aktuellen Kapitel erhalten Sie einige Übungsklausuren, deren Lösungsvorschlag auf meiner Website www.karin-nickenig.de abgerufen werden kann.

15.3.1 1. Übungsklausur (Bearbeitungszeit: max. 30 min)

Aufgabe 1
Carlo Sommerweizen (bilanzierender Autohändler) hat am 02.07.01 eine Automesse besucht und Autos im Gesamtwert von 100.000,00 EUR (netto) + 19.000,00 EUR (Vorsteuer) auf Ziel eingekauft.

Der Lieferant gewährt ihm 3 % Skonto, wenn er die Rechnung innerhalb von 10 Tagen überweist.

Da Sommerweizen stets bemüht ist, Kosten einzusparen, übergibt er seiner Buchhalterin am 03.07.01 die Rechnung (Datum 02.07.01) und erteilt ihr den Auftrag, diese noch am gleichen Tag durch Banküberweisung zu begleichen.

Aufgabe:
Es sind vom Einkauf bis zur Zahlung alle Buchungssätze zu bilden.

Aufgabe 2
Abwandlung zur Aufgabe Nr. 1: es wird nur ein Pkw zum Zweck der langjährigen betrieblichen Nutzung (mindestens 2 Jahre) von Sommerweizen erworben.

Aufgabe 3
Was ist unter „Rücklagen" zu verstehen? Erläutern Sie diesen Begriff bitte in maximal fünf Sätzen und nennen Sie die dazugehörige handelsrechtliche Vorschrift.

Aufgabe 4
Bitte erläutern Sie den Begriff „Rückstellungen" in maximal fünf Sätzen

Aufgabe 5
Bitte erläutern Sie das Vorsichtsprinzip im Sinne des Handelsrechts. Gehen Sie hierbei auch auf die Ihnen bekannten beiden Prinzipien ein. Erstellen Sie bitte hierzu je ein nachvollziehbares Beispiel, also insgesamt zwei Beispiele. Ihre Ausführungen (ohne Beispiel) möchten Sie bitte auf 10 Sätze beschränken.

Aufgabe 6
Wodurch unterscheidet sich die bilanzielle Abschreibung von der kalkulatorischen Abschreibung?

15.3.2 2. Übungsklausur (Bearbeitungszeit: maximal 45 min)

Aufgabe 1
Im Rahmen eines Vorstellungsgespräches beim Einzelunternehmen Klaus Klauber e.K. möchte man von Ihnen wissen, was Sie innerhalb Ihres Studiums gelernt haben. Man gibt Ihnen folgende Daten: Eigenkapital (EK) am Ende des Jahres (31.12.02): 180.000,00 EUR; Privateinlagen: 20.000,00 EUR; Privatentnahmen: 10.000,00 EUR; EK am Anfang des Jahres (01.01.02):

Im vorgenannten Zahlenmaterial wurde noch nicht berücksichtigt, dass der Einzelunternehmer Klauber im Jahr 02 seine Urlaubsreise in Höhe von 238,00 EUR (brutto, inkl. 19 %) vom betrieblichen Bankkonto bezahlt hat. Außerdem hat er vom betrieblichen Konto noch seine Einkommensteuer-Vorauszahlung beglichen.

Wie hoch ist der unternehmerische Erfolg per 31.12.02?

Aufgabe 2

Edgar Essig (bilanzierender Einzelunternehmer) möchte den Warenbestand an Lager zum 31.12.03 bewerten. Er trägt folgende Daten zusammen: Anfangsbestand 01.01.03: 0 kg, Zugang am 15.02.03: 23.000 kg à 23,80 EUR; Zugang am 13.05.03: 24.250 kg à 25,30 EUR; Zugang am 15.10.03: 12.000 kg à 29,00 EUR

Der Endbestand zum 31.12.03 wird per Inventur mit 15.000 kg ermittelt.

Bitte ermitteln Sie zum 31.12.03 rechnerisch nachvollziehbar den bilanziellen Wertansatz nach dem LiFo- und dem FiFo-Verfahren.

Aufgabe 3

Erläutern Sie bitte in maximal 10 Sätzen das System der Umsatzsteuer in der Bundesrepublik Deutschland. Verwenden Sie hierfür bitte die Begriffe Steuerpflicht, Fälligkeit, Vorsteuer und Traglast.

Aufgabe 4

Was ist unter einem transitorischen Posten zu verstehen? Bitte erläutern Sie anhand eines Beispiels.

Aufgabe 5

Erläutern Sie bitte kurz Zielsetzung von Handels-, Steuer- und IFRS-Bilanz.

15.3.3 3. Übungsklausur (Bearbeitungszeit: ca. 60 min)

Aufgabe 1

Carlo Sommerweizen entschließt sich, am 15.08.01 ein Gebäude zu erwerben, welches er nur für betriebliche Zwecke nutzen möchte.

Für das bebaute Grundstück (in einem noblen Viertel der Stadt St. Augustin) fallen Anschaffungskosten in Höhe von 1.200.000,00 EUR an. Hiervon entfallen auf das Gebäude 700.000,00 EUR.

Für Notarkosten und Grunderwerbsteuer wurde ein Betrag in Höhe von 45.500,00 EUR entrichtet.

Die Zinsen für die Darlehensaufnahme betragen 4000,00 EUR.

Ermitteln Sie bitte den jeweiligen Bilanzansatz bei Kauf des Grundstücks bzw. des Gebäudes.

Aufgabe 2
Wofür steht die Abkürzung GWG und was wissen Sie hierüber? Antworten Sie bitte in maximal acht Sätzen. Das Einkommensteuergesetz darf zur Beantwortung der Frage genutzt werden.

Aufgabe 3 (zur Wiederholung buchhalterischer Grundlagen)
Uwe Möllmann (bilanzierender Einzelunternehmer, vorsteuerabzugsberechtigt) gibt seiner Buchhalterin Frau Lustig den Auftrag, die vom Steuerberater ermittelten Endbestände (Schlussbilanz per 31.12.01) in die Buchhaltung 02 zu übernehmen. Bevor Frau Lustig die Saldenvorträge bucht, schaut Sie sich die Daten an, die man ihr vorlegt:

Unbebautes Grundstück: 10.000,00 EUR; Pkw 20.000,00 EUR; Warenbestand: 1000,00 EUR; Kasse: 2000,00 EUR; Eigenkapital: 16.000,00 EUR; Verbindlichkeiten aLuL: 5000,00 EUR; Darlehen 12.000,00 EUR.

Die Buchhalterin erfragt Ihren Rat und bittet um Mithilfe. Es sind folgende Aufgaben zu bewältigen:

1. Tragen Sie die Anfangsbestände auf den vorgegebenen Konten per 01.01.02 vor (ohne EBK).
2. Bilden Sie die Buchungssätze zu den nachfolgenden Geschäftsvorfällen (alle in 02) und erfassen Sie diese im Anschluss auf die Konten:
   a) Telefonkosten in Höhe von 200,00 EUR (netto) zzgl. 19 % USt auf Ziel
   b) Verkauf von Waren in Höhe von 800,00 EUR zzgl. 19 % USt bar (Hinweis: Die Bestandsveränderung an Lager ist *nicht* zu buchen.)
3. Sie haben noch folgende Abschlussangaben: Abschreibung Pkw 4000,00 EUR
4. Schließen Sie alle Konten ordnungsgemäß ab und erstellen Sie bitte die GuV und schlussendlich das SBK. (Die Anzahl der angegebenen T-Konten muss nicht zwangsläufig mit der benötigten Anzahl der Konten übereinstimmen).
5. **Buchungsliste**

15.3 Übungsklausuren (Aufgaben)

Nr.	Soll	Haben	Betrag/€	Text

15 Aufgaben – Mix

Fazit

Carlo Sommerweizen freut sich, dass er sich die Zeit genommen und das neue Wissen einigermaßen verinnerlicht hat. Nun hat er schon ein wenig Ahnung in Sachen Buchführung und Bilanzierung. Als nächstes wird wohl die Kosten- und Leistungsrechnung auf dem Programm stehen. Aber jetzt nimmt sich Carlo erst einmal eine kleine Auszeit, bevor es dann bald weitergeht.

In diesem Sinne wünschen Ihnen Carlo Sommerweizen und die Autorin Karin Nickenig viel Freude bei Erstellung Ihres Jahresabschlusses!

© Springer Fachmedien Wiesbaden GmbH, ein Teil von Springer Nature 2019
K. Nickenig, *Der Jahresabschluss – eine praxisorientierte Einführung*,
https://doi.org/10.1007/978-3-658-26830-5

The manufacturer's authorised representative in the EU is Springer Nature Customer Service Centre GmbH, Europaplatz 3, 69115 Heidelberg, Germany. If you have any concerns regarding our products, please contact ProductSafety@springernature.com

Printed and bound by CPI Group (UK) Ltd, Croydon, CR0 4YY

23/03/2026

02076740-0004